基礎から学ぶ心理療法

矢澤美香子 編 Yazawa Mikako

Introduction to Psychotherapy

ナカニシヤ出版

まえがき

　近年，こころの問題が複雑化，多様化しています。こうした事態に，臨床心理士をはじめとする心理の専門職者が，医療，教育，産業，福祉，司法などの現場で対応し，こころのケアに携わっています。2018年からは，新たな資格として初の国家資格となる公認心理師も加わり，その活躍が期待されます。対応を要する問題の内容や領域の広がりとともに，こころの専門家は，これまで以上に他職種と連携しながら心理的支援を行なうことが求められていくでしょう。心理的支援のあり方は，新たな方向性を模索しながら，大きな転換点を迎えようとしているのかもしれません。

　心理療法は，こころの専門家として欠くことができない心理的支援の方法です。本書は，心理療法やカウンセリングに関心をもつ人やそれらを学び始めている人，こころの専門家を目指している学生，心理臨床の仕事を始めたばかりの心理士など，主に初学者を対象にしています。広く心理療法にふれ，その基礎を学ぶために刊行された入門書といえます。本書を通じて，心理療法の歴史的な背景や基本的な知識を学ぶとともに，心理的支援を行なううえで必要である倫理や心構えの重要性を理解し，心理臨床の実践への足がかりを得ることを目指しています。

　これまでも心理療法に関する書籍は数多く刊行されていますが，本書の特色には次の3つが挙げられます。1つめは「多様性」です。本書では，21章にわたって各心理療法を取り上げています。そのなかに，さらに多様な心理療法が解説されている章もあります。また，これまでの書籍で解説されてきた主要な心理療法に加えて，新たなアプローチとして確立されつつある，あるいは注目されている最新の心理療法や技法も章やコラムに導入しています。本書が，初学者にとって，まずは広く心理療法に関心をもち，各自が興味をもった療法，理論を深める学びのいざないになればと考えています。2つめは「バランス」です。心理療法には，多くの学派，療法がありますが，本書ではできる限り中

庸な立場でそれらを概観し，バランスをもって学べることを重視しました。そのため，第 2 部の各章は見出しを統一し，読者各自が各療法の共通，相違を理解し，考えを深められるように工夫しています。また，今回執筆してくださった先生方は，各心理療法についての臨床家であるとともに，教育者であり，研究者です。そうしたバランス感覚のなかで，それぞれの療法を解説していただいています。3 つめは「ステップ」です。本書は，当然ながらこの一冊を通読するだけで終えることを心理療法の学びとはとらえていません。本書との出会いを契機に，さらにさまざまな書籍，文献にふれて，心理療法の学びを深めていっていただくことを望んでいます。そのため，各章には，各療法をどのように学んでいけばよいか，そのときの参考書は何かという学びの段階や方法，留意点などが指南されています。

　本書は 2 部構成となっています。第 1 部は，「心理療法の意義と学び」として，心理療法の定義，意義，資格，専門性，職業倫理，学びの方法などについて概説されています。第 2 部では，各章において各心理療法の歴史，理論と技法，効用と限界，学び方について解説されています。図表を用いたまとめや事例に見られるやりとりなども含まれており，療法の具体的な内容，イメージが伝わるような構成になっています。第 2 部は，興味のある心理療法の章からページを開き，読み進めるのもよいでしょう。

　心理療法の場面では，クライエントは，セラピスト，カウンセラーというまったくの第三者に自らのこころの内，苦悩を語ります。それは相当な勇気とエネルギーを必要とするものです。しかし同時に，クライエントがセラピスト，カウンセラーとの間に築かれた信頼できる温かな人間関係のなかで，自らのこころと向き合い，ともにこころを育んでいくのが心理療法です。みなさんの深く長く続く心理療法の学びの入り口に，本書が寄り添えれば幸いです。

　最後に，示唆に富む貴重な原稿をお寄せくださった執筆者の先生方に厚く御礼申し上げます。また，本書を刊行するにあたり，快く企画を受け入れてくださったナカニシヤ出版編集長の宍倉由高様，丁寧な編集と温かい励ましで支え続けてくださった山本あかね様に心より感謝申し上げます。

　2018 年 2 月

矢澤　美香子

目　　次

まえがき　i

第1部　心理療法の意義と学び

第1章　心理療法とはなにか……………………………………………3
　1．心理療法と精神療法，カウンセリング　3／2．心理療法の効果と統合　7／3．心理療法の構造　9

第2章　セラピスト・カウンセラーになるために…………………14
　1．セラピスト・カウンセラーの資格と職域　14／2．セラピスト・カウンセラーの倫理と学び　17

第2部　心理療法の理論と技法

第1章　クライエント中心療法………………………………………29
　1．クライエント中心療法とは　29／2．クライエント中心療法の歴史　29／3．クライエント中心療法の理論・技法　32／4．クライエント中心療法の効用と限界　38／5．クライエント中心療法の学びを深めるためには　39

第2章　精神分析………………………………………………………42
　1．精神分析とは　42／2．精神分析の歴史　42／3．精神分析の理論・技法　45／4．精神分析の効用と限界　51／5．精神分析の学びを深めるためには　52

第3章　分析心理学……………………………………………………54
　1．分析心理学とは　54／2．分析心理学の歴史　54／3．分析心理学の理論・技法　55／4．分析心理学の効用と限界　65／5．分析心理学の学びを深めるためには　66

第4章　アドラー心理学 … 68

1．アドラー心理学とは　68／2．アドラー心理学の歴史　68／3．アドラー心理学の理論・技法　71／4．アドラー心理学の効用と限界　77／5．アドラー心理学の学びを深めるためには　77

第5章　行動療法 … 79

1．行動療法とは　79／2．行動療法の歴史　79／3．行動療法の理論・技法　80／4．行動療法の効用と限界　90／5．行動療法の学びを深めるためには　91

第6章　認知行動療法 … 93

1．認知行動療法とは　93／2．認知行動療法の歴史　93／3．認知行動療法の理論・技法　94／4．認知行動療法の効用と限界　101／5．認知行動療法の学びを深めるためには　102

第7章　催眠療法・自律訓練法 … 105

1．催眠療法とは　105／2．催眠療法の歴史　105／3．催眠療法の理論・技法　107／4．催眠療法・自律訓練法の効用と限界　112／5．催眠療法・自律訓練法の学びを深めるためには　113

第8章　トラウマの心理療法 … 114

1．トラウマの心理療法とは　114／2．トラウマの心理療法の歴史　115／3．トラウマの心理療法の理論・技法　116／4．トラウマの心理療法の効用と限界　121／5．トラウマの心理療法の学びを深めるためには　121

第9章　ゲシュタルト療法 … 125

1．ゲシュタルト療法とは　125／2．ゲシュタルト療法の歴史　125／3．ゲシュタルト療法の理論・技法　127／4．ゲシュタルト療法の効用と限界　134／5．ゲシュタルト療法の学びを深めるためには　134

第10章　フォーカシング … 137

1．フォーカシングとは　137／2．フォーカシングの歴史　137／3．フォーカシングの理論・技法　139／4．フォーカシングの効用と限界　146／5．フォーカシングの学びを深めるためには　147

第11章　日本発祥の心理療法1：森田療法 … 150

1．森田療法とは　150／2．森田療法の歴史　150／3．森田療法の理論・技法　151／4．森田療法の効用と限界　155／5．森田療

法の学びを深めるためには　155

第12章　日本発祥の心理療法2：内観療法　157
1．内観療法とは　157／2．内観療法の歴史　157／3．内観療法の理論・技法　158／4．内観療法の効用と限界　162／5．内観法の学びを深めるためには　162

第13章　日本発祥の心理療法3：臨床動作法　163
1．臨床動作法とは　163／2．臨床動作法の歴史　163／3．臨床動作法の理論・技法　164／4．臨床動作法の効用と限界　172／5．臨床動作法の学びを深めるためには　173

第14章　交流分析　175
1．交流分析とは　175／2．TAの歴史　176／3．TAの理論・技法　179／4．TAの効用と限界　183／5．TAの学びを深めるためには　184

第15章　ブリーフセラピー（解決志向アプローチ）　186
1．ブリーフセラピー（解決志向アプローチ）とは　186／2．ブリーフセラピー（解決志向アプローチ）の歴史　186／3．ブリーフセラピー（解決志向アプローチ）の理論・技法　187／4．ブリーフセラピー（解決志向アプローチ）の効用と限界　194／5．ブリーフセラピー（解決志向アプローチ）の学びを深めるためには　194

第16章　ナラティブ・セラピー　197
1．ナラティブ・セラピーとは　197／2．ナラティブ・セラピーの歴史　197／3．ナラティブ・セラピーの理論・技法　199／4．ナラティブ・セラピーの効用と限界　206／5．ナラティブ・セラピーの学びを深めるためには　206

第17章　家族療法　208
1．家族療法とは　208／2．家族療法の歴史　208／3．家族療法の理論・技法　210／4．家族療法の効用と限界　217／5．家族療法の学びを深めるためには　217

第18章　遊戯療法　219
1．遊戯療法とは　219／2．遊戯療法の歴史　219／3．遊戯療法の理論・技法　220／4．遊戯療法の効用と限界　226／5．遊戯療法の学びを深めるためには　226

第19章　芸術療法 …………………………………………………………… 228
1．芸術療法とは　228／2．芸術療法の歴史　228／3．芸術療法の理論・技法　230／4．芸術療法の効用と限界　239／5．芸術療法の学びを深めるためには　240

第20章　心 理 劇 ……………………………………………………………… 242
1．心理劇とは　242／2．心理劇の歴史　242／3．心理劇の理論・技法　244／4．心理劇の効用と限界　250／5．心理劇の学びを深めるためには　251

第21章　エンカウンター・グループ …………………………………………… 254
1．エンカウンター・グループとは　254／2．エンカウンター・グループの歴史　254／3．エンカウンター・グループの理論・技法　257／4．エンカウンター・グループの効用と限界　263／5．エンカウンター・グループの学びを深めるためには　264

索　引　267

■ **コラム**
1　アメリカの心理資格事情　13
2　動機づけ面接　25
3　支持的精神療法とは　41
4　マインドフルネス　104
5　トラウマインフォームドケア　124
6　書記的記述法　136
7　コンパッション・フォーカスト・セラピー　149
8　集団精神療法　253
9　オープンダイアローグ　266

第 1 部　心理療法の意義と学び

第1章 心理療法とはなにか

1．心理療法と精神療法，カウンセリング

心理療法と近い関係にある概念として，**カウンセリング，精神療法**がある。それぞれを定義し，共通，相違を論じるのはきわめて難しい。各専門家のなかでも多様な考えがあり唯一絶対のとらえ方はないといえるが，本節はそれを前提としたうえで論考したい。

まず，**Counseling**（カウンセリング）と **Psychotherapy**（サイコセラピー：心理療法，精神療法）を同義とするか区別するかの議論はこれまで多くなされているが，ここでは以下の見解（Brammer & Shostrom, 1960；飯森・宮川，2011；國分，1996；玉瀬，2008；Wolman, 1996）を参考に，対比させる形で，①対象，②目的，③方法をまとめてみる。

①対　象
　カウンセリングでは比較的健康度は高いが心理的な問題を抱える人を対象とし，サイコセラピーではパーソナリティやより重篤な心理的問題，病を抱える人を対象とする。
②目　的
　カウンセリングはクライエントの健康な側面を増幅して問題を解決し，精神的成長を促すことを目的とする。健康なパーソナリティや長所といったものに焦点をあて，現在何らかの事情により続いている欲求不満状態を解消する援助を行なう。一方，サイコセラピーはクライエントの病理的側面に焦点をあてて，それを除去し健康の回復に主眼を置く。よって，時に無意識レベルにまで掘り下げ関わりをもつ療法が行なわ

> れる。パーソナリティの変容に関わる度合いとしては、カウンセリングよりもサイコセラピーの方が高いといえる。
> ③**方　法**
> 　カウンセリングは言語的アプローチを主とする。非言語的アプローチも含まれるが、介入としては簡潔で短期的である。サイコセラピーは、言語的アプローチに加え、芸術療法や遊戯療法に見られるような非言語的アプローチも療法、技法のなかに含み、時に深く、長期的な介入となる。

　そもそもカウンセリングは20世紀の初めにアメリカで用いられるようになった語であり、職業指導運動、教育測定運動、精神衛生運動が背景にある。一方、サイコセラピーは19世紀終わりからヨーロッパで用いられ始めた語であり、医学の領域で**催眠療法**の影響を受けて成立してきたものとされ、成り立ちの背景も異なるものといえる（河合、2003）。

　では、サイコセラピー（Psychotherapy）の訳語である「心理療法」と「精神療法」の関係はどうであろうか。心理療法は心理学領域、精神療法は医学領域で用いられることが多く、サイコセラピーを心理学者や心理の専門職者（例えば、**臨床心理士**）は心理療法と呼び、医師は精神療法と呼ぶところがある。また、医師が治療行為として行なう身体的治療に対して、精神的治療を精神療法として区別する意味合いや、薬物療法と対比して精神療法と位置づけられることもある。近代のサイコセラピーの礎を築いたとされるベルネーム（Bernheim, H.）、ジャネ（Janet, P.）、フロイト（Freud, S.）、ユング（Jung, C. G.）らがいずれも医師であることから、既述の通りサイコセラピーは医療のなかの一つの治療法として発展してきたものともいえる（成田、1999）。しかし、多くのサイコセラピーはその後数々の心理学者や心理療法家によっても受け継がれ、今日まで発展を遂げている。数あるサイコセラピーの定義においても、両者は厳密には区別されていない。その一部を表1-1に示す。

　ここまでの論をまとめると、カウンセリング、心理療法、精神療法について、図1-1のような関係性が浮かび上がってくるように思う。しかし、欧米においては、相互に深く関わるカウンセリングと**カウンセリング心理学**（Counseling Psychology）、心理療法と**臨床心理学**（Clinical Psychology）は、心理学の学問上も実践上も明確に区別されており（下山、2007）、**カウンセラー**（Coun-

表1-1 サイコセラピー（心理療法・精神療法）の定義

Amada（2011）	ふたりまたはそれ以上の人間のあいだに働く複雑な相互作用である。そのうちのひとり（患者）は，感情にまつわる問題について，訓練を受けた専門家の助けを求めており，専門家は，前向きで信じて疑わない（そして信用できる）関係を患者とのあいだに築くことで，相手が成熟・成長するのを手伝おうとする。
乾（2005）	来談者からの依頼・要請に応じて，一定の構造化された枠組みに基づいて，ある治療理論と技法を使って，来談者の問題点の修正，改善，解決などに導く職業的な役割関係や方法のことである。
村瀬（2003）	精神障害・行動上の不適応，その他情緒的問題をもつと考えられる人に対して，専門的に訓練を受けた者が，可能な限りクライエントの全存在に対する配慮をもち熟慮された関係を通し，主として心理的な接近法によって，症状を和らげたり，問題を解決したり，更には対象者の人格の成長や発展を援助すること。
佐治・岡村・保坂（2007）	①援助を求めている人々（クライエント）に対する，心理的コミュニケーションを通じて援助する人間の営みである。②その際，援助者（カウンセラー）は，一定の訓練を通じて，クライエントとの間に望ましい固有な対人関係を確立することが可能であることが要請される。③この関係が要因として働き現存する精神面や身体面や行動面における症状や障害の悪化を阻止し，あるいはそれを除去し，変容させるだけでなく，さらに積極的に，パーソナリティの発展や成長を促進し，よりいっそうの自己実現を可能にし，その個人としてのありように再発見ないし発掘を可能にする。
Wolberg（1988）	心理的手段を用いて情緒的問題を扱うための治療法であり，特定の目標があり，訓練を受けた者と患者との間で計画的に形成された専門的な人間関係において進められる。目標としては，①現在の症状の軽減や除去，②障害された行動パターンの改善，③パーソナリティの発展を促進することが挙げられる。

selor）と臨床心理士（Clinical Psychologist）は資格制度も異なる別の職種である（下山，2015）。しかし，日本では臨床心理士はじめさまざまな心理職者が，領域，内容を横断して心理業務を行なっており，これらが厳密に区別されているとは言い難い。アプローチや呼び名の違いは，活動領域における職業的アイデンティティによるという見方もある（高良，2011）。

　以上を踏まえたうえで，本書では，カウンセリング，サイコセラピー，心理療法，精神療法を「心理療法」という語に包括し，統一して使用していく。また，日本語では面接者，治療者，心理療法家，心理臨床家など多様な語があるが，本書では**セラピスト**あるいは**カウンセラー**と表現する。第1部では，両者

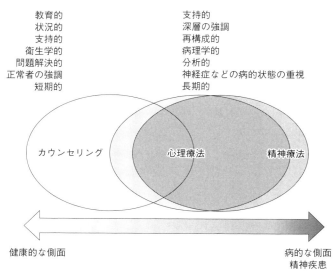

図1-1 カウンセリング，心理療法，精神療法の対比と関係（Brammer & Shostrom, 1960；玉瀬, 2008を参考に筆者作成）

を区別せず「セラピスト・カウンセラー」と併記する形をとる[1]。第2部の各論においては，セラピスト，カウンセラーのいずれを用いるかは，執筆者の考えや療法の特性に拠っている。また，来談者，被面接者，患者にあたる者は「クライエント」という表現で統一する。クライエントとは，生活していくうえで，何らかの困難や不安を抱えたり，堂々巡りの悪循環に陥った時などに，第三者の意見や援助を必要とする人である。治療する人間，治療される人間というとらえ方ではなく，お互いに人間として仲間であり，同格であるという思想が，患者（Patient）ではない，クライエント（Client）という語に含まれている（萩原，1990）。

---

1) 引用の場合にも，混乱を避けるため，治療者等を第1部では「セラピスト・カウンセラー」と表現することがある。

2．心理療法の効果と統合

(1) 心理療法の効果研究

アイゼンク（Eysenck, H. J.）は，24件の先行研究に基づく800件を超える事例の分析から，心理療法の改善率が精神力動療法で44％，折衷療法で64％であったのに対し，心理療法を受けずに診察のみの治療による改善率が71％と，より高いことを報告した（Eysenck, 1952）。この研究を契機に，心理療法の効果の有無についての関心が高まっていった。1970年代後半からは，数々の効果研究の結果を統合する統計的手法として**メタ分析**が導入され，アイゼンクの研究に対する問題点の指摘や，結果を反証する研究（e.g., Bergin, 1971）が示された。さらに，スミスとグラス（Smith & Glass, 1977）をはじめとする大規模なメタ分析による効果研究の成果が蓄積された結果，多様な理論を含む心理療法は心理的な問題の改善に有益な効果があるとされている（岩壁，2004）。

心理療法の何が効果を与えるかについて，ランバート（Lambert, 1992）は先行研究から次の4つの要因を挙げ，それぞれの効果の割合を示した。

> ①クライエント要因と治療外の出来事：40％
> 例：クライエントの自我の強さ，自己治癒力，社会的支援の豊かさ，運など
> ②共通要因（30％）
> 例：共感，受容，温かさ，励ましなど
> ③技法要因（15％）
> 例：心理療法の各理論，技法など
> ④期待要因（15％）
> 例：よくなることへの期待，介入を受けていることの認知など

このランバートの研究結果に対しては，科学的根拠が乏しいという否定的な見解もある。しかし，この結果が各療法独自の要因だけではなく，それらに共通する要因が効果を左右することを提起した意義は大きい。また，セラピスト・カウンセラーの用いる理論アプローチそのものよりも資質のほうが心理療法の効果に関連すること（Crits-Christoph & Mints, 1991）なども報告されて

いる。

　各心理療法の理論を学び，スキルを高めることは，セラピスト・カウンセラーにとっていうまでもなく重要である。しかし，心理療法の効果は単なる技術によるものではなく，そこに関わるセラピスト・カウンセラーの人間性や態度が大いに関係するものである。よって，セラピスト・カウンセラーは，療法に共通した要因にも十分に配慮していくことが求められるといえよう。

（2）心理療法の統合の流れ

　1980年代以降，心理療法の学派を超えて，その理論や技法を統合，折衷する動きが盛んになり，90年代以降本格化している。こうした動きが推進された背景には，心理療法に保険制度のある欧米で，療法の有効性，効率性，適用可能

表 1-2　心理療法の統合・折衷アプローチの3分類（藤川，2007；岩壁，2003；前田，2007；中釜，2004を参考に筆者作成）

	理論統合アプローチ	技法折衷アプローチ	共通因子アプローチ
定義	・2つ以上のアプローチの要素を合成し，それらが整合性をもって機能するような新たな理論的な枠組みを与え概念間での統合を図るアプローチ。 ・パーソナリティの変容，心理的適応，障害の考え方などの多様な水準において理論を併合して，新たな技法や概念を開発し，理論全体に新たな方向性を与えるもの。 ・多くの場合一つの理論的枠組みを受け皿として使い，他の技法や概念を取り入れる同化的統合の形をとる。	・心理療法の効果を高め，治療時間を短縮するために，クライエントの提示する心理的問題や特性に最も適した技法を実証データに基づいて選択するアプローチ。 ・理論的基盤に変更を加えずに技法の水準において統合を進め，理論同士の整合性はそれほど考慮されない。 ・個人差を考慮し，クライエントに合った技法を模索（共通因子と対照的）。	・治療理論によって異なる概念，技法により記述される現象の本質を明らかにすることで，心理療法理論を構築するアプローチ。 ・治療的共通因子を明らかにする実証的研究によって展開。作業同盟，修正感情体験などの変容過程の変数から異なるアプローチの共通点に焦点化。 ・個人差や学派に影響を受けない効果を強調（技法折衷と対照的）。
代表的なモデル提唱者	グリーンバーグ（Greenberg, L. S.） ワクテル（Wachtel, P. L.）など	ビュートラー（Beutler, L. E.） ラザルス（Lazarus, A. A.）など	バイトマン（Beitman, B. D.） ミラー（Miller, S. D.）など

性などの重要性が認識され，効果の実証研究が行なわれるようになったことや，多様化するクライエントの問題に対応すべく増加していく心理療法，学派を体系だってまとめる必要性に迫られた時期的要因などがあると考察されている（藤川，2007；岩壁，2003；中釜，2004）。

　心理療法の統合，折衷の分類としては，主に表1-2の3つのアプローチが示されている。

　心理臨床の現場では，クライエントの多様な問題や特性に合わせた適切な心理的介入を求められるのが実情である。しかし，重要なことは，そこで用いられるのが，統合・折衷的なアプローチであっても，個々の理論，療法であっても，それが目の前のクライエントにとっていかに役に立ち，効果があるかという視点である。単に特定の理論や技法を用いてそれにクライエントを合わさせるのではなく，さまざまな療法を表面的につなぎ合わせて適用するのでもなく，個々のクライエントに最も適した療法のあり方をその都度見極めて選択し，アプローチしていくことが求められるだろう。そのためにも，多様な学派や理論にふれる「横の学び」と，一つひとつの療法，技法を深めていく「縦の学び」の双方が心理療法の学びには必要といえる。

3．心理療法の構造

（1）関 係 性

　心理療法は，セラピスト・カウンセラーとクライエントとの間に組み立てられる特別な人間関係によって成り立つ。親子，夫婦，友人，先生・生徒，上司・部下というような日常的に見られる人間関係ではない「非日常的」で「終結のある」関係である。両者の間に確かな信頼関係（**ラポール**：Rapport）が築かれていることが重要である。

　また，クライエントの抱える問題を乗り越え，解決していくのはクライエント自身であり，そのプロセスや作業に，セラピスト・カウンセラーとクライエントがともに協力的に取り組むことが必要である。そのために，セラピスト・カウンセラーとクライエントが心理療法の枠組みを守り，両者の間での温かな，信頼できる，良好な人間関係を築くことが大切であり，これを**作業同盟**

(Working Alliance) という。**治療同盟**（Therapeutic Alliance）と呼ばれることもある。こうした関係性を土台として、療法の理論、技法が効果をもたらす。

　日常の人間関係において自らのこころの内を語ることは、時にその関係性を変化させうる。しかし、セラピスト・カウンセラーとクライエントの間の関係性は、何を語っても変わらないものであり、クライエントがそう認識できることが心理療法の基盤になる。両者の役割が明確で、専門的で温かな非日常の関係性のなかで、クライエントは安心して自分のこころを開くことができる。セラピスト・カウンセラーには、クライエントの理解を深めるための不断の努力が必要であり、こうした関係性を提供できることがセラピスト・カウンセラーとしての専門性に求められる。

（2）枠組み

　心理療法におけるセラピスト・カウンセラーとクライエントの関係は、基本的な**枠組み**を土台に築かれる。**インテーク面接**（**初回面接**、**受理面接**）では、ラポールを形成しつつ、クライエントの問題に関わる情報を収集して明確化し、見立てを立てる。さらに、クライエントとともに治療目標を設定し、治療計画を検討し、その遂行に対する合意を交わし、**面接契約**（**心理療法契約**）を結ぶ。面接契約では、心理療法を行なううえで、セラピスト・カウンセラーとクライエント間の特別な関係性を守るために設けられるルールについて明確にする。このルールが心理療法の「枠組み」である。

　面接契約の枠は、主に、①時間（面接の時間、期間、間隔など）、②場所（面接の場所、安心して話せる場であることの保証など）、③料金（有料か無料かなど）、④セラピスト・カウンセラー（原則、毎回同じ者が面接をすることの保証など）、⑤**守秘義務**（秘密の保持）などからなる。これらについて明瞭に説明し、同意を得ることを**インフォームド・コンセント**という。

　こうした枠があることで、心理療法の場は非日常の時間、空間、関係性のあるものとなる。しかし、心理療法の過程では、しばしばクライエントに枠組みの逸脱（例えば、面接への遅刻やキャンセル、面接場面以外で会うことや**多重関係**をもつことの希求など）が見られ、それ自体に、クライエントのこころの問題や病理が現れている場合がある。枠の逸脱行為が現れた場合には、その行

為自体を面接のなかで話題として取り上げ，クライエントと話し合うことが心理療法の進展にも関わる。行為の意味することをともに探求し，再び心理療法の枠組みへと戻していく。

ただし，実際の臨床場面，とくに教育や福祉領域などでは，厳密な枠組みの設定が困難な事態が生じることもある。また，守秘義務についてなど，頑なにその枠を守ろうとすることが，場合によってはクライエント自身や周囲への危険をもたらしたりスタッフ間の連携に悪影響を及ぼすこともある。クライエントの状態，機関や施設の状況を十分に把握し，周囲との相談，協働を図りながら場に即した枠組みの設定を見極めていく力も必要である。

推薦書籍

◆鑪幹八郎・名島潤慈（2010）．心理臨床家の手引 第3版 誠信書房
　心理臨床家としてのアイデンティティの確立や倫理，心理アセスメントの留意点，心理療法における基本的なルールと心理臨床の実際，関連法規まで，広く解説されている。初学者から経験者まで心理臨床の手引きとして活用できる。

◆金沢吉展（2007）．カウンセリング・心理療法の基礎―カウンセラー・セラピストを目指す人のために　有斐閣
　カウンセリング・心理療法の知識，理論に加えて，カウンセラー・セラピストとして学んでおくべき考え方，知識がまとめられている。国内外の多くの研究成果に基づきながら，分かりやすく解説されている。

引用文献

Amada, G.（2011）. *A guide to psychotherapy*. Lanham, MD: M. Evans.（上地安昭（監訳）（2012）．心理療法ガイドブック　誠信書房）

Brammer, L. M., & Shostrom, E. L.（1960）. *Therapeutic psychology: Fundamentals of counseling and psychotherapy*. Englewood Cliffs, NJ：Prentice-Hall.（対馬　忠・岨中　達（訳）（1969）．治療心理学―カウンセリングと心理療法　誠信書房）

Bergin, A. E.（1971）. The evaluation of therapeutic outcomes. In A. E. Bergin & S. L. Garfield（Eds.）, *Handbook of psychotherapy and behavior change*（pp.217-270）. New York: Wiley.

Crists-Cristoph, P., & Mintz, J.（1991）. Implications of therapist effects for the design and analysis of comparative studies of psychotherapies. *Journal of Consulting and Clinical Psychology, 59*, 20-26.

Eysenck, H. J.（1952）. The effects of psychotherapy: An evolution. *Journal of Counseling Psychology, 16*, 319-324.

藤川　浩（2007）．統合的心理臨床　村瀬嘉代子（監修）　統合的心理臨床への招待（pp.53-65）　ミネルヴァ書房

飯森眞喜雄・宮川香織（編）（2011）．カウンセリングと心理療法―その微妙な関係　日本評論社

乾　吉佑（2005）．心理療法の教育と訓練　乾　吉佑・亀口憲治・東山紘久・氏原　寛・成田善弘（編著）

心理療法ハンドブック（pp.13-24）　創元社
岩壁　茂（2003）．解説1．統合的アプローチと折衷アプローチの比較（VandenBos, G. R., Frank-McNeil, J., Norcross, J. C., & Freedheim, D. K.（Eds.）．(2001). *The anatomy of psychotherapy: Viewer's guide to the APA psychotherapy videotape series.* 岩壁　茂（訳）（2003）．心理療法の構造―アメリカ心理学会による12の理論の解説書　誠信書房に所収，pp.407-423.）
岩壁　茂（2004）．効果研究　下山晴彦（編著）　心理学の新しいかたち9 臨床心理学の新しいかたち（pp. 180-202）　誠信書房
金沢吉展（2007）．カウンセリング・心理療法の効果　金沢吉展（編）　カウンセリング・心理療法の基礎（pp. 163-187）　有斐閣
河合俊雄（2003）．カウンセリングと心理療法　精神療法，29，8-13.
國分康孝（1996）．カウンセリングの原理　誠信書房
Lambert, M. J.（1992). Implications of outcome research for psychotherapy integration. In J. C. Norcross & M. R. Goldfried（Eds.), *Handbook of psychotherapy integration*（pp.94-129). London: Oxford Univerity Press.
前田泰宏（2007）．心理臨床における新しい潮流―心理療法の「統合の動向」についての一考察　奈良大学紀要，35，135-145.
村瀬嘉代子（2003）．統合的心理療法の考え方　金剛出版
中釜洋子（2004）．統合的介入　下山晴彦（編著）　心理学の新しいかたち9 臨床心理学の新しいかたち（pp. 84-104）　誠信書房
成田善弘（1999）．精神療法　氏原　寛・成田善弘（編著）　臨床心理学Ⅰ　カウンセリングと精神療法―心理治療―（pp. 20-34）　培風館
荻原公世（1990）．クライエント　國分康孝（編）　カウンセリング辞典（p.140）　誠信書房
佐治守夫・岡村達也・保坂　亨（2007）．カウンセリングを学ぶ　第2版―理論・体験・実習　東京大学出版会
下山晴彦（2007）．カウンセリング・心理療法とは　金沢吉展（編）　カウンセリング・心理療法の基礎（pp.107-120）　有斐閣
下山晴彦（2015）．心理職の役割の明確化と育成に関する研究〔分担研究課題〕欧米における医療分野の心理職教育システムの調査　厚生労働科学研究費補助金（厚生労働科学特別研究事業）分担研究報告書
Smith, M. L., & Glass, G. V.（1977). Meta-analysis of psychotherapy outcome studies. *American Psychologist*, 32, 752-760.
高良　聖（2011）．「カウンセリング/心理療法」の裏に潜むもの　飯森眞喜雄・宮川香織（編）　カウンセリングと心理療法：その微妙な関係（pp.104-113）　日本評論社
玉瀬耕治（2008）．カウンセリングの技法を学ぶ　有斐閣
Wolberg, L. R.（1988). *The technique of psychotherapy*（4th ed., part 1). Philadelphia, PA: Gruen & Stratton.
Wolman, B. B.（1996). *The encyclopedia of psychiatry, psychology and psychoanalysis.* New York: Henry Holt.

コラム1　アメリカの心理資格事情

　アメリカでクライエントの治療に直接関わる職種の多くが，修士または博士号とその専門分野での資格を必要とする。心理学を基盤にした職種が多く存在するため，専門分野を選ぶ際に考慮すべき点を2つ紹介したい。

　1つ目は学位の選択についてである。一般的に，修士課程は臨床家を養成するための教育に重点を置く。そのため2〜3年かけて専門知識を学ぶ傍ら，実習を通して臨床技能を身につける。修士号取得後に資格を得られる職種として，カウンセラー，ソーシャルワーカー，アートセラピストなどが挙げられる。日本では臨床心理学領域の修士号が必要とされる臨床心理士資格だが，米国で Licensed Psychologist といわれる心理士資格を得るには臨床心理学（精神疾患や重度な問題の治療を目的として生まれた分野），カウンセリング心理学（キャリア・人間関係などの日常的問題の治療を目的として生まれた分野），または教育心理学の博士号が必要である。したがって，米国での臨床心理学修士号は博士課程受験準備として取得する人が多く，資格や就職に繋がりにくい。カウンセラーやソーシャルワーカーなどになりたい人はそれぞれの分野の修士号を取得する必要がある。

　臨床心理学およびカウンセリング心理学博士課程では臨床技能に加えて研究者，指導者としての教育も行なわれる。そして，博士課程での4〜7年と博士号取得前後の2年間に研修員として集中的に実務経験を積むことで，より専門的な知識と技能を身につける。米国で心理士資格を有する者は精神科医に次ぐ権限をもち，州によっては薬の処方も可能である。また，修士レベルの資格では認可されていない心理検査や診断作業も制限なく行なえる。就職面では，研究職，臨床職だけでなく，大学病院などの治療機関の管理職に就く者も多い。

　2つ目は資格制度についてである。米国の資格制度には州政府から与えられる州資格（License）と民間団体から与えられる民間資格・認定（Certificate）がある。例えば，上記の心理士，カウンセラー，ソーシャルワーカーは州資格，アートセラピストは民間資格（州によっては州資格）が取得可能である。どちらも指定された学位と臨床実務時間を修了後，全国共通試験を合格した者に与えられる。州資格と民間資格の大きな違いは，前者は治療時に保険請求が可能であり，クライエントの自己負担を抑えることで富裕層以外にもサービスを提供できる点である。加えて，雇用機会の増加や個人開業のしやすさなどの利点もある。州資格は各州政府によって管理されるため，他の州に移ると新しい州で再申請する必要がある。面倒ではあるが先述の利点が勝るため，民間資格よりも州資格取得が可能な職業を選ぶ人が多い。また，近年，民間資格の職種でも，カウンセラー等の州資格を加えて取得する人が増加傾向にある。

●推薦書籍

Norcross, J. C., & Sayette, M. A. *Insider's guide to graduate programs in clinical and counseling psychology.* New York: Guilford Press.（米国心理学博士課程を目指す人への手引書。）

第2章 セラピスト・カウンセラーになるために

1. セラピスト・カウンセラーの資格と職域

(1) 臨床心理士と公認心理師

　わが国には，心理的な問題の相談，援助に関わるセラピスト・カウンセラーの資格が多数存在しているが，ここでは心理療法を行なうセラピスト・カウンセラーの主要な資格として**臨床心理士**と**公認心理師**という2つの資格を取り上げる。

　心理職の国家資格化についての議論は戦後からあり，長きにわたって制度化に向けた取り組みがなされてきた。しかし，なかなか実現には至らない状況から，まずは民間資格を創設すべく1988年3月に日本臨床心理士資格認定協会が設立され，「臨床心理士」の資格認定が開始された。以降，「臨床心理士」の社会的な認知度は次第に高まり，現在は心理臨床領域における主要な資格となっている。臨床心理士が誕生した後も心理職の国家資格化に向けた動きは続き，さまざまな過程を経たが，2015年9月に公認心理師法が成立，公布され，2017年9月に法が施行されたことにより，わが国初の心理職の国家資格として公認心理師が定められた。両資格ともに人間の心の問題に対応する心の専門家としての資格であり，**名称独占資格**[1]である。また，医療，教育，産業，司法など多様な領域を職域とする汎用性の高い資格となっている。

　臨床心理士は，臨床心理学を基盤とした知識や技術を用いて，心理的な専門的業務を行なう者である。その内容は「臨床心理士資格審査規程」第11条に記

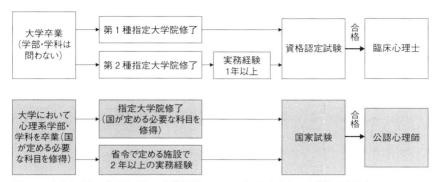

図 2-1　臨床心理士・公認心理師　資格取得のルート（日本臨床心理士資格認定協会，2017；日本心理研修センター，2017b をもとに作成）

載されており，①**臨床心理査定**，②**臨床心理面接**，③**臨床心理的地域援助**，④上記①〜③に関する調査・研究の4種が挙げられている。心理療法の実践は，②の臨床心理面接に含まれる。臨床心理士資格を取得するためには，臨床心理士の養成カリキュラムを備えた指定大学院で教育訓練を受け，修了した後，資格認定試験に合格する必要がある（図 2-1）。また，資格に5年ごとの更新制となっており，資格取得後も心理臨床能力の維持，発展のための研鑽を重ねていくことが，制度的にも備えられている。

一方，公認心理師は，心理学に関する専門的知識および技術をもって，公認心理師法第2条に定義される次の4つの行為，すなわち，「①心理に関する支援を要する者の心理状態の観察，その結果の分析，②心理に関する支援を要する者に対する，その心理に関する相談及び助言，指導その他の援助，③心理に関する支援を要する者の関係者に対する相談及び助言，指導その他の援助，④心の健康に関する知識の普及を図るための教育及び情報の提供を行うことを業とする者」と規定されている。心理療法の実践は，②の業に含まれる。2018年

1）有資格者以外はその名称を用いて業務を行なうことが認められていない資格（文部科学省，2006）。公認心理師法では第44条で，「公認心理師でない者は「公認心理師」という名称又は「心理師」という文字を使用してはならない」とされている。公認心理師で「士」を用いなかったのは，民間資格で多く使用されている「心理士」と区別が図られているためである（日本心理研修センター，2017a）。

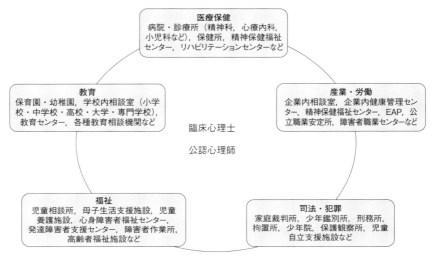

図 2-2　臨床心理士・公認心理師の職域，機関

より養成のためのカリキュラム教育が開始され，国家試験が実施される。5年間は経過措置により図 2-1 以外のルートによる資格取得も可能であるが，公認心理師の資格取得には，基本的には大学 4 年間と大学院修士課程の 2 年間（あるいは，特定の施設における 2 年以上の実務経験）による計 6 年間以上の教育訓練を要する。公認心理師は，更新制の資格ではないが，多様化，複雑化する心の問題に対応していくためには，試験機関である日本心理研修センターの研修をはじめとするさまざまな研鑽の機会を通じて，自ら実践力，総合力の習得と向上に努めていくことが求められるだろう。

（2）セラピスト・カウンセラーの職域

　心の問題への対応を求める社会的なニーズの高さやクライエントの抱える問題の多様化などから，セラピスト・カウンセラーの活動領域は広がりを見せている。臨床心理士・公認心理師の活動領域では，いずれも保健医療，福祉，教育，司法・犯罪，産業・労働の 5 つを主領域とするが，その他，私設心理相談室や研究所での心理学的援助の提供，災害時の緊急支援なども含まれる（図 2-2）。
　領域ごとの心理職の割合としては，医療領域で働く心理職者の割合が最も多

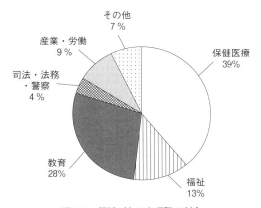

図 2-3　領域ごとの心理職の割合

（平成26年度　厚生労働科学特別研究事業　心理職の役割の明確化と育成に関する研究（主任研究者：村瀬嘉代子）を踏まえ，厚生労働省障害保健福祉部精神・障害保健課で整理したもの）

く，次いで教育領域となっている（図2-3）。しかし，非常勤雇用の者も多く，心理職の身分の不安定さなど未だにさまざまな課題があり，今後の改善が望まれる。

　近年「チーム医療」「チーム学校」という言葉がしばしば聞かれるように，さまざまな活動領域において多職種間で協働していくことが重要視されている。よって，心理の専門職も，自らの職能や限界を十分に理解したうえで，各活動領域，機関で他の専門家と連携して心理的援助にあたることが，今後さらに求められていくだろう。

　また，臨床心理士・公認心理師はいずれも多領域にまたがる汎用性のある資格であることから，どの領域でも共通する心理的援助の知識やスキルを体系的に身につけていくことが必要である。そのうえで，領域独自に求められる応用力，実践力を養い，専門性を活かした支援を提供していくことが期待される。

2．セラピスト・カウンセラーの倫理と学び

（1）セラピスト・カウンセラーの職業倫理

　心理的援助の実践の場では，しばしば難しい判断に迫られる事態に遭遇する。

その際、専門職者としてその状況を適切に判断し、行動する指針になるものが**職業倫理**である。金沢（2006）は、職業倫理を「ある専門職集団において、成員間の行為や、その成員が社会に対して行う行為の善悪を判断する基準として、その職業集団内で承認された規範」と定義し、心理専門職者における**職業倫理の7原則**をまとめている（表2-1）。

また、専門職としての倫理を具体的に示したものが倫理綱領である。例えば、臨床心理士については、日本臨床心理士資格認定協会が9条からなる「臨床心理士倫理綱領」を制定している。公認心理師では、公認心理師法に基づく、職責、法的義務、倫理を理解しておくことが求められている（日本心理研修センター、2018）。

一方で、コウリーらは、倫理規程は必要であり手引きにはなるが、セラピスト・カウンセラー自身の代わりに判断をしてくれるものではないことを忠告している。倫理的責任を果たしていくためには、それらを熟知しているだけでは十分ではなく、加えて自らの「倫理的態度」を発展させなければならず、倫理的態度が確立して初めて、適切な実践が可能になる（Corey & Corey, 1998）と述べている。これは心理援助の専門職者としての実習や実践を重ねるうえで、心得ておくべき事柄といえるだろう。

（2）セラピスト・カウンセラーの学び・訓練

資格取得のための養成カリキュラムを経ることは、セラピスト・カウンセラーとしてスタート地点に立つまでの準備段階に過ぎない。心理臨床の専門家になるための学びは長く、終わりがないものといえよう。オリンスキーらの文献レビューによれば、セラピスト・カウンセラーとしての経験年数よりも臨床スキルの高さのほうが介入効果につながっていることが示されている（Orlinsky et al., 1994）。単に心理臨床の実践経験を長く積んでも、効果的な心理療法はできないということである。

セラピスト・カウンセラーにも専門家としての発達段階があり、モデル化されている。主要なモデルとして、①初心者の段階、②試行錯誤と試練の段階、③チャレンジと成功の段階からなる3段階モデル（Stoltenberg & Delworth, 1987）や、①一般常識で行動する段階、②専門家としての訓練に移行する段階、

表 2-1　職業倫理の 7 原則
(Pope et al., 1987および Redlich & Pope, 1980をもとに金沢, 2006が作成)

第 1 原則：相手を傷つけない。傷つけるようなおそれのあることをしない
　相手を見捨てない。同僚が非倫理的に行動した場合にその同僚の行動を改めさせる，など。

第 2 原則：十分な教育・訓練によって身につけた専門的な行動の範囲内で，相手の健康と福祉に寄与する
　効果について研究の十分な裏付けのある技法を用いる。心理検査の施行方法を順守し，たとえば検査を家に持ち帰って記入させるなどといったマニュアルから逸脱した使用方法を用いない。自分の能力の範囲内で行動し，常に研鑽を怠らない。心理臨床家自身の心身の状態が不十分な時には心理臨床活動を控える。専門技術やその結果として生じたもの（たとえば心理検査の結果）が悪用・誤用されないようにする。自分の専門知識・技術を誇張したり虚偽の宣伝をしたりしない。専門的に認められた資格がない場合，必要とされている知識・技術・能力がない場合，その分野での基準に従わないケアや技術などの場合，などの際には心理臨床活動を行わず，他の専門家にリファーする等の処置をとる，など。

第 3 原則：相手を利己的に利用しない
　多重関係を避ける。クライエントと物を売買しない。物々交換や身体的接触を避ける。勧誘をしない，など。

第 4 原則：一人一人を人間として尊重する
　冷たくあしらわない。心理臨床家自身の感情をある程度相手に伝える。相手を欺かない，など。

第 5 原則：秘密を守る
　限定つき秘密保持であり，秘密保持には限界がある。本人の承諾なしに専門家がクライエントの秘密を漏らす場合は，明確で差し迫った危険があり相手が特定されている場合，クライエントによる意思表示がある場合，虐待が疑われる場合，そのクライエントのケアなどに直接関わっている専門家等の間で話し合う場合（たとえばクリニック内のケース・カンファレンス），などである。もっとも，いずれの場合も，できるだけクライエントの承諾が得られるように，心理臨床家はまず努力しなければならない。また，記録を机の上に置いたままにしない，待合室などで他の人にクライエントの名前などが聞かれることのないようにする，といった現実的な配慮も忘れないようにする必要がある。なお，他人に知らせることをクライエント本人が許可した場合は，守秘義務違反にはならない。

第 6 原則：インフォームド・コンセントを得，相手の自己決定権を尊重する
　十分に説明したうえで本人が合意することのみを行う。相手が拒否することは行わない（強制しない）。記録を本人が見ることができるようにする，など。

第 7 原則：すべての人々を公平に扱い，社会的な正義と公正と平等の精神を具現する
　差別や嫌がらせを行わない。経済的理由などの理由でサービスを拒否しない。一人一人に合ったアセスメントや介入などを行う。社会的な問題への介入も行う，など。

③エキスパートを模倣する段階，④条件的自律の段階，⑤探求の段階，⑥統合の段階，⑦個性化・個別化の段階，⑧高潔で欠けることのない段階からなる 8 段階モデル（Skovholt & Rønnestad, 1995）が提唱されている（金沢，1998）。
　心理療法の基礎教育は，「心理療法は来談者と治療者という職業的な人間関

係を通して成り立つことを学ぶこと」と「治療者感覚の養成」である（乾，2005）。まず，後者の治療者感覚の養成に関して，自己理解を深める学びの重要性にふれておきたい。

（3）自己理解を深める学び

セラピスト・カウンセラーに限らず対人援助職者を志す人は，人を助けたい，人の役に立ちたい気持ちが強い人が多いといえよう。その思い自体は援助者としての大切な動機であり，援助に力を与える。しかし，その思いの強さゆえに，相手の苦しみを楽にして，早く問題を解決しようと安易に助言や忠告を与えてしまうことがある。それは，クライエントが自分で問題を乗り越える力の発展を妨げたり，援助者に依存する関係性を作り出し兼ねない。また，自己理解をおざなりにすると，意識せずにクライエントに自らの価値観を押し付けていたり，自分自身の過去の体験や情緒的な問題と結びつけてクライエントに関わってしまうようなことも生じる。

セラピスト・カウンセラーも人間である以上，何かしらの心理的な問題を抱えており，悩みや欠点ももっている。まずはそれを認めなければならない。支援を妨げるようなものでない限りは，それ自体が問題なのではなく，それに無自覚であることが問題になるといえる。重要なのは，自己の内面や経験，感じ方，関わり方，価値観，動機について関心を払い，自分自身への気づきと理解を深めておくことであろう。

アマダは，セラピスト・カウンセラーにおける重要な問いかけとして以下の3つを挙げている（Amada, 2011）。

> ① 自身のもつ情緒的問題があまりに深刻すぎて，他者を理解したり助けたりする能力が妨害されていないか
> ② 自身の情緒的葛藤を理解し統合することができているか
> ③ 情緒的な葛藤を抱えている他者に対して共感をもち敏感になることで自らの経験を治療的に利用できているだろうか

また，誰でもセラピスト・カウンセラーに向いているというわけではない。コウリーらは，自分が対人援助職者に向いているかを問う基準項目として，以

下の7項目を挙げている（Corey & Corey, 1998）。

①**感受性**
　他者や他者の幸せに関して、どの程度関心があるか。
②**人間性**
　対人関係において、どの程度相手を尊敬し、ありのままの姿で付き合えるか。
③**共感能力**
　他者の求めに対して配慮と理解をもって応えることが、どの程度できるか。
④**柔軟性と許容力**
　他者からの意見を素直に受け止めて、自分の態度や行動を変えることが、どの程度できるか。
⑤**統合性**
　人間関係において自分と相手の双方を互いに尊重することが、どの程度できるか。
⑥**模倣能力**
　適応的な行動や問題対処の仕方を観察し、模倣して取り入れることが、どの程度上手にできるか。
⑦**洞察力**
　専門的資源と個人的経験に基づいて適切な情報を認識し、それを理解し、抽象化し、一般化する能力をどの程度備えているか。

　こうした問いを自分自身に投げかけていくことは、内省の深まりに役立つだろう。また、自己理解のためのワークブックなども数多く出版されているので、それらを身近な方法として活用してみることもできる。さらに、心理検査や心理療法を実際に受けてみることも、さまざまな観点から自己にふれ、気づきを深めるよい機会になる。

（4）心理療法の理解を深める学び

　次に、一丸ら（2000）、佐治ら（2007）の分類を参考に、心理療法の理解を深める学びの方法について、以下の3つの観点からまとめる。

1）認知的な学び

　主な学びの方法は、心理療法についての文献（専門書や先行研究）を購読することや心理療法、心理面接に関する講義を受けることである。認知的な学びによって、クライエントの理解や援助に役立つ理論や知識を学ぶ。また事例研究や逐語録を読んだり、面接の様子を収めた視聴覚資料を活用することで、よ

り具体的に療法を理解することができる。

2）体験を通しての学び─模擬的役割体験

　主な学びの方法としては，**ロールプレイ**や**試行カウンセリング**，**ピア・カウンセリング**などが挙げられる。これらは実際に自分が心理療法を始める前に，準備として行なっておく必要があるだろう。その際，模擬的にセラピスト・カウンセラーとクライエントと，双方の立場に自分自身を置く体験をすることも大切である。

3）体験を通しての学び─実習体験

　1），2）を経た後，実習を通して心理療法を学ぶ。1つめの方法は，経験者のケースに実際に陪席することである。療法を直接的に見聞きし，学ぶことができる。ただし，自分自身がセラピスト・カウンセラーの立場ではなくても，クライエントと同じ空間にいることにより，相手に何かしらの影響を与える存在，環境の一部であることは心得ておく。2つめの方法は，スーパービジョン（Supervision）を受けながら，自分自身が実際にセラピスト・カウンセラーとして機能し，心理療法を行なうことである。

　1）から3）は，順に実践に近い場面となっており，学びの順序を示しているともいえる。しかし，（3）の自己理解を深める学びも含めて，同時並行的に取り入れていくことも必要であろう。また，第2章の各論では，それぞれの心理療法の学びを深めるための手がかりが各著者によって紹介されているので，ぜひ参考にしていただきたい。

　さらに，より広い枠で眺めると，日常のあらゆる体験や自己研鑽が心理療法の学びにも繋がるともいえる。例えば，芸術や小説，映画などにはさまざまに人間の内的な世界が表現されている。それらに親しみ，感受性を育てることは，人間理解を深めることに繋がるだろう。また，ストレス対処のスキルを高め，良好な心身の状態，健康を維持するよう自己管理に努めることも，人のこころに関わる専門家に欠かせない素養である。

推薦書籍

◆ Corey, M. S., & Corey, G.（1999）．*Becoming a helper*（3rd ed.）．Pacific Grove, CA: Brooks/Cole.（下山晴彦（監訳）　堀越　勝・堀越あゆみ（訳）（2004）．心理援助の専門職になるために――臨床心理士・カウンセラー・PSW を目指す人の基本テキスト　金剛出版［前半分の訳］）

心理援助職を目指す者自身が自己理解を深めることの大切さ，必要性が示されており，そのための方法も解説されている。また，専門職としての倫理的な問題についても多くの事例を挙げながら，分かりやすく説明されている。

◆ Zaro, J. S., Barach, R., Nedelman, D. J., & Dreiblatt, I. S.（1977）．*A guide for beginning psychotherapists*. New York: Cambridge University Press.（森野礼一・倉光　修（訳）（1987）．心理療法入門――初心者のためのガイド　誠信書房）

心理療法の面接に関わる知識的な説明だけではなく，セラピスト・カウンセラーの初心者が遭遇しがちな不安や葛藤などについても分かりやすく解説されている。初版の発行は古いが，現在も読まれ続けている良書である。

◆金沢吉展（1998）．カウンセラー専門家としての条件　誠信書房

心理臨床の専門職になるために必要な倫理，教育，訓練について，理論，研究に基づきながら，平易に解説されている。

引用文献

Amada, G.（2011）．*A guide to psychotherapy*. Lanham, MD: M. Evans and Company.（上地安昭（監訳）（2012）．心理療法ガイドブック　誠信書房）

Corey, M. S., & Corey, G.（1998）．*Becoming a helper*（3rd ed.）．Pacific Grove, CA: Brooks/Cole.（下山晴彦（監訳）　堀越　勝・堀越あゆみ（訳）（2004）．心理援助の専門職になるために――臨床心理士・カウンセラー・PSW を目指す人の基本テキスト　金剛出版［前半分の訳］）

一丸藤太郎・児玉憲一・塩山二郎（2000）．心理学的処遇　鑪　幹八郎・名島潤慈（編著）　新版　心理臨床家の手引き（pp. 68-151）　誠信書房

乾　吉佑（2005）．心理療法の教育と訓練　乾　吉佑・亀口憲治・東山紘久・氏原　寛・成田善弘（編著）　心理療法ハンドブック（pp. 13-24）　創元社

金沢吉展（1998）．カウンセラー――専門家としての条件　誠信書房

金沢吉展（2006）．臨床心理学の倫理をまなぶ　東京大学出版会

厚生労働省　資料 4．領域ごとの心理職の割合 Retrieved from http://www.mhlw.go.jp/file/05-Shingikai-12201000-Shakaiengokyokushougaihokenfukushibu-Kikakuka/0000137284.pdf（2018年1月7日）

厚生労働省（2015）．平成26年度　厚生労働科学特別研究事業　心理職の役割の明確化と育成に関する研究（主任研究者:村瀬嘉代子）

Lambert, M. J.（1992）. Implications of outcome research for psychotherapy integration. In J. C. Norcross & M. R. Goldfried（Eds.），*Handbook of psychotherapy integration*（pp. 94-129）. London: Oxford University Press.

文部科学省（2006）．これからの博物館の在り方に関する検討協力者会議（第2回）資料　国家資格の概要について Retrieved from http://www.mext.go.jp/b_menu/shingi/chousa/shougai/014/shiryo/07012608/003.htm（2018年1月10日）

日本心理研修センター（2017a）　公認心理師試験　Q&A Retrieved from http://certified.shinri-kenshu.jp/faq.html（2018年1月10日）

日本心理研修センター（2017b）　公認心理師試験について　Retrieved from http://certified.shinri-kenshu.jp/support/examination.html（2018年1月17日）
日本臨床心理士資格認定協会（監修）（2017）．平成29年版 新・臨床心理士になるために　誠信書房
日本心理研修センター（監修）（2018）．公認心理師現任者講習会テキスト 2018年版　金剛出版
Olinsky, D. E., Grawe, K., & Parks, B. K.（1994）. Process and outcome in psychotherapy—Noch einmal. In A. E. Bergin & S. L. Garfield（Eds.）, *Handbook of psychotherapy and behavior change*（4th ed.）. NewYork: Wiley.
Pope, K. S., Tabachnick, B. G., & Keith-Spiegel, P.（1987）. Ethics of practice: The beliefs and behaviors of psychologists as therapists. *American Psychologist, 42*, 993-1006.
Riedlich, F., & Pope, K. S.（1980）. Ethics of mental health training. *Journal of Nervous and Mental Disease, 168*, 709-714.
佐治守夫・岡村達也・保坂　亨（2007）．カウンセリングを学ぶ　第2版―理論・体験・実習　東京大学出版会
Skovholt, T. M., & Rønnestad, M. H.（1995）. *The evolving professional self: Stages and themes in therapist and counselor development*. Chichester, West Sussex, UK: Wiley.
Stoltenberg, C. D., & Delworth, U.（1987）. *Supervisiong counselors and therapists: A developmental approach*. San Francisco, CA: Jossey-Bass.

コラム2　動機づけ面接

　心理療法は，クライエントに何らかの変化が生じることを目的としているといえる。しかし，クライエント自身がその変化を望んでいなければ，心理療法の効果は上がりにくい。したがって，クライエントが，心理療法によって，どのような変化をどの程度望んでいるのか（動機づけ）を考慮することは重要である。

　クライエントの変化への動機づけを高めることを目的とした直接手法に，動機づけ面接（Motivational Interviewing; Miller & Rollnick, 2013）がある。動機づけ面接は，1980年代に臨床心理学者ミラー（Miller, W.）によって，アルコール依存の問題を抱えた人への面接手法として，開発された。従来の面接は，カウンセラーが，アルコールのデメリットを一方的に強調して，アルコールを止めるように説得することが多かった。一方，動機づけ面接では，カウンセラーはアドバイスを極力抑えて，クライエントがアルコールを止めることについて自ら発言するように促す。

　動機づけ面接の原理として，以下の4つがある。①正確な理解を示すこと，②矛盾を広げること，③抵抗を手玉にとること，④クライエントの自己効力感をサポートすること，である（原井，2012）。カウンセラーが「正確な理解を示すこと」は，クライエントとカウンセラーの信頼関係を築いていくうえで重要である。そのため，カウンセラーは，クライエントが考えていること，感じていること，大事にしていることを適宜言葉にして伝え返して確認し（「聞き返し」と呼ばれる），クライエントを正確に理解しようと努める。また，人は心理的問題にまつわる変化に際して，変化したいという気持ち（例：「アルコールを一切止めたい」）と，変わらずにいたいという気持ち（例：「アルコールがないと，やっていけない」）という矛盾した気持ちを同時に持ち合わせやすい。このような矛盾した両面の気持ちを配慮して，動機づけ面接では，クライエントが変化に向かえるように面接を工夫する。その工夫には，クライエントが何らかの抵抗を示した際には，それをクライエントへの理解を深める好機としてとらえることや，クライエントが「これなら自分もできる」と自信がもてるような行動計画について話し合うことも含まれる。

　動機づけ面接は，健康行動，不安や抑うつといった心理的問題に幅広く適用され，効果が実証されている。また，認知行動療法や精神分析等とも併用される。

●推薦書籍
原井宏明（2012）．方法としての動機づけ面接―面接によって人と関わるためのすべての人のために　岩崎学術出版社

●引用文献
原井宏明（2012）．方法としての動機づけ面接―面接によって人と関わるためのすべての人のために　岩崎学術出版社
Miller, W. R., & Rollnick, S.（2013）. *Motivational interviewing: Helping people change*（3rd ed.）. New York: Guilford Press.

第 2 部　心理療法の理論と技法

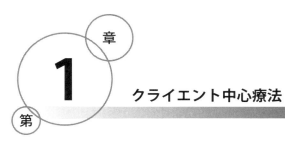

1．クライエント中心療法とは

　クライエント中心療法は，ロジャーズ（Rogers, C. R.: 1902-1987）によって提唱されたカウンセリング・心理療法の理論と方法を指す名称である。その理論的立場は人間性心理学のなかに位置づけられ，セラピストの態度やクライエントとの関係を重視する。自己一致，無条件の積極的関心，共感的理解（いわゆる中核三条件）を含む「パーソナリティ変容の必要十分条件」が代表的な理論である。治療や症状の消失よりも個人の適応と成長を目指す立場である。

2．クライエント中心療法の歴史

（1）理論的背景

　クライエント中心療法の誕生までの歴史を記述することは，ロジャーズ個人が受けてきた影響やその考えの変遷を追うこととほぼ同じである。ロジャーズは幼少期から科学的農業に関心を示し，後の心理療法の研究においても科学的方法を好んだ。ロジャーズは，ウィスコンシン大学で農学を学んだ後，一度牧師の道を目指すものの，再び進路変更を決意し，動物の試行錯誤学習で有名なソーンダイク（Thorndike, E. L.）のいたコロンビア大学で臨床心理学を学んだ。また，コロンビア大学在学中に1年間の研修員となったニューヨーク児童相談所では，精神分析にふれる機会を得た。1928年からの12年間，ロジャーズ

はロチェスター児童虐待防止協会で働き，後には所長にもなった。ロジャーズはロチェスター時代の1936年に，フロイトの愛弟子であった精神分析家のランク（Rank, O.）を講師として招き，3日間の研修会を開催した。またランクの弟子であるタフト（Taft, J.）からも強い影響を受けるようになった。

ロジャーズはカウンセリングにおける対等な関係を目指し，患者という言葉ではなくクライエント（来談者）という名称を使うようになったといわれるが，そのアイデアは元々ランクのものであったという。クライエント中心という用語も，ランクの1935年の講演における言葉「真のセラピーはクライエントを中心に回らなければならない」にその原型が見て取れる。クライエント中心療法の理論的背景はランクの関係論にあるといっても差し支えないであろう。

（2）クライエント中心療法の萌芽

ロジャーズが非行少年の臨床から，クライエント中心療法を提唱するに至った一つの事例がある。問題行動を示す息子の母親面接を担当したロジャーズは，12回の面接で，母親の問題（幼少期にその子を拒否したこと）について説明したが奏功しなかった。面接中止について話し合ったとき，母親が子どもについてではなく自分自身のカウンセリングを希望し，結婚生活，夫との関係の難しさなどを語り始めた。面接が続くなかで，夫婦関係が改善されたのみならず，息子の問題行動も消失した。この事例の経験から，ロジャーズは，クライエントが自ら動いていくプロセスを信頼することが重要であるという確信を抱くようになっていったという。

（3）非指示的アプローチ

ロジャーズは，1939年に『問題児の治療』を出版し，1940年にはオハイオ州立大学の教授に職を得た。この『問題児の治療』には，まだ荒削りだが，クライエント中心療法の中心理論の原型がすでに見て取れる。1942年には『カウンセリングとサイコセラピー』が出版された。そこでロジャーズは，命令，禁止，勇気づけ，説得，強力なアドバイスをセラピストが行なうことを「評判の悪い方法」，「指示的アプローチ」とし，それと対比して**非指示的**（Nondirective）**アプローチ**について論じた。この著書は，面接を録音し発表するという

科学的方法が初めて取られたことでも有名である。

　非指示的アプローチは，アメリカでも日本でも誤解された。ロジャーズが後に指摘したように「単に受け身になり，無干渉主義の方針を採用することだと考えている者もいる」という点においてである。そのような態度は，「クライエントからしてみれば拒絶されているように感じられる」のである。さらには，そのような「カウンセラーの成果は最小限にとどまり，クライエントの多くは援助を得ることができなかったという失望とカウンセラーが何も提供してくれなかったという嫌悪感を抱いて去っていくだろう」(Rogers, 1951　保坂ら訳 2005)という指摘もなされている。また，日本ではロジャーズがこの時期に使用していた「感情の反射，明確化，受容」などの用語から，クライエントの話をただ繰り返しながら聞く，いわゆる「オウム返し」という誤ったスタイルが定着し，また批判の対象にもなった。

(4) 非指示からクライエント中心へ

　ロジャーズは1940年をクライエント中心療法の誕生年ととらえ，その時期からクライエント中心という言葉を用いている。しかし一般的には，彼の立場は1940年代には非指示アプローチとしてとらえられ，1950年代にはクライエント中心療法ととらえられる。それは1942年の著書では，非指示的アプローチに関する議論が強いインパクトをもっていたこと，そして1951年に主著の『クライエント中心療法』が出版され注目されたことによる。

　1945年にはロジャーズはシカゴ大学に籍を移した。そこでのカウンセリング・センターのスタッフには，後にフォーカシングや体験過程理論を打ち立てるジェンドリン (Gendlin, E.) の他，プレイセラピーで有名なアクスライン (Axline, V.)，親業などで知られるゴードン (Gordon, T.) など，強力なメンバーがそろっていた。この時期に膨大な量の研究が行なわれた。クライエント中心療法の最も重要な理論とされる「治療的パーソナリティ変容の必要十分条件」も1957年に発表された。1950年代がこの心理療法が完成するための重要な時期といえよう。この頃には「非指示」という用語が用いられることは少なくなり，「クライエント中心」という用語が，完全にそれに代わっている。1957年にロジャーズはウィスコンシン大学に移るが，後述するようにそこでのプロ

ジェクトに失敗するなどし，クライエント中心療法の個人面接やその研究よりも，エンカウンター・グループに情熱を燃やすようになる。

（5）パーソンセンタード・アプローチ

クライエント中心療法が誕生するまでの歴史は上述の通りであるが，現在クライエント中心療法という名称以上に用いられている**パーソンセンタード・アプローチ**（Person-Centered Approach: PCA）という名称について説明しよう。クライエント中心療法の基本的な理論と同様に，PCAでも，先に述べた必要十分条件は代表的な理論である。また人は自ら成長していく傾向を信じるという自然な傾向があるという考えに基づいている。つまり援助者が適切な変化の方向に導くのではなく，本人が自らを導くと考えるのである。そうした点ではクライエント中心療法とPCAの理論はほとんど同じである。

それでもロジャーズが1960年代後半からPCAという言葉を好んで用いるようになった理由として，エンカウンター・グループ（第21章）の実践，また教育領域などへの理論的応用が考えられる。この名称の変化は，ロジャーズのアプローチが，クライエントとセラピストの二者関係のみならず，集団やその他のあらゆる人間関係に広がり，また心理療法に限定しないさまざまな方法にも広がりをみせたことを示している。そのため，今日では個人療法としてのクライエント中心療法もPCAと呼ばれることがある。ちなみにイギリスではこの立場における個人療法はパーソンセンタード・セラピー（Person-Centred Therapy: PCT）と呼ばれ，PCAと区別する傾向がある。またPCAという名称は，かつて人間性心理学の範疇にあったゲシュタルト療法（第9章）やジェンドリンのフォーカシング（第10章），ロロ・メイ（May, R.）らの実存的・ヒューマニスティック心理療法などから影響を受けた一群の立場の総称となっていることが多い。

3．クライエント中心療法の理論・技法

（1）心理療法の理論：必要十分条件

クライエント中心療法の最も重要な理論を挙げるならば，間違いなく「治療

的パーソナリティ変容の必要十分条件（Rogers, 1957）」となるであろう。ロジャーズは常に「何が効果的か，何がうまく作用するか」に関心をもっていた。それが一つの形に結実したものが，この理論であるといえるだろう。下記の6つの条件は，人がより統合的になり，内面の葛藤が少なくなり，効果的な生き方にエネルギーを注ぐようになるために，つまり治療的パーソナリティの変容が起こるために必要であり，また十分なものであると考えられる。

> ① 2人の人が心理的な接触（Psychological Contact）を持っていること。
> ② 第1の人（クライエントと呼ぶことにする）は，不一致（Incongruence）の状態にあり，傷つきやすく，不安な状態にあること。
> ③ 第2の人（セラピストと呼ぶことにする）は，その関係のなかで一致しており（Congruent），統合して（Integrated）いること。
> ④ セラピストは，クライエントに対して無条件の積極的関心（Unconditional Positive Regard）を経験していること。
> ⑤ セラピストは，クライエントの内的照合枠（Internal Frame of Reference）を共感的に理解（Empathic Understanding）しており，この経験をクライエントに伝えようと努めていること。
> ⑥ セラピストの共感的理解と無条件の積極的関心が，最小限クライエントに伝わっていること。
>
> (Rogers, 1957)

　1つひとつの条件を説明しよう。1つ目の条件は，二者の関係そのものに関するものである。例えば，非現実的な設定であるが，あるセラピストがクライエントは全員母親との葛藤がテーマになっていると思い込んでいるとしよう。どのようなクライエントであろうが，またクライエントが何をどのように話そうが，セラピストは母親との葛藤についての話を引き出そうとし，そこに焦点を当てて進めていく。このような場合は，心理的接触がなされているかどうかが疑わしい。セラピストは目の前の相手をほとんど認識できておらず，自分の理論に注目しているだけなのである。

　2つ目の条件は，クライエントの状態を定義したものである。ここでいう不一致とは，自己概念（自分についての知識やイメージ）と現実に経験していることが一致していないことを意味する。例えば，家庭内でいわゆる「いい妻，いい母親」の女性のクライエントがいるとしよう。そして普段からそのクライ

エントのことを見下す夫に対して、こころのどこかでは怒りを経験しているとしよう。このクライエントにとっての自己概念は「いい妻」であり、経験は「怒り」である。これが不一致の状態である。

　3つ目の条件は、しばしば中核三条件の1つといわれる**自己一致**であり、なかでもロジャーズが最も重視したものである。セラピストはクライエントとの関係のなかで、自分の経験していることがどのようなことであれ、自由にその感情のままにいられることである。例えば、クライエントの話に退屈し、集中できない感じがしているセラピストがいるとしよう。そのようなときに、「私はクライエントのどんな話にも関心を向けられる自分でいたい」と思うあまり、退屈してきた感じを無視するのではなく、そのような自分であることを潔く認めることが、一致するということである。決して何もかもをクライエントに表現する（退屈を言葉や態度で表す）ことではない。この2つ目と3つ目の条件における「一致／不一致」の概念は、後述するパーソナリティの理論の中心でもある。

　4つ目の条件も中核三条件のうちの1つである**無条件の積極的関心**と呼ばれるものである。クライエントのどのような側面に対しても等しく前向きに関心を向けることである。例えば、不登校状態の子どもの「学校を休みたい」という気持ちにも、「学校に行ってみよう」という気持ちにも等しく関心を向けることである。クライエント中心療法のパーソナリティ理論では、重要な他者が関心を向けるか否かによって「価値の条件（Condition of Worth）」を獲得すると考える。例えば親が「学校に行く（という条件を満たした）子はいい子」という場合、条件つきの関心である。セラピストも学校に行くことは社会的に望ましいことであるという思いに囚われていると、クライエントの「学校を休みたい」という気持ちに積極的な関心を向けにくくなる。つまり無条件とは、クライエントの抱いている感情や思考内容、行動に何の条件もつけないことである。

　5つ目の条件は中核三条件の3番目の**共感的理解**である。セラピストがクライエントの内側から、クライエントの感じ方やとらえ方に可能な限り近づけるようにしながら、理解しようとすることである。つまり「あたかも～であるように（as if…）」理解しようとする態度であるが、それはあくまでも「あたか

も」であり，共感する際にセラピストがクライエントになることは不可能であることを自覚しておく必要がある。

　6つ目の条件は再び関係に直接言及したものである。4つ目，5つ目の条件にあるセラピストの態度がクライエントに伝わることである。つまりセラピストの内面でだけ関心を向け，共感的理解をしていたとしても十分ではなく，そのことがクライエントに認知されることが必要なのである。

（2）心理療法の理論：評価の所在

　心理療法の初期には，クライエントは他者や文化的環境から取り入れた価値観を指針として生きているが，次第に真の自己，つまり自分自身の体験や評価に気づき始める。そこでは価値観に対する混乱や不安が生じる。クライエント中心療法の立場では，クライエントが自分自身の感覚や体験こそが，自らの価値観の拠り所であると分かっていくことによって，そうした混乱や不安は収まっていくものと考える。そのためセラピストは，クライエントがクライエントを取り巻く状況について評価をする際に，自分の経験に基づくように促す。

　例えば，ある中学3年生Aが「〇〇高校に行くことになった」と話す場合，〈行くことになった…というのは，Aさんが〇〇高校が良いと思ったということでしょうか〉と尋ねることで，進路選択における価値観や評価がAの経験に基づいているかどうかを尋ねるのである。もしもそこで「親が（先生が）〇〇高校が良いというから」とAが話したとしたら，〈（そうした状況で）あなたはどう思ったの？〉と尋ねる。このことは，ロジャーズによって「評価の所在（Locus of Evaluation）」を自分の外側に置くのではなく，内側（クライエントの側）に置くことと表現される（cf. Rogers, 1951）。

（3）心理療法の理論：体験過程

　体験過程はロジャーズの同僚であったジェンドリンが提唱した概念と考えられることが多い。しかしそれはロジャーズが1950年代から，官感的（Sensory）内臓的（Visceral）感覚，腹のレベルの感情（Gut Level Feelings）などと表現していたことをジェンドリンが引き継いで研究を続けた結果であると考えられる（e.g., 池見，2003）。つまり，ジェンドリンが体験過程の概念や

フォーカシング（第10章）の技法として洗練させたとはいえ，その基本的な考えはクライエント中心療法に含まれていると考えられる。

ロジャーズは次のように述べている。「視覚，聴覚，筋肉の緊張感，心臓の高鳴り，胃の締め付けられる感覚の意味を歪めようと努める」のではなく，「体験自体にその意味を語らしめることができさえすれば－もし憎しみを憎しみとして，愛を愛として，恐れを恐れとして容認すること」ができさえすれば，「精神的緊張などなくなってしまうだろう」（Rogers, 1951 保坂ら訳 2005）。ここに引用したように，ロジャーズは，クライエントのからだの内側で体験される認知や情動，つまり体験過程をそのままに受容することができれば，体験過程がクライエント自らを導くと考えていたようである。

（4）心理療法の理論：関係

心理療法の展開は，セラピストのパーソナリティ，技法，態度などによるのではなく，これらがセラピストとの**関係**のなかで，クライエントにどのように体験されるかにかかっている。クライエント中心療法では，そのような個々の治療的要素よりも，セラピストとクライエントの関係を重視する。

シカゴ時代のロジャーズは，キルケゴール（Kierkegaard, S.）から始まる実存哲学に強い関心を抱くようになる。1957年には実存哲学者のブーバー（Buber, M.）との公開対話を行なっている。ブーバーは「**我－汝（I-Thou）**」という人間と人間の関係，他者のあるがままの姿に開かれた態度，奥深さをもつ他者と関わるリスクを引き受けることなどを重視し，他者を脱人間化する「**我－それ（I-It）**」関係と区別した。このような「我－汝」の関係は，ロジャーズが主張するカウンセリングにおけるセラピストとクライエントの関係によく似ている。

ウィスコンシン大学に移動したロジャーズが行なった「ウィスコンシン・プロジェクト」では，ロジャーズの仮説が精神科病院に入院している統合失調症などの患者の症状改善にも効果があるかが研究された。その結果は収拾不可能なほど複雑になり失敗したといわれている。しかしその研究を通して，ロジャーズの理論は共感よりも一致に重点が置かれるようになった。セラピストがクライエントとの関係のなかで，自分を投入することが注目されたのである。

（5）パーソナリティの理論：自己概念と体験の一致

クライエント中心療法の**パーソナリティ**の理論は19の命題としてまとめられており，またその一部は有名な図式によって示されている（図 1-1）。図の意味するところを表す命題17は次のようなものである。「自己の構造にとって本来的にまったくどんな脅威もないような一定の条件下では，自己の構造と一致しない体験が次第に認知され，検討されるようになり，そして自己の構造はこうした体験を取り入れ，包含するように修正されていく」（Rogers, 1951 保坂ら訳 2005）。左側の円は，自己構造あるいは**自己概念**である。個人の特性や対人関係についての定式化された認知，価値観などである。そして右側の体験は，官感的内臓的感覚と先に述べた体験，個人に体験されるすべてのものである。ロジャーズは，「脅威もないような一定の条件下」，別の場所では「受容されれば」，「温かな眼差しで見つめれば」などの表現を多く用いているが，そのような条件下では図 1-1 のⅢの領域にあるものが取り入れられ，Ⅰの領域が増えていき，自己構造と体験が統合されていくことを示しているのである（図 1-2）。

ここで上述の「必要十分条件」の2つ目の条件で挙げた例に再登場してもらおう。「いい妻，いい母親」は，その人の定式化された自己概念（左側の円）である。そのときのからだの感覚がどのようなものであれ，それを無視して「いい妻，いい母親」の自己概念を保ち，日々の生活を送っているのである。普段から妻を見下し，乱暴な物言いをする夫に対して，このクライエントは体が震えるような感覚，そして胃の下の方からムカムカするような感覚を抱えている。それが官感的内臓的感覚ないし体験過程，別の表現をすればフェルトセ

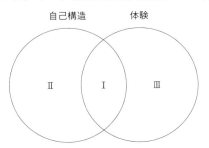

図 1-1　**自己構造と体験**（全体的パーソナリティ）（Rogers, 1951の図から一部省略）

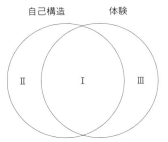

図 1-2　**自己構造と体験の統合**（Rogers, 1951を参考に作成）

ンスである（右側の円）。図 1-1 の II と III の重なるところが少ないと，心理的な不適応であり（命題14），自己は二分割されている。重なる領域が多いことを心理的適応という（命題15）。これらの理論は，自己を取り扱っているため，自己理論と呼ばれることもある。

(6) パーソナリティの理論：十分に機能する人間

クライエント中心療法では，人は，重要な他者からの積極的関心（Positive Regard）を得たいという欲求をもっていると仮定する。また経験によってさまざまな学習をしていくなかで，他者とは無関係に自分自身も自分にとっての重要な他者となる。自分が自分に対して積極的関心を向けることの欲求ももつようになる。この 2 つが最大限に満たされるときに**十分に機能する人間**（Fully Functioning Person）となる。これはセラピーの目標となる状態といってもよい。

人間は生来，成長に向かう傾向をもっていると考えられる。そのことは，しばしば有機体（Organism）が**実現傾向**（Actualizing Tendency）をもっていると表現される。この実現傾向が十分に発揮されることで，十分に機能する人間となるということも可能である。ここまでの用語を用いて説明するならば，十分に機能した人間は，自己構造と体験が一致しており，評価の所在を自らの内面にもち，人間関係の中で相互に積極的関心をもちながら生きていくという特徴をもつといえよう。

4．クライエント中心療法の効用と限界

クライエント中心療法の効果研究はいくつかの視点から検討されている。疾患別には，軽度から中等度のうつに対する非指示的カウンセリングの効果が示されている（King et al., 2000; National Institute for Health and Clinical Exellence, 2007）。しかし疾患別のクライエント中心療法の効果が示された研究は，認知行動療法（第 6 章）のそれと比べ，かなり少ない。クライエント中心療法の効果は，疾患別よりも，その全体的な関係の効果として確かめられている。近年，とくに心理療法の効果的な要因として，アメリカ心理学会

(APA)の第29分科会は，治療同盟（セラピストとクライエントの協働関係の強さや質，第1部第1章）を実証的効果の一つであると結論づけている。また共感は「実証的に効果的な」要素，積極的関心と自己一致は「おそらく効果的と期待できる」要素とされている。このように，クライエント中心療法の理論は，心理療法において関係が重要であることを示すための枠組みを提供しているといえよう。

クライエント中心療法は，重篤な事例には適用できないという批判は古くからあり，現在でも根強い。その一つの要因はウィスコンシン・プロジェクトにある。このプロジェクトは，ロジャーズがメンドータ州立病院の統合失調症患者との心理療法に成果があることを示そうとした大規模研究計画であったが，その結果は失敗で，心理療法の実施群と統制群に有意な差が見られなかった（研究計画と結果が複雑過ぎたという評価もなされている）。こうした批判に対し，いわゆる人格障害や解離と表現されるクライエントの「脆弱なプロセス」，「分離したプロセス」に関わる実践が研究されているが，研究は初期の段階である。

5．クライエント中心療法の学びを深めるためには

他の立場の心理療法と同様，クライエント中心療法を本当の意味で学ぶためには，セラピストとしての一定のトレーニング，陪席やカンファレンスでの事例検討，スーパーヴィジョン，理論的学習などが求められる。エンカウンター・グループへの参加もセラピストとしての自己理解のためには重要である。

ロジャーズの残した面接記録は，受身的であると誤解を受けがちなクライエント中心療法において，ロジャーズがいかに積極的にクライエントを理解し，関わろうとしているかを知ることができる。面接記録はロジャーズの書籍のなかにも豊富であり，『Miss Mun ロジャーズカウンセリングビデオ』や『グロリアと三人のセラピスト』などの映像記録も学習のためには有用である。

ロジャーズ以降のクライエント中心療法は，自己の配置図（Configuration of Self; Mearns & Thorne, 2000）や関係の深さ（Relational Depth; Mearns & Cooper, 2005）などの理論の展開がなされている。初心者から一歩踏み出すには，次の書籍紹介の3冊目を勧めたい。

推薦書籍

◆佐治守夫・飯長喜一郎（編）(2011).　ロジャーズ クライエント中心療法 新版　有斐閣

平易な日本語で読むことができ，その歴史，理論，比較的最近の傾向なども網羅した最適な入門書である。しかしこの一冊を丁寧に読むことで，クライエント中心療法の基礎は理解したといえるほどの充実した内容である。

◆ Rogers, C. R. (1951). *Client-centered therapy: Its current practice, implications, and theory*. Boston, MA: Houghton Mifflin.（保坂　享・諸富祥彦・末武康弘（共訳）(2005).　ロジャーズ主要著作集2　クライアント中心療法　岩崎学術出版社）

ロジャーズが書いたもののなかでは，主要な論文を集めた『ロジャーズ選集（上・下）』（誠信書房）とともに薦めたい著書である。本章でも頻繁に引用した本書は，事例などの具体的な記述とともに理論が説明されており，理解しやすく，学びを深めやすい。

◆ Sanders, P. (Ed.). (2004). *The tribes of the person-centered nation*. Ross-on Wye, Herefordshire, UK: PCCS Books.（近田輝行・三國牧子（監訳）(2007).　パーソンセンタード・アプローチの最前線　PCA諸派のめざすもの　コスモスライブラリー）

先述のように，2000年代に入ってからの主にイギリスのクライエント中心療法，PCAの理論的発展を知ることができる。

引用文献

池見　陽 (2003).　クライエント中心学派と体験過程学派　村山正治（編）　現代のエスプリ別冊 ロジャース学派の現在（pp. 106–116）　至文堂

King, M., Sibbald, B., Ward, E., Bower, P., Leoyd, M., Gabbay, M., & Byford, S. (2000). Randomized controlled trial of non-directive counseling, cognitive-behavior therapy and usual general practitioner care in the management of depression in primary care. *Health Technology Assessment, 4* (19), 1–83.

Mearns, D., & Cooper, M. (2005). *Working at relational depth in counselling and psychotherapy*. London: Sage Publications.

Mearns, D., & Thorne, B. (2000). *Person-centred therapy today: New frontiers in theory and practice*. London: Sage Publications.

National Institute for Health and Clinical Excellence (2007). *Depression: Management of depression in primary and secondary care* (amended). London: National Institute for Health and Clinical Excellence.

Rogers, C. R. (1951). *Client-centered therapy: Its current practice, implications, and theory*. Boston, MA: Houghton Mifflin.（保坂　享・諸富祥彦・末武康弘（共訳）(2005).　ロジャーズ主要著作集2　クライアント中心療法　岩崎学術出版社）

Rogers, C. R. (1957). The necessary and sufficient conditions of therapeutic personality change. In H. Kirschenbaum & V. L. Henderson (Eds.). (1980). *The Carl Rogers reader*. New York: Sterling Lord Literistic.（伊藤　博・村山正治（監訳）(2001).　セラピーによるパーソナリティ変化の必要にして十分な条件　ロジャーズ選集（上）(pp. 265–285)　誠信書房）

コラム3　　支持的精神療法とは

　これから精神療法を学ぼうとする初学者にとって，支持的精神療法（Supportive Psychotherapy）というとどのようなイメージがあるだろうか。例えば，傾聴に徹し，指示的なことや洞察を促すコメントはしない，などといったイメージを聞くことがある。しかし実際は，支持的精神療法はクライエントの洞察を促す表出的精神療法（例：精神分析）を対とする連続体（スペクトラム）上に位置づけられると考えられている（Dewald, 1971）。つまり，頻度や程度の差こそあれ，支持的精神療法の中でも表出的な介入（解釈など）が行なわれる場合がある。支持的精神療法といっても，完全に支持的なものから，より表出的な特徴の強いものまで幅がある。クリニックなどでの筆者自身の経験や周囲の様子を振り返ってみても，実際の面接場面で支持的精神療法を行なう場合，表出的な技法をまったく用いないということはほとんどなかったように思われる。

　支持的精神療法の定義はいくつか存在するが，ウィンストン（Winston et al., 2012）の定義によれば，支持的精神療法とは，①症状を改善し，②自己評価や自我機能，適応スキルの維持や再獲得，改善を目的として，直接的な手法を用いる力動的な治療法であるとされる。クライエントが自身の症状を生み出している無意識の葛藤について洞察を得ることで処理が進み，「間接的に」症状が軽快するという考え方と異なり，直接的なやり方では，すでに意識化されている問題や葛藤を扱うことになる。支持的精神療法の中核は，クライエントとよい関係を構築する（よい治療同盟を築く）ことである。そのためにセラピストはクライエントに対して関心を示し，理解するよう努め，共感する。こうした関係をベースに，称賛や保証，助言や心理教育などの技法を用いてクライエントの自己評価や適応的行動スキルを高め，不安や抑うつを減少させ，時にはクライエントが気づきを深めるよう働きかけていく。

　支持的精神療法は，初期には表出的な介入が禁忌とされる疾患（例えば統合失調症など）への介入法として提案されたが，その後の研究でより健康度の高い対象に対しても有効であることが分かってきた。また，支持的精神療法の中心となる技法は，ほぼすべての精神療法の基礎となるものである。そのため支持的精神療法の適応範囲は非常に広く，精神療法が適応できる対象であれば基本的に適用可能であるといえる。

● 推薦書籍

Brammer, L. M., & MacDonald, G.（2003）. *The helping relationship: Process and skills*（8th ed.）. Boston, MA: Pearson Education.（堀越　勝（監訳）（2011）. 対人援助のプロセスとスキル―関係性を通した心の支援　金子書房）

● 引用文献

Dewald, P. A.（1971）. *Psychotherapy: A dynamic approach*（2nd ed.）. New York: Basic Books.
Winston, A., Rosenthal, R. N., & Pinsker, H.（2012）. *Learning supportive psychotherapy: An illustrated guide*. Arlington, VA: American Psychiatric Association.（大野　裕・堀越　勝・中野有美（監訳）（2015）. 動画で学ぶ 支持的精神療法入門　医学書院）

第2章 精神分析

1. 精神分析とは

　精神分析は，人のこころがどのような仕組みでどう機能するかについての理論であり，また，人の精神的な問題や症状を取り扱う療法でもある。19世紀後半にウィーンの精神科医フロイト（Freud, S.: 1856-1939）によって創始され，その後も多くの後継者たちによって発展していった。

　クライエントとセラピストが治療契約を結び，定期的に面接をもち，そのなかで自由連想によってクライエントが頭に浮かんだことを言葉にして語り，セラピストはそれを受けてクライエントの無意識にあるものにクライエント自身が気づきを得られるよう解釈を与えていく。さらにクライエントはその解釈から連想したことを言葉にしていく。このように言語を主な媒介としたクライエントとセラピストの交流のなかでクライントは洞察を深め，クライエント自らの生活のなかに変化をもたらし，問題や状況を改善していく。この一連の共同作業を通して行なわれる療法とそこで用いられる理論を精神分析と呼ぶ。

2. 精神分析の歴史

(1) 創始者フロイトと精神分析の誕生

　フロイトは1856年にフライベルク（現在のチェコ共和国，プシーボル）という小さな町でユダヤ人商人の長男として生まれ，1860年に一家でウィーンに移

住した。フロイトは，ウィーン大学医学部を卒業後，しばらくしてパリに留学した。そこでは，神経病理学者のシャルコー（Charcot, J.）が**催眠療法**を用いてヒステリーを治療しており，フロイトに大きなインパクトを与えた。帰国後，開業したフロイトのもとには多くのヒステリー患者が訪れ，当初，フロイトは電気療法やシャルコーの行なっていた催眠療法を用いて治療を試みたが，なかなか功を奏さなかった。そのような折，先輩神経科医のブロイアー（Breuer, J.）から教わった催眠浄化法を試すようになった（Freud & Breurer, 1895）。催眠浄化法とは，催眠状態の患者に回想を促し，過去の心的外傷体験を語らせて症状を軽減するものである。フロイトは，これをきっかけにヒステリー患者を診ていくなかで，ある強い感情や欲求を意識することを避けるためにその感情や欲求が抑圧され，それらが形を変えて症状として表出されるのが**ヒステリー**だと考えた。その一方で，催眠にかからない患者がいることも分かり，フロイトは催眠以外の方法で心を探索する方法を模索していった（中山，2015）。そして，患者を寝椅子に寝かせて，患者に自由に語らせる自由連想法を生み出していったのである。

（2）フロイトの弟子・後継者

　1900年代に入ると，フロイトの理論は賛否両論ありながらも世の中に次第に受け入れられるようになり，1910年代から1920年代には，基本的にフロイトの理論を継承しつつも独自の理論を展開していった弟子たちが登場した。その主な学派は，フロイトを中心とするウィーン学派，フェレンツィ（Ferenczi, S.）を中心とするブダペスト学派，アブラハム（Abraham, K.）を中心とするベルリン学派である。ウィーン学派には，ウィーンの精神分析医であるフェダーン（Federn, P.），ハルトマン（Hartmann, M.），ライヒ（Reich, W.）らがおり，自我心理学を展開していった。なかでもフロイトの娘であるアンナ・フロイト（Freud, A.）は，フロイトとフロイト以後を結ぶ象徴的存在である（小此木，2002）。

　フェレンツィとアブラハムは，後の精神分析の発展にとくに重要な役割を果たしたといわれる。フェレンツィは，古典的な精神分析技法に修正を加え，患者を過度な欲求不満状態に置く「積極技法」を提案し，後に，それとは正反対

に患者に心地よい環境を提供する「弛緩技法」を生み出した（Ferenczi, 1930）。アブラハムは，精神分析の伝統的流れに則ってフロイトの理論を整理し，精神分析的病因論の原型をつくった（Abraham, 1925）。

　その一方，フロイトから離反していった弟子たちもいた。ユング（Jung, C. G.）やアドラー（Adler, A.）は，当初フロイトの理論を支持していたが，やがて，その基本的理論を変革して独自の理論を体系立てた。

（3）米国・英国における精神分析の発展

　1930年代に入るとナチスによるユダヤ人迫害のため多くの精神分析家たちがアメリカやイギリスに亡命した。そのため精神分析は，米国および英国で独自に発展していった。米国では，アンナ・フロイトやフェダーン，ハルトマン，エリクソン（Erikson, E.）らによってフロイトの心的構造論に基づく自我心理学が広められた。米国では，また，自我心理学だけでなく，個人の社会的・文化的背景と人のこころの働きを重視したネオフロイト派が生まれた。代表的な精神分析家には，ホーナイ（Horney, K.），ライヒ（Reich, W.），サリヴァン（Sullivan, H. S.）らがいる。

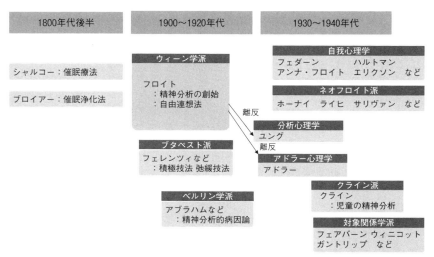

図2-1　精神分析の流れ

イギリスでは，1930年代にウィーン生まれのクライン（Klein, M.）が中心となってクライン派ができた。クラインはフェレンツィやアブラハムから教育分析を受け，基本的にフロイトの流れを汲み，児童の精神分析を専門に行なった。1940年代以降，クラインの認識を継承しながらもクライン学派から独立する形でフェアバーン（Fairbairn, W.），ウィニコット（Winnicott, D.），ガントリップ（Guntrip, H.）らによって対象関係学派ができた。

こうして，精神分析はフロイトが打ち立てた理論から大きく発展して分派し，その対象も成人にとどまらず，乳幼児も含まれるようになっていった。

3．精神分析の理論・技法

フロイトが精神分析を創始したのが，19世紀末のことである。それから100年以上の間，さまざまな心理療法家によって精神分析が受け継がれてきたが，その間，理論は変遷しながら発展した。ここでは，まず，フロイトの提唱した基本的理論について概略し，その後，現代の精神分析についてふれることとする。

（1）局所論と心的構造論

われわれは，普段の生活のなかで，気づいたら何かしていた時のことを「**無意識にやっていた**」などと言ったりするが，精神分析を行なうには，無意識について理解しておくことが重要なポイントとなる。すなわち，フロイトは，人のこころを氷山に喩え，人の意識に上っている事柄は氷山の一角だとし，意識の下には，普段は意識されないが思い出そうとすれば思い出せる「前意識」，いくら思い出そうとしても思い出せない「**無意識**」が眠っていると考えた。ある人の名前がすぐには出てこなくても少し考えたら思い出せたのならば，「前意識」にあったといえる。また，ある人との約束にはなぜかいつも遅刻してしまうとき，それは，無意識にその人に会いたくないという気持ちがあると考えられる。フロイトが考えたこの理論を**局所論**という。のちにフロイトは，局所論を発展させて心的構造論を唱えた（図2-2）。**心的構造論**では，人格の成り立ちを**エス**，自我，超自我に分け，それらが密接に関係しながらバランスを

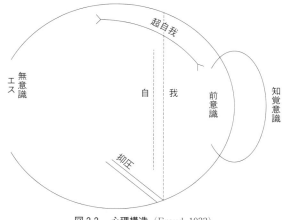

図2-2　心理構造（Freud, 1933）

とっているとした。エスは，本能的欲動に由来する心的エネルギーであり，**快感原則**に従って満足を求める。**自我**は，エスの一部でもあるが，エスを支配する快感原則を退け，**現実原則**に従って現実に即した方法で自分を満足させようとするものであり，外界との媒介機能をもつといえる。人は成長の過程で両親や療育者から，しつけとして「〜してはいけない」「〜すべき」という禁止を教えられる。その禁止を取り入れて，独立した精神機能となったものを**超自我**と呼ぶ（Freud, 1933）。

（2）錯誤行為

　人は，疲れているとき，逆上しているとき，他のことに気を取られて注意散漫なときに言い間違い，聞き間違い，読み間違い，度忘れ（よく知っているはずのことを思い出せない）などが生じる。しかし，疲れていなくても，逆上していなくても，注意散漫でないときでも上記の間違いや度忘れを起こすことがある。フロイトはそれを**錯誤行為**と呼んだ（Freud, 1917）。フロイトは錯誤行為の裏には，妨害する意図と妨害される意図が存在し，その2つが競い合った結果，錯誤行為が生じると考えた。フロイトはその著書で，次のような例を挙げている。ある議会で開会宣言をするはずの議長が「ここに閉会を宣言します」と述べた。そこには，議会を開こうという意図と，議会を早く終わりにし

たいという意図があったと考える。そして，上述の例でいうと，「実は私は議会を早く終わらせたかった」と議長が言えば，錯誤行為の原因が明らかになる。しかし，議長がそれを認めない場合，その妨害の意図は無意識下にあったといえる。

（3）夢

フロイトは錯誤行為と同じく，夢にも意味があると考えた。フロイトは夢からたくさんの連想を引き出し，その連想内容を総合して，潜在的にある抑圧された願望があることを指摘した（Freud, 1917）。人は眠っているときには意識が弱まるため無意識にある願望（これを潜在思想と呼ぶ）が夢となって現れるとした。しかし，意識に受け入れられないような願望はそのまま現れるのではなく，「検閲」の作業が入ることで歪曲されたものが表象となって夢を形成するのである。検閲によって意識に受け入れられるように夢を加工する作業を「夢の作業」と呼ぶ。夢の作業の代表的なものとして以下が挙げられる。

1）置き換え

真の表象とその近くにあるものが置き換えられる。例えば，父親に敵意をもっているのに夢には別の男性が登場して，その人に敵意を向けるなど。

2）圧縮

さまざまな要素や体験が一つの物や人，夢に詰め込まれていることがある。例えば，夢に出てきたある人物は，姿形は母のようで，性格は祖母で，持ち物は父との思い出の品となっていたりする。

3）強調点の移動

夢の中であまり重要と思えない部分が，潜在思想においては実は重要であること。

4）二次過程

置き換え，圧縮などの作業をして夢を全体的に調整すること。

このようにして夢が形成され，一見分からない形になっているが，その実は，夢は願望充足であるとフロイトは主張した。

（4）防衛機制

防衛機制とは，意識すると超自我によって罪悪感や不安を生じるような欲動を無意識に追いやり安定を保とうとする心の機能である。もともとは，S. フロイトが抑圧を発見し（Freud, 1926），のちに娘のA. フロイトが発達的視点から防衛機制を整理した（Freud, A., 1966）。以下に代表的な防衛機制を挙げる。

抑圧
　　意識することに耐えられない苦痛な感情や欲動を無意識に追いやること。
反動形成
　　意識することに耐えられない欲動を防ぐために，自分の思っていることとは反対の態度を過度に示すもの。例えば，腹を立てている相手に，やさしく接したりすることである。
隔離
　　分離ともいわれる。思考と感情を切り離し，苦痛な感情に直面しないようにすること。例えば，事故にあったときの状況を淡々と語るなどが挙げられる。
投影（投映）
　　投射ともいわれる。自分のこころのなかにある感情や欲望を，他者がもっていて，それを自分に向けていると感じたり考えたりすること。例えば，本当は自分が相手を嫌っているのに，相手が自分を嫌って敵意を向けていると感じるなど。
同一化
　　相手の行動や服装，考え方を取り入れて，自分のものにすること。とくにあこがれや自分にはない名声がある相手を模倣することが多い。そうすることによって，満足を得ようとする。
退行
　　苦痛な場面に遭遇したときに，現在の発達段階より前の段階へと逆戻りすること。幼児に年下の弟妹が生まれると，母親の注意が赤ちゃんに向きやすくなるが，そうした際に幼児が赤ちゃん返りするのも一種の退行である。
合理化
　　自分のとった行為や考えを正当化するため論理的な説明をすることで，不安を感じないようにすることである。イソップ物語の『すっぱいブドウの話』が例として有名である。木の上になったブドウを取ろうとしたが，手が届かなった狐は，「そのブドウはすっぱいから初めからほしくなかった」というもの。
否認
　　ある事柄を認めてしまうと不安を引き起こすため，現実として認めるのを拒否すること。体調が悪くて検査を受けた結果が悪かったとき，他の人の検査結果と入れ替わってしまったに違いないと思うなども否認といえる。

これらのような防衛機制を用いてわれわれは不安から身を守って生活しているが，その防衛機制が強く働きすぎると，**神経症**の症状を形成することがある。とくにヒステリー，恐怖症，強迫神経症といった神経症は，一定の防衛機制がその症状形成に関連しているといわれている（Freud, 1926）。**ヒステリー**では，意識すると不安などの苦痛を生じる願望を抑圧し，超自我による罰として運動麻痺，痛みなどの身体症状が現れる。恐怖症では，もともとの恐怖対象が別の物や状況に置き換えられている。強迫神経症においては，隔離と置き換えが頻繁に使われている。不安を引き起こすような感情や欲動は抑圧され，感情を伴わない観念（思考）だけが意識され，元来の欲動と観念が隔離されている。そして，その観念自体も他の観念に置き換えられる。

（5）自由連想法

ここまでは，精神分析の基礎理論について説明してきた。ここからは，その理論に基づいた療法で用いられる技法について述べていく。フロイトは，歴史の節で述べた通り，催眠療法によるヒステリーの治療から精神分析を発展させていった。催眠によって外傷体験を回想させる方法から変遷し，患者の頭に浮かんできたことを自由に話してもらう方法に行き着いた（Freud, 1914）。これが**自由連想法**である。そのねらいは，神経症状の無意識にある意味を自由連想法によって探り，そこにある願望充足欲求と禁止という葛藤を解消することである。

精神分析療法が開始されるに先立ち，診断面接（カウンセリングの現場ではインテーク面接ともいわれる）が行なわれ，クライエントに対し精神分析の実施が可能と判断されると，セラピストとクライエントは治療契約を結ぶ。契約の内容には，治療日時，頻度，料金，実施にあたって守るべきルールなどが盛り込まれる。ここでは，クライエントが守るべき2つの基本原則というものがある。第一原則は，頭に浮かんだすべての物事を，そのまま話すことである【自由連想】。そして，第二原則は，治療中に生じた感情や願望を満たそうと行動化することを禁止することである【禁欲原則】。セッションは1回50分程度，週4回以上行なわれ，患者は寝椅子に横たわり，頭に浮かんだことをすべて話すよう求められる。セラピストはクライエントからは見えない枕元に座る。こ

の自由連想法が，現在でも標準的な精神分析療法とされる。

（6）転移・抵抗・解釈

　クライエントにとって重要な他者との対人関係のもち方や無意識にある葛藤が，面接におけるセラピストとの関係で再現されることがたびたびある。面接で，セラピストは中立的態度で面接に臨むが，クライエントは頭に浮かんでくるさまざまな事柄を何でもそのまま話すことを求められるので，クライエントは過去の感情体験や無意識にある葛藤を再燃しやすくなる。そして，さまざまな感情や欲求をセラピストに向けるようになるのである。これを**転移**と呼ぶ（Freud, 1917）。例えば，セラピストに対して反抗的な態度をとるクライエントは，過去に権威的な親に反抗的な態度をとっていて，それが面接のなかで反復されてセラピストへの反抗となっていることがある。

　また，自由連想法が始まると，クライエントは頭に浮かんだことを話す。しかし，やがて何も思い浮かばなくなったり，話を掘り下げるのを避けたりすることがある。これを**抵抗**と呼ぶ。精神分析では，クライエントの無意識にあるものを探っていく作業をするが，それは，意識に上ると苦痛を生じるために無意識の領域に入れられているものであるから，そこに取り組むことに対して抵抗が生じるのは当然のことといえる。そこで，セラピストはクライエントがその抵抗に気づき，克服するよう**解釈**を与えて働きかけていく。ここでいう解釈とは，セラピストがクライエントの内界，すなわち，無意識にあるものや抱えている葛藤について思いを巡らせ，理解し，それをクライエントが受け入れられるよう伝えていくことである。解釈を繰り返し行なうことで，クライエントが，それまで気づかずにとっていた行動や症状の意味が分かってくる。そして，現実に即した形で自分の行動や生活を変化させて，自律した生活を送ることができる見通しをもてるようになることを目指して治療が進められる。

（7）精神分析的心理療法

　自由連想法の項で述べた標準型の精神分析療法では，クライエントにかかる時間的・経済的負担が大きい。したがって，現在の日本では，精神分析の理論を取り入れた簡易型精神分析を行なうことが多い。簡易型では，週に1〜2回，

1回30〜60分で面接を行なう。寝椅子は用いず，クライエント，セラピストともに椅子に座って，対面法や90度法（互いに90度の角度で向かい合って座る方法）をとる。話の内容は自由連想風に進められる。簡易型精神分析は，精神分析的心理療法と呼ぶ。

4．精神分析の効用と限界

　フロイトがウィーンに開業した当初，その患者の多くがヒステリーを中心とした神経症患者であった。フロイトは，症例を重ねていくなかで，ヒステリーが心因性の疾患であること，抑圧が強く働いて，無意識にある欲求が症状となって現れることを突き止めた。このような経緯から，精神分析の主な対象は成人の神経症患者となっていた。その後，簡易型精神分析が広まることで，富裕層だけでなく，多くの人が精神分析を受けられる機会が増え，フロイトの後継者たちがその理論を発展させていったことから，精神分析の適応は拡大していった。精神分析の自由連想法を遊戯療法（第18章）に取り入れることで，児童も対象となった。また，治療契約に行動制限を加えることで，人格障害を対象に精神分析が行なわれるようにもなった（Masterson, 1931）。さらに，統合失調症の治療においても，クライエントを保護的な人間関係に置き，患者の自我強化を図るなど精神分析的要素を取り入れた関わりが用いられることもある（Federn, 1952）。このように主な治療法が標準型精神分析から精神分析的心理療法に変遷したことや理論が発展したことにより，精神分析の治療対象は大幅に拡大された。しかし，いずれの場合においても重要なのは，そのクライエントに精神分析が適応となるかどうか十分な見立てを行なうことである。そして，精神分析のみで治療を進めるのか，薬物療法や社会的な面のサポートが必要かどうかなどを検討し，時には他職種の人々と連携しながら治療方針を立てるようにする。

　現在，アメリカ精神医学会が定めたDSM（Diagnostic and Statistic Manual of Mental Disorders）や世界保健機構（WHO）が定めた基準であるICD（International Statistical Classification of Diseased and Related Health Problems）に基づいて，症状の記述や分類が行なわれることが多い。1980年

に発刊されたDSMの第3版以降は，神経症という診断概念がなくなり，不安障害などの新たな概念が採用されるようになった。これにより，外因性疾患，内因性疾患，心因性疾患という症状の原因によって分類する病因論ではなく，客観的に症状を観察して分類する症候論が主流となってきた。しかし，分類の仕方が変化しても，人のこころの働きあるいは，人間が人と人との関係性によって影響を受けることには変わりがない。クライエントの生い立ち，人間関係や精神内界に思いを巡らせ，そのこころを理解し支援していく際には，精神分析の理論や療法が大いに役立つ。

5．精神分析の学びを深めるためには

この章で紹介した精神分析の理論や技法は，精神分析の長い歴史のなかで見出されてきたもののごく一部に過ぎない。精神分析に興味をもたれた読者や精神分析的な関わり方を勉強したい対人援助職の読者には，文献を読むことで，もっと広く深い知識をぜひ身につけていただきたい。なぜなら，実践の前には知識が不可欠であり，精神分析に関する優れた書籍は非常に多く出版されているからである。また，精神分析に関するセミナーや研究会は多数開催されているので，文献だけに頼らず，専門家の話を直接聞いて理解を深めることができる。さらに，精神分析的理論と技法でクライエントに関わるには，自分の無意識やこころの働きに目を向け，自分自身を理解するよう心掛けておくことが大切である。

● 推薦書籍

◆松木邦裕（1996）．対象関係論を学ぶ―クライン派精神分析入門　岩崎学術出版社
　タイトルにあるようにクライン派の対象関係論の入門書として初学者に読みやすい一冊となっている。フロイト以降の代表的な精神分析理論である対象関係論について学び，そして，その知識を事例検討に役立てることができるだろう。

◆馬場禮子（1999）．精神分析的心理療法の実践―クライエントに出会う前に　岩崎学術出版社
　初学者が臨床現場に出る前に心理療法の枠組みや基本的態度について心得ておくべき事柄がまとめられている。非常に丁寧にかつ具体的に書かれているので，現場に出て

からも初心を忘れず読み返すことで理解が深まるだろう。

引用文献

Abraham, K.(1910 – 1925). *Psychoanalytische Studien zur Charakterbildung*. Wien und Leipzig: Internationaler Psychoanalytischer Verlag.(下坂幸三・前野光弘・大野美都子（訳）(1993). アーブラハム論文集：抑うつ・強迫・去勢の精神分析　岩崎学術出版社）

Federn, P. (1952). *Ego psychology and the psychoses*. New York: Basic Books.

Ferenczi, S. (1930). The principal of relaxation and neocatharsis. *The International Journal of Psycho-Analysis, 11*, 428.

Freud, A. (1966). *The writings of Anna Freud. Vol.2: The ego and the mechanisims of defens*. New York: International Universities Press.（牧田清志・黒丸正四郎（監修）　黒丸正四郎・中野良平（訳）(1982). アンナ・フロイト著作集　第2巻　自我と防衛機制　岩崎学術出版社）

Freud, S. (1914). *Erinnern, Wiederhoken und Durcharbeiten*.（小此木啓吾（訳）(1970). 想起，反復，徹底操作　井村恒郎・小此木啓吾他（訳）　フロイト著作集6：自我論・不安本能論（pp.49-58）　人文書院）

Freud, S. (1917). *Vorlesungen zur Einführung in die Psychoanalyse*.（懸田克躬・高橋義孝（訳）(1971). 精神分析入門（正）　フロイト著作集1：精神分析入門（正・続）(pp.7-383)　人文書院）

Freud, S. (1926). *Hemmung, Symptom und Angst*. Wien und Leipzig: Internationaler Psychoanalytischer Verlag.（井村恒郎（訳）(1970). 制止，不安，症状　井村恒郎・小此木啓吾他（訳）　フロイト著作集6：自我論・不安本能論（pp.320-376）　人文書院）

Freud, S. (1933). *Neue Folge der Vorlesungen zur Einführung in die Psychoanalyse*. Wien: Franz Deuticke.（懸田克躬・高橋義孝（訳）(1971). 精神分析入門（続）　フロイト著作集1：精神分析入門（正・続）(pp.387-536)　人文書院）

Freud, S., & Breuer, J. (1895). *Studien über Hysterie*. Wien: Franz Deuticke.（懸田克躬（訳）(1974). ヒステリー研究　懸田克躬・小此木啓吾（訳）　フロイト著作集7：ヒステリー研究他（pp.5-229）　人文書院）

Masterson, J. M. (1981). *The narcissistic and borderline disorders: An integrated developmental approach*. New York: Brunner-Routledge.

中山　元（2015）. フロイト入門　筑摩書房

小此木啓吾（2002）. 現代の精神分析　講談社

第3章 分析心理学

1. 分析心理学とは

　分析心理学（Analytical Psychology）はスイスの精神医学者ユング（Jung, C. G.: 1875-1961）の創始した心理学の体系である。ユング心理学（Jungian Psychology）と呼ぶ場合もある。本章でも両方を区別せずに使う。

2. 分析心理学の歴史

　1895年バーゼル大学の医学生となったユングは精神医学を専攻し，1900年チューリッヒ大学のブルクヘルツリ精神病院の助手となった。ここで言語連想検査という客観的かつ再現可能な方法を使って，人間のこころのなかには本人が意識していない心的内容の複合体（コンプレックス）が存在することを明らかにした。これを契機としてユングは，当時ウィーンにあって精神分析の確立を目指していたフロイト（Freud, S.）の協力者となり，1910年には国際精神分析学会の初代会長に就任，フロイトの後継者と目されるようになった。しかし，1914年ユングはフロイトと決別する。その最大の原因はこころのエネルギー（リビドー）の性質を，究極的にはどのようなものと考えるかという問題であったとされる。フロイトはリビドーが性的なものであることを譲らなかったが，ユングはリビドーをより広い意味でとらえたのであった。
　フロイトとの決別後ユングは，自分の内的世界から湧き上がってくるさまざ

まなイメージと対決し，普遍的無意識や元型をはじめとした分析心理学の基礎概念を確立していった。1948年チューリッヒにユング研究所が設立され，分析心理学の研究とアナリスト養成の国際的センターとなった。

日本におけるユング心理学は，1962年河合隼雄（1928-2007）が日本人として最初にユング研究所に留学し，1965年ユング派アナリストの資格を得たことに始まる。同年帰国した河合はその後ユング心理学の研究を通じて，日本の心理臨床に大きな足跡を残した。2001年日本ユング派分析家協会（Association of Jungian Analysts, Japan: AJAJ）が設立され，その教育訓練機関である日本ユング心理学研究所はユング心理学の普及とユング派分析家の養成を目的として活動している。2012年には日本ユング心理学会が設立された。

3．分析心理学の理論・技法

（1）ユングの見た人間のこころ

次のような例を考えてみよう。自分の父親は弱い人間で社会の敗北者だと思い，嫌っていた男性がいた。この人がある夜，父が鎧兜のサムライ姿で登場し，自分のために敵と奮闘している夢を見た。彼はこの夢をきっかけに現実の父との関係を見直し，父を一個の人間として理解し受け入れるようになった。敗北者などというレッテルを貼ることがいかに一面的なことであるかを認識した。弱さは弱さなりに，父がいかに家族のために雄々しく戦ってくれていたかに気づいたのである。夢は，家族のために男らしく戦う父親のイメージを示すことによって，この男性のもつ父親イメージの一面性を補償し，現実の父親とのより現実的でバランスのとれた関係を回復することを求めたといえる。

上記の例の中にはユング心理学の重要なキーワードが含まれている。ユングは人間のこころを次のようなものとして見たのである。①意識はその本質上，つねに一面的な発展を遂げる傾向があり，バランスを失いがちである。無意識は意識の一面性を補償し，バランスを回復しようとする。これが意識と無意識の間の相補性である。②つまり，こころには，意識の一面性を補償して，こころの全体性を実現しようとする目的志向的な働きが本来備わっている。③人間の経験するさまざまな困難，言い換えれば症状は，この補償作用の現れとして

見ることができる。「意識」「無意識」「一面性」「補償」「相補性」「全体性」「目的志向性」などがユング心理学を理解するうえでのキーワードである。

（2）こころの構造
1）自我・意識・無意識

こころについて考えるとき，最初に気づくのは，「自分がいま何かに気づいている」ということであろう。自分は現在，何かに注意を向けているという事実である。あたかも暗闇のなかで周囲の事物にサーチライトを向けているようなものである。そこには，あちこちに光を向けて周囲を見回している主体（わたし）がいる。この主体を**自我**（Ego）という。

ユングは意識について「わたしは意識（consciousness）を，心的内容の自我にたいする関係であって，しかも自我がその関係を感じ取っている状態であると理解する」（Jung, 1971 林訳 1987）と述べている。心的内容とは，サーチライトで照らし出される，こころの世界のなかの事物に相当する。関係とは意味であるともいえる。したがって，自我がある心的内容を意識しているとは，それが自我にとって何らかの意味をもち，かつ自我がその意味を感じていることなのである。いくら深い意味をもつ事柄であっても，自我がその意味を感じ取っていないならば，それは「無意識」（Unconscious）なのである。逆にいうと無意識のなかには，われわれにとって深い意味をもちながら，自我がそのことに気づいていない事柄が豊富に含まれている可能性がある。

話題を戻すと，こころの構造として，まず，①意識と無意識が区別され，②意識の中心として自我が存在するというモデルが想定される。しかし，ユングは，③無意識をさらに個人的無意識（Personal Unconscious）と普遍的無意識（Collective Unconscious）に分けた。ユングによるこころの構造モデルを図3-1に示す。

個人的無意識はその人の個人生活に関連して生じたものである。個人が一度は意識した

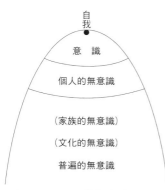

図3-1　こころの構造（河合，1977）

が，その後単に忘れ去った，あるいは自我の統合性を守るために抑圧した心的内容である。**普遍的無意識**は，種としての人間の心的活動に共通的に備わったパターン（型）である。それはわれわれのこころの振る舞い（認識，思考，行動など）に構造を与える。ユングはそのパターン（型）を元型（Archetype）と呼んだ。元型が生成するイメージは知りえるが，元型それ自体は知りえない。例えば父親元型は，それが型となった具体的なある父親イメージは知りえるが，元型自体は認識のしようのないものである。元型はユング心理学の重要概念の一つである。

2）コンプレックス

日常語として**コンプレックス**は劣等感とほとんど同義に使われているし，精神分析ではエディプス・コンプレックスが有名である。より一般的には，断片的できちんと整理されていない心的な内容（イメージ，観念，記憶など）が複雑に絡まり合っているのがコンプレックスである。コンプレックスは「感情によって色づけられた心的内容の複合体」（Samuels et al., 1986 濱野・乗谷訳 1993）と定義される。例に挙げた男性の場合，父親の欠点（と彼が認識している事柄）や，父親を恥ずかしく思った記憶，父はダメな奴だという思い込み（観念）などが絡まり合ったものが彼の「父親コンプレックス」といえる。重要なのは「感情によって色づけられている」ということである。彼の場合「恥ずかしい」「情けない」などという父親に対する否定的な感情によって色づけられていた。

（3）人間のタイプ──一般的態度と心理機能

ここでユングのタイプ論についてふれておこう。

1）**外向と内向**

心的なエネルギーが主として外界に向かう人と内界に向かう人がいる。「彼は外向的だ」「彼女は内向的だ」などは，今では日常的に使われる表現だが，実は**外向**と**内向**はユングが初めて用いた概念である。内向か外向かは基本的には生まれつきであるが，固定的ではない。外向性が評価される文化にあっては，本来内向的な生まれつきの人が，外向的な生き方を身につけざるをえない場合もあるかもしれない。

2）4つの心理機能

またユングは，人間のこころの働き（機能）には「思考」「感情」「感覚」「直観」の4つがあると考えた。例えばユングは21歳のとき，ある家を訪問し，当時14歳のエンマ（後のユング夫人）が階段の上に出て来たところを偶然目撃し，この少女が自分の未来の妻だと直観したという。このとき彼女の姿かたち，服装などを的確に把握するのは感覚である。彼女が若い女性であると判断し，この家のお嬢さんに違いないと推理するのが思考である。美しく好ましい女性だと評価するのが感情である。最後に，彼女こそ未来の妻であるという可能性に確信をもつのが直観である。

ユングは，4機能すべてが万遍なく高度に発達することはなく，特定の人ではどれか一つの機能が高度に発達する場合が多いことを指摘した。これを主機能といい，その人が内界，外界に対して適応して生きていくうえで主としてよりどころにする機能である。外向／内向の区別と4つの主機能を合わせると，例えば外向的で思考を活用する外向的思考型，内向的で主として感情に生きる内向的感情型など8つの**タイプ**が考えられる。

ユングはまた，思考と感情，感覚と直観は互いに対極になっていることにも着目した。つまり主として思考を発達させている人は感情が未分化なことが多く，その逆もいえる。感覚と直観についても同じことがいえる。このとき，主機能の対極にあり未分化な機能を劣等機能，他の2つの機能を補助機能という。図3-2は直観が主機能で思考が補助機能となった例を示す。感情が第2の補助機能になっており，感覚が劣等機能となっている。

人は自分と同じタイプの人とは気が合うと感じ，異なったタイプの人には魅力を感じる。もちろんかえって反発する場合もあるだろう。タイプの存在は人間関係に彩りを与え豊かにしてくれる。また複雑にし，問題も生じさせる。タイプ論は人間理解に有効な視点を提供している。

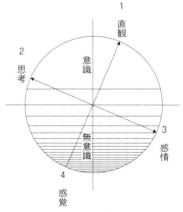

図 3-2　4つの心理機能とタイプの例
（河合，1967）

（4）意識と無意識の相補性
1）意識の一面性
　意識の本質的な特徴はその一面性にあるといえる。その一面性はさまざまな現れ方をする。まず，意識の中心には「わたし」という自我意識があることはすでに述べた。自我意識の特徴は，一定の統合性をもっていることである。つまり意識はできるだけ矛盾がないように組織化，体系化されている。逆にいうと何らかの理由で自我の組織体の中に座りよく組み入れられないものは無視され排除される。自我から排除された心的内容は無意識のなかに沈み，コンプレックスを構成する。あるいはシャドウ（後出）の一部となる。これが意識の一面性の一つの側面である。

　ランチに何を食べるかから始まって，学校で何を専攻するか，どういう仕事に就くか，勤め先，友人，配偶者の選択などわれわれの一生は選択の連続といえる。何かを選び取ることは，裏返せば他の可能性を捨てることである。選択の基準として，自分の重視する価値あるいは取るべき態度の意識的な体系（人生観，価値観など）をつくり出す。そこではその体系に入らないものは否定される。一面性は意識の本質なのである。

2）意識と無意識の相補性
　意識の一面性があまりに極端になるとき，それを補う動きが無意識から現れてくることにユングは注目した。これを意識と無意識の**相補性**あるいは無意識**の補償作用**（Compensation）という。

　普段は外向的な人がときに沈み込んだように見えることはよくあることである。あるいは本来は内向的で静かな人が，お酒の席などで人が変わったように陽気に振る舞うこともある。このような態度の逆転は，意識の一面性を補償しようとする無意識の働きなのである。

　タイプ論でいうと，例えば思考型の男性があまりにも思考だけに依存するようになると，未分化な感情機能が意識の表面に出てきて彼を支配するようになり，彼の判断は幼稚な感情に依存するようになるかもしれない。未分化な機能はけっして力が弱いのではない。むしろ未分化なだけに意識の制御が及ばず非常に強力なのである。思考型の人は，しばしば後半生で感情機能を洗練させる必要に迫られる。

（5）普遍的無意識と元型

　ユングは無意識のなかに人類共通の型（パターン）があることに注目し，それを**元型**（Archetype）と呼んだ。元型の存在は，例えば英雄が怪物を倒して乙女を救い彼女と結婚する神話（ペルセウスとアンドロメダ，スサノオ神話など）が世界中に存在している事実と関係あるだろう。

　元型は個人的に獲得されたものではなく，普遍的なものである。父親元型，母親元型，子ども元型など人物像に基づく元型のほかに，誕生から死まで人生においてわれわれが遭遇する典型的な状況の背後にも元型が存在する。自然現象の背後にも元型がある。数や時間の概念の背後にも元型があると考えられる。

　また，コンプレックスの背後（あるいは中心）には何らかの元型が潜んでいる。例えば父親コンプレックスの中心には父親元型（と関係したある特定の父親イメージ）があり，それを取り巻く形で感情によって色づけられた諸々の心的内容が渦巻いているといえよう。以下，いくつかの重要な元型について簡単に説明する。

１）見せたい自分と見たくない自分——ペルソナとシャドウ

　ペルソナ（Persona）とは西洋の古典劇で役者が用いた「仮面」である。つまり個人が外的世界（社会）に対して見せる顔またはお面のことである。ペルソナは社会的存在を全うするために必要なものである。職業によっては個人的感情に左右されないようにペルソナが守りになっている場合がある。裁判官の黒衣，警察官の制服，医師・看護師の白衣などはペルソナを表現しているといえる。

　シャドウ（Shadow）とは「影」の意味である。ペルソナが「外部に対して見せたい自分」であるならば，シャドウは「見たくない自分」「否定したい自分」である。それは自分の人格のなかで隠しておきたい劣等な側面の全体である。スティーヴンソン（Stevenson, R. L. B.）の小説『ジキルとハイド』は自我とシャドウの乖離が行き過ぎたときの悲劇を描いている。それならシャドウはないほうがよいのか。先に意識をサーチライトの例で説明したが，光が当たると必ず影の部分ができる。自我があるところ必ず影ができるのだから，シャドウを根絶することは不可能だし，また望ましいことでもない。シャミッソー（Chamisso, A. v.）の小説『影をなくした男』は影を失った男の悲劇を描いて

いる。

2）内界への導き手—アニマとアニムス

アニマ（Anima）とアニムス（Animus）は内的な異性である。男性のなかの女性性を**アニマ**，女性のなかの男性性を**アニムス**という。アニマとは「生命」あるいは「たましい」の意味であり，アニムスはその男性形である。

アニマはしばしば男性にとって内的世界へのガイドであり，彼をより高い段階へと誘う女性として現れる。文学に登場するアニマ・イメージは，ダンテ（Dante, A.）にとってのベアトリーチェなど枚挙に暇がない。ゲーテ（Goethe, J. W. v.）の『ファウスト』の末尾に「永遠なる女性，われらを招きて昇らしむ」という有名な言葉があることをご記憶の方も多いだろう。

男性におけるアニマのイメージは4つの段階を経て発展するとされる。第1段階は最初の女性イヴによって象徴される原始的な女性像である。多産性，豊饒性が特徴である。次はロマンティックな段階である。例えばトロヤのヘレンなどのように美しく理想化されているが，性的な要素も存在している。第3段階は例えば聖母マリアによって象徴される。ミケランジェロ作ピエタ像のように愛（エロス）は神聖な自己犠牲にまで高められている。最後の第4段階は叡智的女性であり，日本では京都広隆寺の木造弥勒菩薩半跏像にそれを感じる方も多いのではないだろうか。

アニマは否定的な存在として現れる場合がある。男性を誘惑し破滅させる女性である。古典的な映画『嘆きの天使』はこの種の女性を典型的に描いていた。

エンマ・ユング（Emma Jung）によれば，アニムスには①力，②行為，③言葉，④意味の4つの発展段階がある。①は力強さ，とくに肉体的な強さと巧みさであって，例えばサッカーの花形選手に投影される場合があろう。②は強い意思に支えられた勇ましい行為の担い手，頼もしくロマンティックな男性である。作家のヘミングウェイ（Hemingway, E. M.），『ゲド戦記』の主人公ゲドなどである。③は言葉の担い手である。女子学生は憧れの教授に投影する場合もあろう。④は精神的な真理への知恵深い導き手である。シュヴァイツアー（Schweitzer, A.），ガンジー（Gandhi, M. K.）などがしばしば例として挙げられる。

アニムスが否定的に現れると『オペラ座の怪人』のようにヒロインの誘惑者

として現れる。彼はその女性に取り憑き，頑固な意見，考えを彼女に押し付け，彼女の女性性を破壊する。

そのほかにもグレートマザー，老人，永遠の少年，トリックスターなどは重要な元型であるが説明は他に譲り，以下では自己（セルフ）元型を取り上げる。

（6）こころの全体性と自己（セルフ）
1）自己元型とその働き

こころには，意識の一面性によって失われたバランスを回復しようとする傾向が内在している。あるいは，現時点において一応確保している安定性をあえて崩しても，さらに高いレベルの全体性を目指そうとする傾向がある。例とした男性の場合，彼の自我は「自分は父のようにはならない」という強い思い（意識）のもとで青年時代から学業に励み，仕事に精を出してきた。その結果，会社でも認められ地位を築いてきた。しかし後半生の入口に立ったとき，彼の無意識は，サムライ姿で奮闘する父の夢によって，自我の安定性をあえて揺るがし，意識の拡大を求めたといえる。

意識の拡大が究極的に目指す方向は，こころの全体性（Wholeness）の実現であると考えられる。それは完全性（Perfection）ではない。完全性は現実には実現不可能である。全体性とは，良い面も悪い面も，プラスの面もマイナスの面も，光も影も，両極端を視野の中に収めたうえで，現実にはその中間のどこかに位置する自分の不完全さを認め，受け入れることであり，つねに接近可能な目標である。

ユングは自身の臨床経験から，こころの全体性を実現しようとする目的志向的な働きを担う主体の存在を認め，それを**自己（セルフ）元型**と呼び，意識と無意識を含めたこころ全体の中心に位置するとした（図 3-3）。

2）自我と自己

それでは自我と自己元型とはどのような関係にあるのか。これについてユングは次のように述べている。「自我のセルフに対する関係は，動かさ

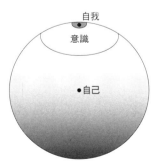

図 3-3　こころの中心としての「自己」（河合，1967）

れるものと動かすもの，あるいは対象と主体の関係である。自我にとって決定的な諸要因がセルフから放射し，自我の周りをすべて取り囲んでいる。したがって自己（セルフ）は自我の上位にあって，それを従属させている」（Jung, 1953b 村本訳 1989）。自己は自我を通じて，自己を実現しようとするのである。

　自我が自己から切り離されると，人生は「決定的な諸要因」を見失い，断片化され，その豊かな意味を失う。反対に，自我が自己と同一化してしまうと，誇大妄想的になる。自我は自己と適切な距離を保ちつつ対話することを通じてのみ，自分を超えた大きなものにふれ，成長することができる。後半生への折り返し点に立つ人々がしばしば空虚感，行き詰まり感に悩むのは，さらに高次の統合性を目指すよう自己から呼びかけられているとも考えられる。

3）自己の象徴

　老賢者や幼児，またブッダやキリストなどが自己のシンボルとなる場合がある。また円などの幾何的図形，さらに石庭の石など，さまざまなものが自己のシンボルとなる。

（7）個 性 化

　全体性の実現に向かって，こころが動いていく過程をユングは**個性化**（Individuation）と呼び，次のように述べた「個性化とは単一の，均質的存在になることを意味する。そして個性がわれわれの心の奥底の，最後にある，他との比較を許さない独自性を包括している以上，それはまた，自分自身になることをも意味する。それゆえ，この個性化という言葉は"自分自身になる"とか"自己が自らを実現するはたらき（Self-realization）"という言葉に置き換えることができる」（Jung, 1953a）。

　一般的に「自己実現」という言葉は「なりたい自分になる」とか「能力・適性を最大限に発揮する」などの意味で使われる場合がある。ユングのいう「個性化」は，これとはかなり異なった意味であることに注意したい。

（8）夢 分 析

　夢分析はユング心理学に基づく心理臨床の中心である。ユングによれば夢は

「無意識の実際の状況を，自発的に，シンボルを使って自画像的に描いたもの」（Jung, 1960）である。夢を通じてわれわれは，自分自身の実際の姿（自画像），あるいは真の状況を知ることができる。

1）夢の構造—起承転結

夢は典型的には4つのフェーズをもつとされている。最初は提示部で，場所，時，登場人物などが提示される。次は展開部で，物語が進む。第3はクライマックスで，何か決定的なことが起きる（例えば何かが完全に，不可逆的に変化する）。第4は結果であり夢の結論が提示される。実際にわれわれが手にする夢は4つのフェーズがすべてそろうとは限らないが，夢の本来の構造を意識しておくことは必要である。

2）夢の機能

夢は意識の一面性を補償するため無意識から送られてくるメッセージである。したがってクライエントが夢を持参した場合「この夢は意識的態度のなかの何を補償しているのか」をまず考える。次に「なぜいま，この時点で」この夢が現れたのか，この夢は「どのような可能性，方向性」を示しているのかなどを念頭に置いて，クライエントの語りを聴くのである。

3）夢の解釈水準

夢のなかのイメージは未だ無意識のなかにとどまっている事実がその時点で最善の形で表現されたものである（Samuels et al., 1986）。例に挙げた夢では，彼の父親がサムライ姿で敵と戦うことは，現実の世界ではありえない。しかし日本人の彼にとって家族のために雄々しく生活と戦っている父親を表現するのにこれ以上適切なイメージはなかったであろう。これをユングは「主体水準での解釈」と呼んでいる。夢解釈では主体水準が必要なのである。

しかし，客体水準の解釈が必要な場合もある。例えば，父親が祭りの好きな人で，町内の祭りでサムライ姿に仮装することがよくあったとする。その場合，父のサムライ姿は単にその姿の父として解釈した方が適切かもしれない。両方の可能性を考えることが必要である。

4）連想と拡充

夢はイメージとシンボルで語るのであって，われわれに分かりやすい言葉では語ってくれない。そこでまずは夢見手の連想を聞く必要がある。また日本や

世界各国の神話，昔話などに現れるモチーフを援用することもある。歴史的あるいは文化的な意味での類似事項も利用する。これを拡充法（Amplification）という。

5）初回夢

面接において最初に提示される夢を初回夢という。初回夢はそのクライエントの課題を明確に示している場合が多い。また面接過程の進行についてある種の情報を与えてくれる場合もある。

6）夢の時系列

可能であれば，クライエントの夢は時系列で考察したほうがよい。ある程度の期間にわたる夢のシリーズを眺めていると，単発の夢だけを見ていては分からない事柄が浮かび上がってくる場合がある。テーマの繰り返しはその重要性を示すし，物語の深まりであったり，登場する人物像の変容であったり，さまざまな事柄に気づく。そのためにも，クライエントには夢を必ずきちんと紙に書いて持参すること，日付を入れることを依頼するとよい。

7）セラピストの役割

結局のところ，夢の意味は夢見手自身が感じ取るものである。クライエントとセラピストが共同して，夢に形を与えて記録し，夢に敬意と注意を払い続けていると，そのうちに何かに気づく。それが夢の補償作用である。要するに一つひとつは小さな気づき（補償）の積み重ねが個性化過程なのだ。セラピストとクライエントが個性化過程を共に歩むのである。

4．分析心理学の効用と限界

ユング心理学ではセラピストとクライエントが個性化過程を共に歩む。症状についても，単にマイナスの価値しかないもの，除去すべきものとしてだけではなく，クライエントを個性化に向かって促す役割をもつものと考え，その深い意味を共に考えていこうとするところに特徴があるといえよう。

ただし，病態水準が重く，自我が無意識内容によって脅かされている場合（妄想，幻聴，幻覚など），夢分析その他イメージを扱う技法には主治医との緊密な連携が必要である。

5. 分析心理学の学びを深めるためには

　本章ではユング心理学のなかのごく基本的と思われる事項について，駆け足でふれるにとどめざるをえなかった。その他にも，昔話や神話の解釈，心理学と錬金術，ユングと東洋思想，共時性，アクティヴ・イマジネーションなど多くの興味深い話題がある。したがって以下に紹介する書籍を読むことをお薦めする。

　ユングだけでなく，心理療法の理論と技法は体験的に理解することが必要である。ユング心理学の場合はイメージと象徴への興味と理解が重要だろう。書物だけでなく，絵画，彫刻，演劇，映画，音楽，文学などの芸術作品に幅広くふれてみて，そのなかで生きているシンボルについて考えてみる。さらに自分の夢に関心をもって記録してみるのもよいだろう。あるいは身近に適切な指導者が得られる場合には，夢を用いた教育分析やアクティヴ・イマジネーションを試みるのも一つの方法であろう。

● 推薦書籍

◆河合隼雄（1967）．ユング心理学入門　培風館（現在は岩波書店より刊行）
　河合教授がスイスのユング研究所より帰国後，最初に書かれたユング心理学入門書。今読んでも新鮮である。

◆河合隼雄（1971）．コンプレックス　岩波書店

◆河合隼雄（1977）．無意識の構造　中央公論社
　上記2冊は，「ユング心理学入門」に続いて，ユング心理学の重要概念をやや詳細に解説したもの。ともに新書であり，読みやすい。「入門」とともにこの3冊が初学者必読の参考書といえるだろう。

◆ Jung, C. G.（1964）．*Man and his symbols.* New York: Doubleday.（河合隼雄（監訳）（1972）．人間と象徴　河出書房新社）
　ユングが初心者向けに書いた唯一の著書で，高弟たちとの共著である。図版が豊富で理解しやすいし，図版を眺めているだけでユング心理学の世界に引き込まれていくだろう。

◆ von Franz, M. -L.（1970）．*The interpretation of fairy tales.* Boulder, CO: Shambhala.（氏原　寛（訳）（1979）．おとぎ話の心理学　創元社）
　ユングの高弟，フォン・フランツがユング心理学の観点からおとぎ話を分析した。入

門書を卒業して，すこし本格的な書物にふれていこうとするときの出発点として好適と思われる。

◆**目幸黙僊（2015）．危機の世紀とユング心理学　創元社**
自身，浄土真宗の僧侶でもあった目幸教授が東洋思想とくに仏教とユング心理学について，体験的に解説している。

引用文献

Jung, C. G.（1953a）. *Two essays on analytical psychology*, CW7. Princeton, NJ: Princeton University Press.
Jung, C. G.（1953b）. *Psychology and religion*, CW11. Princeton, NJ: Princeton University Press.（村本詔司（訳）（1989）．心理学と宗教　人文書院）
Jung, C. G.（1960）. *The structure and dynamics of the psyche*, CW8. Princeton, NJ: Princeton University Press.
Jung, C. G.（1971）. *Psychological types*, CW6. Princeton, NJ: Princeton University Press.（林　道義（訳）（1987）．タイプ論　みすず書房）
河合隼雄（1967）．ユング心理学入門　培風館
河合隼雄（1977）．無意識の構造　中央公論社
Samuels, A., Shorter, B., & Plaut, F.（1986）. *A critical dictionary of Jungian analysis*. London: Routledge.（山中康裕（監修）　濱野清志・垂谷茂弘（訳）（1993）．ユング心理学辞典　創元社）

第4章 アドラー心理学

1. アドラー心理学とは

　アドラー心理学（Adlerian Psychology）は，オーストリア出身の精神科医アルフレッド・アドラー（Adler, A.: 1870-1937）によって，創設された心理学である。個人心理学（Individual Psychology）とも呼ばれる。アドラー自身の医師としての臨床経験に加え，古や同時代の哲学者，文学者，その他の分野の賢人たちの思想も取り入れ，こころやからだの不調を訴える人だけでなく，人間全般に共通した「人間知」＝「人間の本性を知ること」を探求した心理学である。

2. アドラー心理学の歴史

（1）アドラー心理学が創設されるまで

　アドラーは，1870年，ユダヤ人の家庭に誕生した。幼少期に，幼い弟を亡くし，自分自身がくる病にかかり，また肺炎で死にかけた経験などから，医師を志したといわれている。アドラーは，医学部卒業後，ウィーンの街中に内科医として開業した。この当時の世界情勢の影響を受け，アドラーは社会主義的な志向をもっており，社会主義者や哲学者など，他分野の著名人とも親交があった。アドラーのもとを訪れる患者は，決して裕福ではなかった。そのためか，彼は，社会医学，予防医学，学校教育にも早期から興味・関心を示し，幅広く

一般的な人々に自らの医学的知識を役立てようと考えていた。

　アドラーは，1902年から，フロイト（Freud, S.）の精神分析の非公式なセミナー（後の，「水曜心理学協会」）に参加しており，フロイトとも親交があった。1907年に，アドラーは，『器官劣等性の研究』を発表し，人が自分の劣っている器官を別の器官で補償する傾向があることを示した。後に，これは器官的に劣っていることだけではなく，自分の特性，能力などの属性に関して，客観的に劣っている「劣等性」の考え方に，そして，人は，この劣等性から，主観的に，自分が他者や理想より劣っていると感じる**劣等感**をもち，これが過剰になって，補償がうまくいかない場合，こころの不調（当時の「神経症」）に陥るという考え方に発展した。しかし，劣等感がこころの不調の基礎である，という考え方は，フロイトには受け入れがたいものであった。1911年，アドラーは自分を支持する仲間たちとともに，精神分析協会から離反した。アドラー派の立場からは，精神分析派との"決別"であるが，精神分析派の立場からは，アドラーが"破門"されたことになった。

（2）アドラー心理学創設後の歴史

　アドラーは自分を支持した仲間と一緒に，「自由精神分析協会」を設立し，1914年に名前を「個人心理学会」に変更した。「個人」には，まずは個人（社会的文脈も含めて）を丁寧に洞察することが大事で，そこから人間全般のモデル，法則を探求しようとした姿勢が表されていた（Hoffman, 1994）。

　1916年，アドラーは軍医として招集され，第1次世界大戦に従軍した。そこで，戦士たちの精神的ケアを担当した経験から，自らの「劣等感」の考えを再認識し，劣等感に効果的に働きかけるには，子どもの教育が大切であると考えた。そして，個人がもつ**共同体感覚**（独：Gemeinschaftsgefühl）が発揮されることが，精神的な健康にとって，何より大切であると考えた。

　アドラーが考えた共同体感覚は，アドラー心理学の中核となる思想の一つであると同時に，説明するのが難しいともいわれている。アドラー（Adler, 1931）は，こころの不調を訴える人々は，共同体感覚を欠いており，人生の意味が他者の人生への貢献にあるという認識がないと考えていた。共同体感覚は，仲間とのつながり感覚であり，家族や地域，職場などのなかでの，所属感，共

感・信頼感・貢献感を総称したもの（岩井，2014），他者を仲間だとみなし，そこに「自分の居場所がある」と感じられること（岸見，2013）であるともいわれている。共同体感覚を発揮することは，人が，ある集団に対して，「自分はここにいて良いのだ」，「ここにいると安心だ，自分の役割があり，役に立てる」などと感じ，集団のために，自分なりに考え，行動することだと考えられる。

戦場から帰還したアドラーは，個人療法に加え，子どもの教育の分野にも力を入れた。ウィーンに児童相談所（教師のための相談所）を開設し，戦争孤児の臨床や講演をしながら，教育現場で関わりの難しい子どもたちに携わる教師たち，育児に悩む保護者たちなどの相談も受け，そのような人々に自らの考えを伝えていった。アドラーの思想や教えは，アドラー自身の著作以外に，弟子たちによって講演記録，ケース記録としてまとめられている。

アドラーは，1920年代後半から，英国を始めヨーロッパ各国や米国にも講演旅行に出かけていた。アドラーは当時のアメリカでも受け入れられ，アドラー自身が米国の大学で講師を務めるなど米国で活動する時間が増えていった。1934年，ナチスの脅威がウィーンにも迫ってくると，アドラーは，自らの心理学の将来を考え米国に移住し，これ以降，アドラー心理学の主な拠点はアメリカに移った。アドラーは，その後も積極的に米国内外で講演活動を続けた。1937年，アドラーは，講演先の英国アバディーンで急逝した。

（3）アドラー死後のアドラー心理学

アドラーの死後，アドラー心理学は，主にアメリカでアドラーの弟子たち，後継者たち（代表者として，ドライカース（Dreikurs, R.）やアンスバッハー（Ansbacher, H.）など）によって受け継がれた。彼らにより，北米アドラー心理学会が設立（1952年）された。その後，体系的な書物が刊行され，アドラー心理学が学べる大学が開設され，各地でアドラー心理学に基づくワークショップが開催されるなどして，現在に至っている。また，アドラーの次女アレクサンドラ（Alexandra Adler）は，精神医学研究者として，長男のクルト（Kurt Adler）はアドラー派の精神科医として，米国で活躍した。

（4）日本におけるアドラー心理学の歴史

　本格的なアドラー心理学の思想，技法を最初に日本に持ち帰ったのは，精神科医の野田俊作である。彼は，米国に1年間留学した後，1982年に帰国し，1984年に日本アドラー心理学会を設立するなど，日本におけるアドラー心理学の普及に努め，現在，アドラー心理学を広める活動をしている者には，同氏から，直接学んだ者が多い。日本ではとくに，教育，子育ての分野でアドラー心理学が広まっていたように思われる。

　アドラー自身の著作や講演・ケース記録などは，哲学者の岸見一郎により，多くが日本語に翻訳されている。さらに，岸見（2013）は，一般的，自己啓発的な心理学の分野で，アドラー心理学が広く知られる発端もつくった。

　臨床心理の分野でも実践している臨床家がいるが，アドラー心理学がこの分野で見直され，より広く実践されていくのは，これからであると思われる。

（5）アドラー心理学の他学派への影響

　アドラーから，直接，講演，講義やセミナーを受けた者は，その後，学派が異なっても，多少なりともアドラー心理学の影響を受けている者が多い。それを公言する者もしない者もいるが，エレンベルガー（Ellenberger, 1970）は，アドラー心理学は「共同採石場」のようなもので，アドラーの思想を断りもなく持ち出している者が多いことを指摘していた。このことは，アドラーがフロイトと決別したことが一つの要因なのだろうが，視点を変えてみると，アドラー心理学の思想や教えが，多くの臨床家が納得できる「人間知」であったことの証明ではないだろうか。

3．アドラー心理学の理論・技法

　アドラー心理学の思想などは多岐にわたるので，ここでは，心理臨床の実践において，とくに重要であると思われることを簡潔に述べる。

(1) アドラー心理学の基本的な思想，理論

1) 全体論

人は，分割できない一つの全体である。「こころ」と「からだ」，「意識」と「無意識」は全体として一つであり，相補うもので，矛盾や対立するものではない。人の行動も，矛盾せず，全体として一貫した流れがあると考える。

2) 主体論

人は，自分の意見をもち，自ら決断している。人は，環境からの産物ではなく，環境や遺伝的要素に対する個人の意見，意志が重要である。「自己決定性」，「創造的な自己」とも呼ばれる。

3) 目的論

人は，目標に向かって，目的をもって主体的に行動している。人のすべての行動や感情には目的がある。目的は意識していることもあれば，無意識的なこともある（原因論を否定している考えではない）。

4) 認知論

人は，それぞれに異なった固有のものの見方，意味づけの仕方を有し，それらに基づいた**私的理論**をもっている。これは，人が，感じ，考え，行動するための源となるが，その多くは無意識的である。「現象学」，「仮想論」とも呼ばれる。

5) 対人関係論

人は，社会的生き物であり，対人関係，社会の場で生じる問題が，人の問題になる。人を理解する場合，個人の認知に加え，その人が生きている社会的文脈（環境や対人関係など）の理解も重要である。

(2) アドラー心理学によるこころの不調のとらえ方

先述したように，アドラー心理学では，こころの不調は，「劣等感」が過剰になり，「共同体感覚」を発揮できる方向へとうまく補償できない場合に生じると考える。そして，こころの不調は，「劣等コンプレックス」や「優越コンプレックス」と呼ばれる行動に現れると考える（Adler, 1929）。

劣等コンプレックスとは，劣等感を過剰に抱き，人生の課題に対処するのを避ける口実に劣等感を用いる行動である。また，人は自分が劣っていることを

隠すために，何かに優れているということ求め（**優越性の追求**），それをつくりだし，あたかも優れているかのように行動することもあり，これを**優越コンプレックス**と表現する。アドラーは，劣等感自体は，問題でも病気でもなく，人間なら誰でももつものであり，むしろ人が成長するための糧になると考えていた。しかし，現実よりも劣等感が過剰であるコンプレックスになると，自分が直面している課題に対処できないと考え，課題に対処することを回避する行動になることが問題なのである。これらを具体的に説明するために，典型例と思われる架空事例を挙げる。

> **事例（こころの不調）**
> 　Aさん（20代前半，女性）は，大学4年生で，現在，就職活動を終え，卒業論文に取り組もうとしているが，題材が決められずに悩んでいた。所属ゼミの他の同級生は全員，すでに論文の題材を決め，取り組んでいる。Aさんは，この状態に，「自分は同級生に比べたら能力がない」，「こんなダメな自分の相談には，誰ものってくれるわけがない」，「そもそも自分には論文なんて書けるわけがない」（劣等感，私的理論）と思い始めた。やがて，所属ゼミの授業がある日は，体の具合が悪くなり，出たい気持ちはあるが，授業に出られなくなった（劣等コンプレックス）。一方で，塾講師として働いているアルバイト先でのAさんの評判は非常に高く，Aさんは論文よりも，塾講師のアルバイトに時間を費やし，より熱心に取り組むようになった（優越性の追求）。

（3）アドラー心理学に基づく心理療法（カウンセリング）

　アドラー心理学をもとにした（アドラー派の）心理臨床にも，心理療法（セラピー）とカウンセリングにそれぞれの定義があり，違いがあるが，アドラー派では両者を扱えるのが望ましい（Oberst & Stewart, 2003）とされている。ここでは，心理療法，セラピスト，クライエントと言葉を統一して説明をする。
　精神的な健康に不可欠だと考える「共同体感覚」を発揮できるようになるためには，そのための教育，カウンセリングなどを受けることも大切である（浅井，2016）。アドラー派の心理療法の目的は，人が共同体感覚を発揮できる状態になり，勇気と主体性をもって，自らの課題に取り組めるようになることである。勇気をくじかれた人が，自ら「勇気」をもつのは大変なことであり，ア

ドラー派の心理療法では，全般的にクライエントが勇気をもてるような「勇気づけ」的関わりをすることが重要になる。**勇気づけ**は，現代のアドラー心理学において，重要な概念の一つである（八巻，2015）。「勇気」とは，人がある課題に直面したときに，それを乗り越えようとする心的なエネルギーであり，「リスクを引き受ける力」，「困難を克服できる力」，「協力できる能力の一部」（岩井，2014）である。そして，勇気づけとは，そのようなエネルギーがクライエントのなかに湧いてくるような共感的な働きかけ，コミュニケーションや関わりであるといえる。筆者は，セラピストがクライエントを信頼すること自体が勇気づけであるし，クライエントが必要とされていること，クライエントの気づいていない長所や頑張りを支持することも勇気づけであると考える。これをすれば勇気づけになる，というような決まったものはなく，何が勇気づけになるのかはクライエントによっても異なる。勇気づけは，勇気づけられたと相手が感じることが大切である。セラピストは，クライエントに寄り添いながら，いろいろと思案，工夫して勇気づけ的な関わり方を続けていくことが重要である。

さて，上記を目的としたアドラー派の心理療法は，4つのプロセスからなり（山口，2017），これらのプロセスを図4-1で説明する。

ここでアドラー派の心理療法に特徴的だと思われる，②について簡潔に説明する。まず，**ライフスタイル**は，アドラー心理学特有の考え方で，他学派では，特性，性格などに近いと考えられる。人が生きるためにもっている運動の法則，ものの見方・感じ方・行動の仕方のパターンの総称，自分・他者・世間に対する価値観や信念の体系ともいえる。ライフスタイルは，人が，自分の育ってきた環境（家族，学校生活など）から，自らが主体的に選んできたものであると考えるので，本人がその気になれば，いつでも変えることができると考える。心理療法では，その人のライフスタイルが，共同体感覚をより発揮できるものとなることを目指す。このライフスタイルは人生のごく初期まで（アドラー自身は3，4歳まで，現代のアドラー派では，10歳くらいまで）に原型がつくられると考えられている。セラピストは，クライエントのライフスタイルの中身を探求し，こころの不調に繋がると思われる私的理論，劣等感を見つけていくのである。ライフスタイルは，「私は○○だ」（自己像），「人や世間は，○○

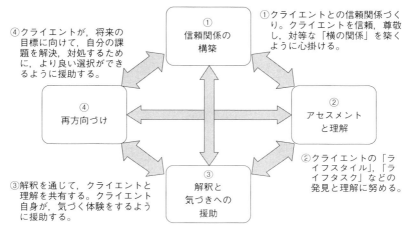

図 4-1　アドラー派心理療法のプロセス

　これら①から④のプロセスは，必ずしも順番通り，直線的に進むとは限らず，繰り返したり戻ったりと，円環的に進みながら，「共同体感覚」を発揮する方向を目指す。
　すべてのプロセスで，クライエントを支える「勇気づけ」が大切である。

だ」（世界像），「私は○○であるべきだ」，「私は人（世間）から○○されるべきだ」（自己理想）というように，3つの側面から表現されることが多い。

　また，その人が直面している課題をアドラー心理学ではライフタスクと呼ぶ。クライエントの主訴とクライエントが本当に直面している課題が異なることは，よくあることである。ライフスタイルを探求しながら，クライエントが真に直面しているライフタスクも明らかにすることも大切である。

　ライフスタイルを探求する際には，その人が育ってきた環境についての情報（家庭，出生順位，両親，きょうだい関係など）ももちろん重要である。そして，ライフスタイルは，物事や環境に対する人の意見や，その人の言動の中に見出せると考える。アドラーは，人の言動からライフスタイルを見出す観察眼，洞察力に長けていた。アドラー心理学では，人のライフスタイルを探る方法・技法として**早期回想**（10歳くらいまでのエピソード記憶的な思い出をいくつか聞く方法。できるだけ鮮明な記憶で感情が伴う思い出がよりふさわしい）や，「夢」を聞くという方法がある。アドラー派の夢の解釈は，他学派とは異なる独自のものである（Gold, 1978）。「早期回想」，夢の内容はもちろんであるが，

それらの語られ方，とらえ方に，現在のその人のライフスタイルが反映すると考え，注目する。早期回想と，現在直面している課題とには，何らかのつながりがあるとも考える。筆者は，人のライフスタイルは，簡単に分かるものではない，と考えている。すぐに決めつけるのではなく，早期回想，夢，クライエントのさまざまな言動を考え合わせて，あれやこれやと推測し，検討することを繰り返しながら探求することが大切である。

　ここで，先ほどの架空事例で，心理療法の概略を見てみる。

事例（心理療法）

　Aさんは，心配した母親の勧めで，大学の相談室を来室した。面接で，自分の現状を説明した。セラピストは，Aさんが頑張って論文に取り組もうと思うと体調が悪くなり，取り組む気になれず，ついついアルバイトに熱中してしまうこと，その状態がよくないと思っていること，とくに，「取り組もうと思っている」気持ちに共感した（勇気づけ，プロセス①）。Aさんは，3人きょうだいの第一子であり，責任感が強く，自力で頑張る一方で，自力でできずに困ったときに，自分がダメだと思いやすく，人を頼れないのではないか，と推測した。Aさんに幼少時代の思い出話を聞くと，次のように語った。「幼稚園のとき，クラス全員で折り紙を折っていたんですけど，途中で分からなくなっちゃって……。周りの子はみんな折れているのに，私だけ折れない……。友達にも，先生にも言えなくて，どうしていいのか困って，涙が出てきちゃって。そうしたら，近くに座っていた男の子が気づいて，『先生，Aちゃんが泣いてます！』って言ってくれたんです。それでやっと先生が気づいてくれて，休み時間に教えてくれて，折れました。すごく恥ずかしかったけど，助かったって……ホッとしました」（早期回想）。セラピストは，Aさんのライフスタイルには，「困ったときに，自分から動けない」，「自分で解決できない自分は恥ずかしい」，「困っている自分を，誰かが察してくれるべきだ」という考えがあるのではないか，とさらに推測した（プロセス②）。セラピストが推測したライフスタイルのいくつかを，本人に〈もしかして，Aさんは，○○って思っていない？〉と伝えると，Aさんは，「あっ，そういうことあります。困っているって言う勇気がなくて……誰かが気づいてくれたらいいのになって思う……」と話した（プロセス③）。セラピストが，〈論文については，どうだったら良いって思う？〉と聞くと，Aさんは，しばらく考えてから，「……本当は，誰かが気づいて助けてくれたら……そのために，誰かに相談できたらいいのだと思う……」と小声で言った。セラピストは，〈そう思えるのは良いよね〉と注目し（勇気づけ），今回のことで頼れる人はいないか聞いてみた。Aさんは，相談できそうな友人などのことを語り始めた。そこで，セラピストは，Aさんにそのような人たちがいることにも注目した（勇気づけ）。Aさんが相談することに迷い，不安に思う気持ちに寄り添いながらも，友人などに相談できるような方向（勇気，主体性，共同体感覚

を発揮する方向）に関わった（プロセス④）。その後，セラピストのもとを再び訪れたAさんは，「すごく迷ったし，聞いてもらえるか不安だったけど，昨日，思い切って友達のBさんに相談してみた」，「相談してみたらBさんが親身になって聞いてくれて嬉しかった。先生にも相談してみようと思う」，「論文のために，アルバイトを減らさないと」と笑顔で話した。セラピストは，思い切って相談したAさんの頑張りに共感した（勇気づけ）。Aさんのタスクは，「自力で対処できない課題をどうするか」，「友人との関わり方」だともいえよう（セッション回数は，進み具合により異なる）。

4．アドラー心理学の効用と限界

　アドラー心理学の効用は，一貫性と汎用性があり，臨床の現場が変わっても活用できることである。臨床家としてだけでなく，人としてどう生きるかについての考えも示唆しているので，セラピストにとっても，クライエントにとっても同じ目線で実践しやすいことにあると思われる。また，柔軟性もあり，アドラー心理学の思想などに合っていれば，積極的に他の学派の理論，技法なども取り入れて，活用しやすいことも利点であるといえよう。

　一方で，アドラー心理学の理解や実践に関して，厳格な訓練や形式がほとんどないため，心理療法のあり方が臨床家個人の裁量にかなり左右されやすい面があると思われる。また，アドラー心理学の理論・思想，心理療法（カウンセリング）の効用を示した実証的，学術的研究などがまだ少ないことは，現在のアドラー心理学の限界であり，今後の課題ともいえよう。

5．アドラー心理学の学びを深めるために

　アドラー心理学の学びを深めるために，アドラー自身の著作を含めて，以下に紹介する書籍や引用文献などを読んでいただきたい。複数分野で出版されているアドラー心理学関連の書籍から，読むものを選ぶ際には，自分が学びたい内容や領域（臨床心理，教育，子育て，スクールカウンセリング，家族療法，福祉など）から選ぶこともお薦めする。

　筆者の経験から，アドラー心理学が学べる講座，研究会，勉強会，セミナー

などのなかから，まずは，自分が興味をもったものに参加するのがよいと思われる．臨床には，セラピスト自身のライフスタイルが必ず反映するので，自分のライフスタイルを知ることは必須で，アドラー派の仲間と共に学び，スーパーヴィジョンなども受けながら，実践していくことが大切である．

推薦書籍

◆ Adler, A.（1929/1964）．*Problems of neurosis: A book of case histories.* New York: Harper & Row.（original: 1929）（岸見一郎（訳）（2014）．人はなぜ神経症になるのか　アルテ）
アドラー自身が，事例を用いながら，こころの不調について，自らの考え，理論，技法などを説明している本．当時の事例は，現代にも通ずるものがある．

◆ 八巻　秀・深沢孝之・鈴木義也（2017）．臨床アドラー心理学のすすめ　遠見書房
心理療法に長けた熟練の臨床家たちが，アドラー派心理療法の実践について，事例を用いて，分かりやすく詳しく説明した本．臨床家たちの対談もある．

引用文献

Adler, A.（1929/1964）．*Problems of neurosis: A book of case histories.* New York: Harper & Row.（original: 1929）（岸見一郎（訳）（2014）．人はなぜ神経症になるのか　アルテ）

Adler, A.（1931）．*What life should mean to you.* Boston, MA: Little, Brown.（岸見一郎（訳）（2010）．人生の意味の心理学（上）（下）　アルテ）

浅井健史（2016）．アドラー心理学の中核概念と心理援助モデル　箕口雅博（編）　コミュニティ・アプローチの実践（pp.45-57）　遠見書房

Ellenberger, H. F.（1970）．*The discovery of the unconscious: The history and evolution of dynamic psychiatry.* New York: Basic Books.（木村　敏・中井久夫（監訳）（1980）．無意識の発見（下）　弘文堂）

Gold, L.（1978）．Life style and dream. In L. G. Baruth, & D. G. Eckstein (Eds.), *Life style: Theory, practice and research* (pp.24-30). Dubuque, IA: Kendall/Hunt.

Hoffman, E.（1994）．*The drive for self: Alfred Adler and the founding of individual psychology.* New York: Addison-Wesley.（岸見一郎（訳）（2005）．アドラーの生涯　金子書房）

岩井俊憲（2014）．人生が大きく変わるアドラー心理学入門　かんき出版

岸見一郎（2013）．嫌われる勇気　ダイヤモンド社

Oberst, U. E., & Stewart, A. E.（2003）．*Adlerian psychotherapy: An advanced approach to individual psychology.* New York: Brunner-Routledge.

山口麻美（2017）．アドラー心理学に基づくカウンセリング　山口麻美（編著）　アドラー臨床心理学入門―カウンセリング編―（pp.65-93）　アルテ

八巻　秀（2015）．勇気づけ　鈴木義也・八巻　秀・深沢孝之　アドラー臨床心理学入門（pp.100-100）　アルテ

第5章 行動療法

1. 行動療法とは

　行動療法（Behavior Therapy）は，人間の「行動」を対象にし，科学的，実証的に効果のある方法を用いて問題解決を目指す一連の治療技法のことである。行動療法は学習理論を基盤としており，人間のさまざまな不適応や行動の問題は，いずれも後天的に学習された結果であるととらえる。したがって，学習理論を応用し，適応的な行動を学習し直すことによって，問題を改善させることができると考える。

2. 行動療法の歴史

　行動療法の歴史を概観すると，20世紀初頭は，条件づけの研究を人間の行動の解釈や治療実践に適用することが始まり，行動療法の先駆的な時期であった。そして，1940年代から1950年代前半は，学習理論を基礎に臨床問題との関連が模索され，理論的な考察が行なわれた時期であり，1950年代後半は，より行動療法の実践的研究が展開していった時期であったといえる（佐々木，1984）。
　1913年，アメリカのワトソン（Watson, J. B.）は，行動主義宣言によって，自然科学としての心理学であるためには，客観的に観察可能な行動（公的出来事，顕在的行動ともいう）のみを研究の対象とすることを強調した。このワトソンの立場は，**方法論的行動主義**と呼ばれ，刺激と反応の連合が習慣をつくり

上げていくと考えたものである。

　同じくアメリカのスキナー（Skinner, B. F.）は，行動主義自体を受け継いではいるが，「行動」のとらえ方がワトソンとは異なる。スキナーは，意識すなわちこころのなかの出来事（私的出来事，内潜的行動ともいう）であっても個人が自身の内的環境で観察できる行動として扱うという立場であり，これは**徹底的行動主義**と呼ばれる。また，行動療法という用語は，スキナーらが，精神病患者に対する行動分析の適用に関する研究（Skinner & Lindsley, 1954）のなかで初めて導入（Wolpe, 1982）した。スキナーの功績は，オペラント条件づけを基盤として，応用行動分析理論へと展開していく。

　一方，イギリスではアイゼンク（Eysenck, H.）がそれまでの精神療法と対比させ，共通したまとまりのある治療法として行動療法を提唱し（Eysenck, 1959）その後の彼の著書により行動療法の名は広く知られるようになった。また，同じ頃には南アフリカではウォルピ（Wolpe, J.）が逆制止を用いた介入を実践し，それらの成果を書籍『Psychotherapy by reciprocal inhibition』（Wolpe, 1958）に著している。彼らの功績は，レスポンデント条件づけを基盤として，主に不安の治療法へと展開していく。

　1960年代から新たな理論枠として，社会的学習理論が提案された。学習に期待，予期といった認知の重要性が主張されるようになり，これらは次第に認知行動療法にも繋がっていく。

　こうした流れから，行動療法は1人の創始者によって体系化された心理療法ではなく，それぞれ独立した起源，異なる理論的背景をもとに発展してきた心理療法であるといえる（山上，2007）。

3．行動療法の理論・技法

(1) 行動療法の理論的背景

　学習とは，「経験によって生じる比較的永続的な行動の変化（宮下，2007）」のことである。よりやさしく表現すると「経験を繰り返すことによって新しいことが身につく過程（内山，1988）」ともいい，この学習の法則性や原理を体系化したものが学習理論である。そして，ウォルピは行動療法を「実験的に確

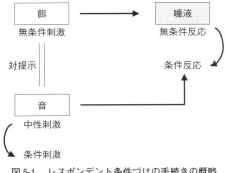
図 5-1　レスポンデント条件づけの手続きの概略

立された学習の原理やパラダイムを使用し，不適応的習慣を克服すること」と定義している（Wolpe, 1982）。

ここでは前節で述べた行動療法に大きな影響を与えた主要な理論枠を理解するために，**レスポンデント（古典的）条件づけ**，**オペラント（道具的）条件づけ**の2つの条件づけと「社会的学習理論」について概説する。

1）レスポンデント（古典的）条件づけ

パヴロフのレスポンデント条件づけ実験　ロシアの生理学者であったパヴロフ（Pavlov, I. P.）は，消化腺に関する研究を行なっていた際に，犬の唾液が餌を食べたときだけではなく，餌に先行して提示されている音刺激（足音や餌皿の音など）に誘発され，分泌されている可能性があると考えた。そこで，実験として，ハーネスで固定した犬に，音を聞かせ，それに続いて餌を与える手続きを繰り返して唾液の分泌量を測定した。まず音を聞かせると犬は注意を向ける反応を示す（**定位反応**）が，唾液分泌は生じなかった。次にパヴロフは，音を聞かせながら餌を与えること（**対提示**）を何度も繰り返した。その結果，音を聞いただけでも唾液が分泌されるようになったのである（Pavlov, 1927; 図 5-1）。

音はもともと唾液分泌とは関連しない刺激であり，これを**中性刺激**という。また，餌を食べると唾液が分泌されるのは自然な反応であるため**無条件反応**と呼ばれ，餌はその反応をもたらす**無条件刺激**と呼ばれる。しかし，中性刺激（音）と**無条件刺激（餌）**を対提示する手続きによって，中性刺激は唾液分泌

を誘発するようになり，この刺激を**条件刺激**という。またこの対提示は**強化**と呼ばれ，レスポンデント条件づけの成立における重要な手続きである。そして，条件刺激によって誘発されるようになった無条件反応（唾液分泌）を**条件反応**という。対提示においては時間的な近接性も重要な要因であり，条件刺激が先行し，直後に無条件刺激が提示されるとき，最も強い反応が形成される。

　日本人の多くはおそらく「梅干し」と聞くと口の中の唾液分泌量が増えるだろう。これは多くの日本人は過去に梅干しを食べた「経験」があり，それによって条件づけられた反応の一つである。

　ワトソンの恐怖のレスポンデント条件づけ実験　　ワトソンは，人間の示す怒りや恐怖といったさまざまな情動反応は経験によって条件づけされた反応であると考え，次の実験を試みた（Watson & Reyner, 1920）。生後11ヶ月のアルバートは，はじめ白ネズミに対してまったく恐怖を示さず積極的に関わろうとする反応を見せていた。ワトソンらは次の手続きとして，アルバートが白ネズミに手を伸ばそうとした瞬間に背後で鋼鉄棒を激しく叩き大きな音を鳴らした。その音を聞きアルバートは驚愕した反応を示した。ワトソンが同様の手続きを7回繰り返したところ，アルバートはついに白ネズミを見ただけで，恐れ，逃げる反応を示すようになった。すなわち，白ねずみを条件刺激，鋼鉄棒を無条件刺激として条件づけを行なったことで，アルバートの白ネズミに対する恐怖反応が形成されたのである。

　例えば，病院で治療経験のある子どもが白衣を見るだけで泣き出してしまうことがある。これは過去の治療において，白衣が条件刺激，治療の痛みや緊張が無条件刺激となって条件づけられた結果と考えることができる。

　レスポンデント条件づけにおける消去，般化，弁別（分化）　　条件づけで獲得した反応（条件反応）も，条件刺激のみを単独で提示することを繰り返すと，次第に条件反応が生じなくなる。この現象を**消去**という。しかし，消去は単に行動が消失したことを表しているのではなく，条件刺激と無条件刺激とが関連しないことを再学習した結果であり，新しい反応を獲得しているのである。

　レスポンデント条件づけでは，情動反応や反射のような比較的単純な自律的反応が条件づけられるが，不快な身体的反応や強いネガティブな情動反応が条件づけられた場合に適応上の問題に発展しやすく，容易に消去ができないこと

もある。

　また，条件づけによる反応の形成後，異なる条件刺激に対して条件反応が誘発されないことを**弁別**（または**分化**）といい，刺激Aには無条件刺激を対提示し，刺激Bにはしない手続きを**分化強化**という。また，刺激Aと刺激Bが類似していると，いずれにも同じ反応を示すことがあり，これは**般化**といわれる現象である。上述のアルバートの実験においても，白ネズミを恐れるようになったアルバートは，白ウサギ，アザラシの毛皮といった白ネズミと類似した毛のある他の刺激に対しても同様の反応を示すようになり，刺激に般化が見られた[1]。条件刺激の類似度が高いほど般化が生じやすい。

2）オペラント（道具的）条件づけ

　ソーンダイクの試行錯誤学習　　ソーンダイク（Thorndike, E. L.）は，問題箱を用いて**試行錯誤学習**の実験を行なった。箱には鍵がかけられているが，前足で中にぶら下がる輪を引くと扉が開き，箱の外に置いてある餌にたどりつけるよう仕掛けがされている。箱の中のネコははじめは扉を開けて外に出るまでに時間を要していたが，餌にたどり着くまでの反応は徐々に速くなっていった（Thorndike, 1898）。この結果から，試行錯誤するうちに無駄な反応は次第に排除され，満足に繋がる反応はその刺激に強く結合することを見出した。彼はこれを**効果の法則**と呼び，自らの立場を**S-R結合主義**としている。

　スキナーのオペラント条件づけ実験　　スキナーは，スキナー箱と呼ばれる装置に，空腹のラットを入れ実験を行なった。箱には，壁面のレバーに足をかけると給餌装置が作動して餌皿に餌が出てくる仕掛けがされている。はじめラットは偶然に前足でレバーを押し，餌が得られる経験をするわけだが，これが繰り返されるとラットのレバー押しの回数は大幅に増加した（Skinner, 1948）。

　このときのラットのレバー押しの行動を**オペラント行動**といい，環境に対して自発する行動のことをいう。オペラント条件づけとは，生活体のオペラント行動に刺激を随伴させ，その結果，オペラント行動の頻度が変化（増加あるいは減少）する操作や過程を指す。また，行動の頻度を変化させる刺激を**強化子**

1）　このような倫理的に問題のある実験を，現在行なうことはできない。

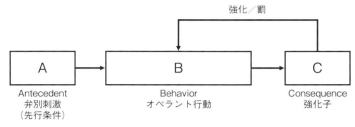

図 5-2　三項随伴性

と呼び，オペラント行動に先行して提示される刺激を**弁別刺激**（あるいは**先行条件**）と呼ぶ。

　三項随伴性　　弁別刺激 – オペラント行動 – 強化子の関係性のことを**三項随伴性**といい，図 5-2 のように図式化することができる。すなわち，オペラント行動の直前に何が起きたか，あるいは何をきっかけにオペラント行動が生起したか（弁別刺激），また，オペラント行動の直後に何が起こったか，どのような結果が随伴したか（強化子）を観察によって明らかにする。

　オペラント行動に続いて，ある刺激が提示され，結果として行動頻度が増大した場合，その刺激のことを**報酬刺激**（または**好子**）という。逆に，オペラント行動に続いてある刺激が除去されることでその行動が増大するならば，その刺激のことを**嫌悪刺激**（または**嫌子**）と呼ぶ。また，強化子をオペラント行動に随伴させてその行動の出現頻度を増大する手続きのことを**強化**といい，報酬刺激を提示することを**正の強化**，嫌悪刺激を除去することを**負の強化**と呼ぶ。一方，強化子をオペラント行動に随伴させてその行動の出現頻度を低下させる手続きは罰といい，嫌悪刺激を提示することを**正の罰**，報酬刺激を除去することを**負の罰**と呼ぶ（表 5-1）。正は「＋」「与える」「提示する」の意味として，

表 5-1　強化と罰のまとめ

	行動頻度の増加		行動頻度の減少
報酬刺激（好子）を提示	正の強化	嫌悪刺激（嫌子）を提示	正の罰
嫌悪刺激（嫌子）を除去	負の強化	報酬刺激（好子）を除去	負の罰

表 5-2　強化と罰の日常例

正の強化	Aさんは皿洗いを手伝うとお小遣いをもらうようになった。それ以来，Aさんは皿洗いをするようになった。
負の強化	Bくんは帰宅後，手洗いをしないためいつも母親に叱られていた。しかし，自ら手洗いをするようになったら，母親は叱らなくなり，結果として手洗いが習慣になった。
正の罰	Cくんが校舎の壁に落書きするといういたずらをしたところ，先生に強く叱られた。それ以来，Cくんは二度と同じいたずらをしなくなった。
負の罰	Dさんは立て続けに仕事でミスをしてしまい，その度に報酬が減額された。以後，Dさんの仕事のミスは減った。

負は「－」「取り除く」除去する」の意味として覚えると理解しやすい。

行動分析　反射などの生理的反応を除き，人間が行なうほとんどの行動は，オペラント行動ととらえることができる。いずれの行動も強化もしくは罰によって制御されていると考えられる。表5-2に日常における強化と罰の例を挙げる。これらを三項随伴性から分析することを**行動分析**（あるいは**機能分析**）といい，とくに，心理社会的問題の解決に活用することを**応用行動分析**（Applied Behavior Analysis: ABA）という。

行動分析において，賞賛すること＝強化，叱責すること＝罰と一義的にとらえればよいと考えるのは誤解である。強化と罰は，強化子の提示あるいは除去によって，直前のオペラント行動がどのように変化したか（増大したか，減少したか）を確認してはじめてその強化子が好子か嫌子か，また，その手続きが何かが判明する。

次のような例を見てみよう。ある担任の先生はEくんのことで困っている。

> クラスのEくんが，算数の授業中に決まって大声を出して騒ぐのです。その度に，私は「Eくん，おしゃべりをやめなさい！」と叱るのですが，Eくんはむしろさらに大きな声を出してふざけ続けるんです。他の子どもたちも，Eくんの様子を面白がってしまうので，授業が中断してしまいます。

このとき，先生の叱責は，Eくんにとって嫌悪刺激となっているのだろうか？　行動療法では，環境（先生，友達）と個人（Eくん）との間で起こっている事実について行動分析を行ない，その情報から支援の手がかりを得て，介

入し，その効果を検証する。Eくんの「大声を出す」「騒ぐ」といった行動頻度が増大しているならば，先生が行なう「叱責」はEくんにとって嫌悪刺激ではない可能性がある。例えば，一つの仮説として，先生の「叱責」はEくんにとって「注目」という報酬の獲得になっているのかもしれない。Eくんの行動に対してクラスの友達がどのような反応を示しているかも重要な観察対象となる。

すなわち，叱責しても行動頻度が増大していれば，叱責は何かしらの報酬刺激となって行動は強化されているのである。逆に強化子として賞賛を与えたとしても，行動頻度が減少していれば，それは報酬刺激として機能していないことになる。刺激が報酬的か嫌悪的かは，個人や文脈によって異なってくる。また，基本的には，罰ではなく適応的な行動を強化する手続きによる介入を検討していくことが望ましい。

オペラント条件づけにおける消去，般化，弁別　オペラント条件づけにおいても**消去**は起こり，オペラント行動に強化子が随伴しないことによって行動の出現頻度が低下し，出現しなくなるが，これは，オペラント行動と強化子が関連しないことを新たに学習した結果である。さらに，オペラント条件づけにおいても，**般化**と**弁別**は生じる。

例えば，信号を区別して横断歩道を渡る行動は，刺激を弁別して学習した結果である。また，見た目の異なる信号機でも青系統の信号で私たちが進むのは，色刺激に対する般化が起こっているのである。

3）観察学習

20世紀前半は，条件づけ学習のように，学習は直接的な経験のみからなされると考えられていた。しかし1960年代，バンデューラ（Bandura, A.）らは，学習は直接経験だけではなく，他者の経験を見聞きすることだけでなされると考える**社会的学習理論**を提唱した。モデル（他者）を観察することを**観察学習（モデリング）**といい，観察者への直接強化は必要とせずに学習が成立するとした。また，観察対象は人物だけではなく，映像や絵，伝達された言語的な内容も含まれる。

バンデューラ（Bandura, 1965）は，幼児に映像によって大人のモデルの攻撃行動を観察させた実験により，その後の幼児の攻撃的行動が増加したことを明らかにしている。すなわち，好ましい行動だけではなく，不適切な行動も観

察するだけで学習されることを意味している。

（2）行動療法の進め方

　行動療法においても，クライエントの悩みを傾聴，受容し，共感的に理解することは他の心理療法と共通しており，クライエントとの間にラポール（信頼関係）を形成することが支援の前提となる。また，カウンセラーはクライエントの個人差要因を考慮したうえで，問題解決にむけて協同的に進めていく姿勢が肝要である。

　行動療法は，主に次のようなステップで進めていく（小林，1984；小野，2007）。

---

①行動アセスメント
　行動分析によって，行動を観察し，どのような状況，場面で問題の行動が生起しているかを明らかにする[2]。行動（反応）は，生起頻度や持続時間，反応潜時（反応が生じるまでに要した時間），反応強度など，具体的な数値や客観的な指標を用いて測定する。
②問題の明確化
　行動アセスメントに基づき，現在，変容するべき行動が何であるかを決定する。複数ある場合には，わずかでもすでにできていることや，変容させやすそうな行動を介入対象にする。
③支援仮説の提案
　支援のための仮説を立てて，学習理論を基盤にした方法を考え，提案する。すでに実証的な効果が認められている行動的技法をもとにするが，各事例に合わせて方法を検討する。
④実施と効果の測定
　仮説に基づく行動変容に向けた方法を実施し，その効果を具体的な数値や客観的な指標によって測定する。
⑤効果の検証
　行動アセスメントとそれに基づく支援仮説，方法が適切であれば，予測された方向に行動が変容する。その場合は，そのまま支援を進める。予測した行動変容が生じない場合には，どのポイントの対応が適切でなかったのかを確認する。それらによって得られた新たな情報を加えて，仮説を再設定し，④⑤の手順を実施する。

2）　介入前の自然な状態でのオペラント行動の出現頻度のことをオペラント水準という。それまでの学習の達成度に対する基準とすることが多い。

（3）不安・恐怖の発症と持続

行動療法では，レスポンデント条件づけによって不安が発症し，オペラント条件づけの負の強化によって不安症状が持続すると考える。

不安障害の一つであるパニック障害では，例えば，電車内でパニック発作が起こると，場所と不安症状の対提示により不安が発症する。また，はじめは電車だけで生じていたパニック発作が，次第にバスや飛行機といった他の乗り物へと般化することがある。そして，「乗り物に乗ると再び発作が起こるのでは」という予期不安から，乗り物に乗ること回避し，そうすれば発作が起きないことが負の強化によって学習されてしまう。行動の問題は，主に回避行動によって持続される。したがって，不適応的に学習された不安や恐怖を学習理論に基づく技法を用いて，適応的な反応を再学習し，回避行動を減少させていくことが目標となる。

（4）行動療法の主な技法

行動療法には多くの技法があるが，よく用いられる技法を理論枠別に表5-3にまとめる（Bellack & Hersen, 1985；平出，1984；山上，2007）。

表5-3　行動療法の理論と技法の対応

レスポンデント条件づけの応用技法 　系統的脱感作法，エクスポージャー，フラッディング，インプロージョン，曝露反応妨害法，嫌悪条件づけ療法など
オペラント条件づけの応用技法 　課題分析，強化，刺激統制，教示，プロンプトとフェイディング，シェイピング法，トークンエコノミー，タイム・アウト，レスポンス・コストなど
社会的学習理論の応用技法 　モデリング，セルフモニタリング（自己観察）など

厳密には，重複する理論的背景をもつ技法もある。また，実際には複数の技法を組み合わせてプログラムを組むこともある。認知行動療法のなかで取り入れられる技法も多い（第6章　表6-1も参照のこと）。

ここでは上記の技法のうち一部を取り上げ，以下にその方法を概説する。詳細およびその他技法については関連文献を参照されたい。

1）系統的脱感作法

　系統的脱感作法は，不安と拮抗する反応を使うことで，不適応的に学習された不安と反応の習慣を弱めるというウォルピの**逆制止**の理論をもとにしている。主に，不安や恐怖の治療法に用いられ，不安の程度の低いものから順に拮抗反応を提示し，不安を下げていく。方法は次の通りである。

① リラクセーション法を習得する（**筋弛緩法**が用いられることが多い）。
② 恐怖や不安症状を引き起こすものを具体的に書き出し，不安の軽いものから強いものまで並べ，不安階層表を作成する。不安の程度は，**自覚的不安尺度**（Subjective Units of Disturbance: SUD）を用いて評価する。
③ 習得したリラクセーション法を行なってもらい，不安度を報告してもらう。
④ 不安階層表に基づいて最も低い刺激についてイメージし，十分にイメージできたら指を上げて合図してもらう。合図が出たら今の不安度を報告してもらう。その後，休止してもらう。
⑤ ③から④を，そのイメージに対する不安恐怖がなくなるまで，繰り返しイメージして克服していく。
⑥ 一つの刺激について克服できたら，不安階層表にしたがって，より強い刺激へと順々に同じ手続きを行なっていく。

　なお，現実場面において恐怖や不安の刺激に曝す技法は，**現実脱感作法**と呼ばれる。

2）曝露反応妨害法

　曝露反応妨害法は，主に強迫性障害の治療に用いられる。方法は次の通りである。

① 強迫性障害の主症状である強迫観念と強迫行為を明確にして，区別する。
② 強迫観念や不安感，不快感をそのままにして（曝露），強迫行為をしないようにする（反応妨害）。そのようにすることで，時間の経過とともに不安が自然に薄らぐことを体験する。
③ 繰り返し①→②の練習を行なう。

　クライエントにとっては強い苦痛を伴う技法であるため，ラポールを十分に形成したうえで安心，安全な場であることを保証し，実施することが大切である。

3）課題分析・シェイピング

目標とする大きな行動や複雑な行動について，それを構成している要素の行動に分ける過程を**課題分析**という。また，**シェイピング**は，目標行動を獲得するために，それに繋がる達成が容易な行動からはじめ，順に難しい行動へと段階的に行動を形成していく方法である。その際，目標行動に繋がる一つひとつの行動が生起した場合には，強化し，そうでないところは強化しないという分化強化を行なう。一連の過程においては，**プロンプト**（適切な反応を起こさせるために手がかり刺激を与えること）や**フェイディング**（プロンプトを段階的に少なくして，目標の刺激と反応のみの結びつきを確実にすること）を使うこともある。

例えば，子どもが自分で靴下を履く行動を獲得する場合，図 5-3 のように，一連の行動を要素の行動に分け，達成可能な容易な行動から進めていく。その際，声かけや指差しでの合図，履く行動のモデルを見せるなどがプロンプトとして使われる。

4．行動療法の効用と限界

行動療法は，子どもから成人，軽度から重度の障害児・者，日常で見られる生活，行動上の問題から不安・恐怖を主症状とする問題までと，その適用対象は広い。ただし，中には強い不安喚起を伴う技法もあり，安易な介入によるドロップアウトは問題を悪化させることにもなりうるため，導入には慎重さと十分な配慮を要する。より積極的に不適応的認知を介入対象としたほうがよい場合には，認知行動療法（第 6 章）のほうが適していることもある。

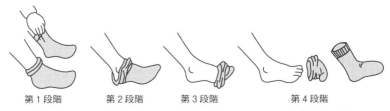

第 1 段階　　第 2 段階　　第 3 段階　　第 4 段階

図 5-3　**靴下を履く行動のシェイピングの例**（小林，2001を参考に作成）

よって，他の心理療法とも共通はするが，十分なラポールの形成や丁寧にアセスメント・心理教育を行なうこと，クライエントの特性や様態を見極めたうえで介入方法を検討し，実施することが肝要である。

5．行動療法の学びを深めるには

　行動療法そのものは，心理療法，治療法であり，実施にあたっては心理臨床の心得や専門性を備えなければならない。ただし，理論や考え方は，日常のさまざまな問題に適用し，解決の糸口を探ることができる。よって，知識を覚えるだけではなく，日常生活上の行動と環境の相互作用を観察し，知識と結び付けて考えてみることが，行動療法の学びに役立つだろう。そのためには，まずは学習理論や行動療法の枠組みを十分に理解することが重要である。また，書籍や学会誌などで行動療法に関する学術的研究や事例研究を読んでみることもお薦めする。

　そして，何よりも行動療法は，クライエントへの深い理解，共感，信頼関係のうえに成り立つものであり，対人援助に関わる者に求められる自己研鑽は欠かせないと考える。

推薦書籍

◆山上敏子（2016）．方法としての行動療法　金剛出版
　行動療法の成り立ちや理論的背景，技法の内容が分かりやすく解説されているとともに，筆者の豊富な臨床経験に基づく事例も紹介されている。

◆宮下照子・免田　賢（2007）．新行動療法入門　ナカニシヤ出版
　行動療法の入門書として作成されたものである。「行動療法の位置づけ」「行動療法のすすめ方」「行動療法の技法と適用例」の3章から構成されており，基礎知識から臨床の実践例まで学ぶことができる。

引用文献

Bellack, A. S., & Hersen, M.　(1985). *Dictionary of behavior therapy techniques*. Oxford: Pergamon Press.（山上敏子（監訳）(1987)．行動療法事典　岩崎学術出版社）
Eysenck, H. J.　(1954). Learning theory and behavior therapy. *Journal of Mental Science, 105*, 61-75.
平出彦仁（1984）．行動療法の技法とその理論　祐宗省三・春木　豊・小林重雄（編著）　新版　行動療法

入門―臨床のための理論と技法―(pp.69-117) 川島書店
小林重雄 (1984). 行動療法による治療 祐宗省三・春木 豊・小林重雄 (編著) 新版 行動療法入門―臨床のための理論と技法―(pp.149-294) 川島書店
小野昌彦 (2007). 行動療法の基本 小野昌彦・奥田健次・柘植雅義 (編著) 行動療法を生かした支援の実際―発達障害・不登校の事例に学ぶ―(pp.19-26) 東洋館出版社
小林重雄 (2001). 行動療法 小林重雄 (監修・編著) 心理学概論 (pp.201-210) コレール社
Pavlov, I. P. (1927). *Conditioned reflexes: An investigation of the physiological activity of the cerebral cortex.* Oxford, England: Oxford University Press.
佐々木和義 (1984). 行動療法の概観 祐宗省三・春木 豊・小林重雄 (編著) 新版 行動療法入門―臨床のための理論と技法―(pp.2-21) 川島書店
Skinner, B. F. (1948). 'Superstition' in the pigeon. *Journal of Experimental Psychology, 38,* 168-172.
Skinner, B. F., & Lindesley, O. R. (1954). Studies in behavior therapy. States reports Ⅱ and Ⅲ. Office of naval research. Contact N 5 ori-7662.
Thorndike, E. L. (1898). Animal intelligence: An experimental study of the associative process in animals. *Psychological Monograph, 2,* No. 8 .
内山喜久雄 (1988). 行動療法 日本文化科学社
Watson, J. B. (1913). Psychology as the behaviorist views it. *Psychological Review, 20,* 158-177.
Watson, J. B., & Rayner, R. (1920). Conditioned emotional reactions. *Journal of Experiental Psychology, 3,* 1-14.
Wolpe, J. (1958). *Psychotherapy by reciprocal inhibition.* Palo Alto, CA: Stanford University Press.
Wolpe, J. (1982). *The practice of behavior therapy* (3rd ed.). Oxford: Pergamon Press. (内山喜久雄 (監訳) (2005). 神経症の行動療法―新版 行動療法の実際― 黎明書房)
山上敏子 (2007). 方法としての行動療法 金剛出版
Yerkes, M. R., & Morgulis, S. (1909). The method of Pavlov in animal psychology. *Psychological Bulletin, 6,* 257-273.

第6章 認知行動療法

1. 認知行動療法とは

認知行動療法（Cognitive Behavior Therapy: CBT）は，一つの心理療法を指す概念ではなく，認知・行動を介入のターゲットとして扱うような心理療法の総称である。本章では，認知行動療法の歴史的変遷について概観したのち，主に「第二世代」，「第三（新）世代」と呼ばれる認知行動療法について解説していく。

2. 認知行動療法の歴史

認知行動療法は，歴史的経緯から大きく3つの流れに分かれるとされている。まず，1910年代から現れた行動主義を礎として1950年代に発展した，行動療法（Behavior Therapy）を中心とする「第一世代」と呼ばれる流れである。行動療法については，第5章で詳細な説明がなされているため，本章での説明は省略する。次に，1960年代後半から発展した，認知（考え方）に介入の焦点を当てた「第二世代」と呼ばれる流れが登場する。これは，後述する認知療法や論理情動行動療法を代表とする系譜であり，この第二世代の登場によって「認知行動療法」という用語が誕生した。第3の流れは，第二世代から発展した，「第三（新）世代」と呼ばれる系譜である。これは，認知の「機能」に注目した手法を取り入れた心理療法の系譜であり，マインドフルネスやアクセプタン

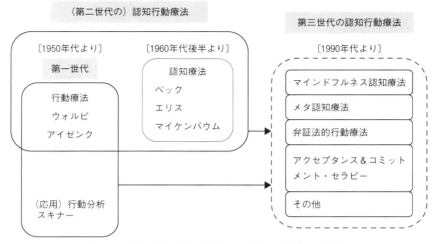

図 6-1　第三（新）世代までの流れ（毛利，2015を一部改変）

スといった概念に代表される。この第三（新）世代までの流れを図 6-1 に示す。

　本節では，ここまでのおおまかな説明にとどめ，次節にて第二世代，第三（新）世代（以下第三世代）の認知行動療法それぞれの理論について，その歴史的変遷も含めて解説していく。

3．認知行動療法の理論・技法

（1）第二世代の認知行動療法
1）第二世代の認知行動療法の理論的背景

　第一世代の行動療法的枠組みは，個人の思考や感情が大きく病気の症状と関係する大人のうつ病や不安障害などの問題には，適用しにくい面があった（熊野，2012）。そこで，認知過程を行動の原因とする認知モデルに基づき，情報処理過程に問題があると仮定したうえで介入する認知療法を中心とした介入法（熊野，2012）が台頭した。これが第一世代から第二世代への展開である。そして，第二世代の発展には，ベック（Beck, A. T.）の**認知療法**とエリス（Ellis, A.）の**論理情動行動療法**による貢献が大きい。そこで，まずはこの両者の心理

療法について取り上げる。

ベックの認知療法　ベックはアメリカの精神科医であり，もともと精神分析を学んでいた。しかし，自身の研究を重ねるなかで，精神分析への疑問が強まり，決別する（Weishaar, 1993）。そして，うつ病の患者には独特の考え方（認知）があることを発見し，1960年代にうつ病に対する認知療法（Cognitive Therapy）を開発した。ベックは，自己，世界，将来（認知の3要素）に関する偏った認知が，抑うつ状態といった否定的な結果を導くとした（下山，2014）。そして，そのような認知の中核にあるのが中核的信念である。中核的信念とは，自己，他者，世の中についての無条件の信念であり（Wills, 2009），幼少期の体験やその個人の気質によって形成されていく。そして**中核的信念**は，出来事を判断するより所となる認知的枠組みであるスキーマ（Schema）として機能するとされている（下山，2014）。こうした信念・スキーマの影響は，自動思考として現れる。**自動思考**とは，ある出来事があった際に，その場でふと自動的に浮かんでくる考えである。この自動思考が，その出来事に対する感

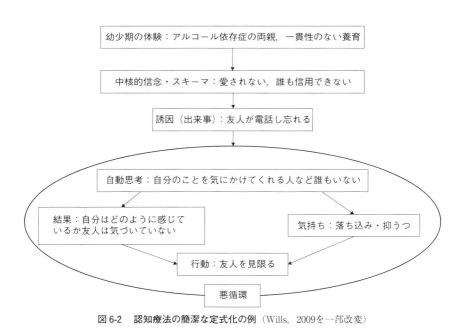

図6-2　認知療法の簡潔な定式化の例（Wills, 2009を一部改変）

情や行動に影響を及ぼすのである。図6-2に，この一連の流れを示す。

認知療法では，スキーマ・中核的信念を，症状や心理的な問題を誘発してクライエントを否定的な状態に陥らせやすくする脆弱性要因と考える。ライフイベントによって，こうした潜在する否定的パターンが誘発され，その結果，否定的な思考・情動・行動パターンの持続的な「悪循環」が始まる（Wills, 2009）。認知療法ではこうした悪循環を断ち切るために，認知の変容を促す認知的技法（非機能的思考記録表，ソクラテス式質問法など）や，行動にアプローチする行動的技法（行動活性化など）を用いて介入を行なう。

エリスの論理情動行動療法　エリスは，ベックとほぼ同時期に活躍したアメリカの心理学者である。彼もベックと同様に，当初は精神分析的な訓練を受けていた。しかし，精神分析の長期にわたる治療に疑問をもち，論理療法（Rational Therapy; のちに論理情動行動療法: Rational Emotive Behavior Therapy と改名）を考案した。

エリスは，感情と行動は出来事それ自体によって喚起されるのではなく，その出来事をどのように解釈するのか，つまり認知のあり方によって変化するとして，その認知に働きかける論理情動行動療法を提唱した（下山，2014）。論理情動行動療法では，出来事（Activating Event: A）が起こった際に，その出来事に対する信念（Belief: B）がその後の感情や行動（Consequence: C）に影響を与えるという **ABC理論** を用いる。そして，信念には理性的な信念（Rational Belief）と非理性的（不合理）な信念（Irrational Belief）の2つのパターンがあり，不適応的な現在のCを起こした本当の原因は，非理性的な間違った信念にあるとした（橋口，2004）。そしてセラピーでは，こうした非理性的な信念の問題を理論的に明らかにして粉砕し，理性的信念に置き換える（橋口，2004）。この手続きを論駁（Dispute: D）という。論駁が機能するとその後の感情・行動が改善する（Effect: E）。論理情動行動療法では，この論駁からの一連の流れを併せて，ABCDE理論と呼ぶこともある。

2）第二世代の認知行動療法の特徴

ここでは，上述の2つの心理療法を代表とした，第二世代の認知行動療法に共通するいくつかの特徴を取り上げていく。

エビデンスに基づく心理療法　認知行動療法では，認知的な要因を扱うと

いう他に，いくつか特徴がある。まず，認知行動療法が大きく発展してきた理由として，「エビデンスに基づく心理療法」に重きを置き，治療効果の実証研究を数多く行なってきた点が挙げられる。認知行動療法ではランダム化比較試験[1]を積極的に行ない，うつ病を始めとしたさまざまな疾患に対する治療効果のエビデンスを示してきた。認知行動療法はうつ病の他に，双極性障害，統合失調症，パニック障害，社交不安障害，強迫性障害，摂食障害など，さまざまな精神疾患に対して治療効果のエビデンスがあることが示されている。こうした治療効果の実証性が認められ，日本でも2010年に，認知療法・認知行動療法が心理療法で初めて，うつ病などの気分障害の治療において健康保険の適用が可能になった。

協同的経験主義　認知行動療法における治療者－クライエントとの関係性について指す言葉として，**協同的経験主義**がある。認知行動療法における治療者とクライエントは，一緒に問題を解決していく協同作業になることを意識してもらい，クライエントが単に受け身になるのではなく，一緒に自分の認知のゆがみを見つけていく作業をするものであるとされる（町沢，1992）。治療者はきわめて協同性の高いプロセスのなかでクライエントに関わり，目標と**アジェンダ**（取り扱う議題）の設定，フィードバックのやりとり，認知行動療法の手法を日常生活の行動に組み入れるなどの責務を共有する（Wright et al., 2006）。こうして横並びでクライエントと問題に対して取り組むことで，クライエントの主体性を引き出し，クライエント自身が自らの問題に対して対処できるように支援していくのである。

問題理解の原則　認知行動療法では，①認知は情動と行動に対して支配的影響力をもつ，②活動や行動の仕方が思考パターンや情動に強い影響を及ぼす可能性がある，という2つの中心的な教えに基盤を置いている（Wright et al., 2006）。そして，人の反応システムの構成要素として「認知・思考」「感情・情動」「行動・動作」「生理・身体」に注目し，それらの要素が内部で相互作用を

1）　ランダム化比較試験（Randomized Controlled Trial: RCT）とは，新しい治療法や薬の効果を調べるための実験法であり，対象者を治療や薬を施す群と施さない群（または比較すべき別の治療を行なう群）に，ランダムに割り当てる手法である。

起こして反応が決定されるとみなす(下山, 2014)。この個人の構成要素である「認知・思考」「感情・情動」「行動・動作」「生理・身体」のいずれかに対して認知的・行動的技法を用いてアプローチすることで,相互作用により他の要素も変容すると考える。また,これらの構成要素と外の環境との刺激-反応関係にアプローチすることも,治療の標的となりうる。

さらに,認知行動療法の特徴として,クライエントの現在の問題について焦点を当てて介入を行なうことが挙げられる。これは,過去の(とくに幼少期の)体験を重視するような心理療法と異なる点である。ただ,過去の体験をまったく扱わないというわけではなく,現在の問題は,過去の体験を通して学習されたものであるとみなし(下山, 2014),アプローチする。

特徴的な技法 認知行動療法は,問題点を整理することによって,クライエントの自己理解を促進するとともに,問題解決能力を向上させ,自己の問題をセルフコントロールしながら合理的に解決することのできる力を増大させることをねらいとして行なわれる,構造化された治療法である(坂野, 2000)。このねらいに基づき,認知行動療法にはいくつかの代表的な技法がある。表6-1に認知行動療法の代表的な技法一覧を示す。

表6-1のように,認知行動療法の技法は大きく行動的技法と認知的技法に分けられる。例えば,認知的技法の一つである**認知再構成法**は,クライエントの自動思考や信念に対して,その根拠を探したり反論をしてみることによって,

表6-1 さまざまな認知行動療法(鈴木・神村, 2005を一部改変)

行動的技法	認知的技法
系統的脱感作法	認知再構成法(認知再体制化)
曝露反応妨害法	自己教示訓練
不安管理訓練	思考中断法
主張訓練	帰属療法
社会的スキル訓練	モデリング療法
応用行動分析	セルフコントロール法
トークンエコノミー法	ストレス免疫訓練
ハビットリハーサル法	問題解決療法
シェイピング法	
セルフモニタリング法	
リラクセーション法	
エクスポージャー法	

新しい考え方を案出する方法である。その際に，**非機能的思考記録表**（ある出来事についての自動思考・感情・行動などを記録したうえで，反証となる考えを書き出して感情や行動の変化を検討する）といったツールを使うこともある。認知行動療法ではこれらの技法を，それぞれ問題や症状に応じて，単一もしくはいくつか技法を組み合わせて適用していく。

　また，これらの技法を用いる際に，ホームワーク（宿題）を活用することも認知行動療法の特徴の一つである。クライエントはセラピー中に学習した技法を，次のセラピーまでの間にホームワークとして日常生活のなかで実施したり，記録したりする。そしてそのホームワークの内容を次のセラピーで振り返ることで，これらの技法の効果をより高めていく。

　認知行動療法の構造　　認知行動療法では，治療を構造化することも特徴の一つである。ここでは，認知行動療法の治療全体の流れの構造と，セッション1回分の面接の構造について説明する。認知行動療法の治療全体の構造としては，大きく①導入の段階（目的の確認と認知行動療法導入のオリエンテーションなど），②見立ての段階（アセスメントとケース・フォーミュレーションなど），③介入の段階（介入計画の立案，実施，介入計画の見直しなど），④終結の段階（再発予防，フォローアップなど）に分けられるだろう。認知行動療法の開始から終結までの期間や回数は，クライエントの問題や症状の重症度によって異なる。一つの目安として，厚生労働省が公表している「うつ病に対する認知療法・認知行動療法のマニュアル」では，原則として16〜20回とされている（面接時間は30分以上）。このように心理療法としては比較的短期にセラピーが終結することも，認知行動療法の特徴である。

　次に，認知行動療法の1回分の面接の構造について説明する。一般的に，①ホームワークを含む前回の面接の振り返り，②その回のアジェンダ（取り扱う議題）の設定，③アジェンダについての話し合い，④次回までのホームワーク決め，⑤面接の振り返り・フィードバック，という流れで1回の面接を進める。また，緊急の議題があった場合は（自殺・自傷に関わる問題など），優先的にそのことについて話し合うことが求められる。

　こうした効果的な構造化は，治療をよく体系化された効率的で的確な状態に維持するため，学習効果が向上する（Wright et al., 2006）。

（2）第三世代の認知行動療法
1）第二世代から第三世代への流れ

　上述のような認知行動療法の第二世代の発展に伴い，さまざまな実証研究が報告された。しかし，治療経験が重なるにつれて，ベックが掲げるような情報処理モデルが大うつ病の再発のしやすさを予測しないこと（Segal et al., 2002）や，うつ病に対する認知行動療法のプログラムのうち，認知再構成法を用いなくても同等の治療効果が得られることが指摘されるようになった（e.g., Jacobson et al., 1996）。そこで，これらの混乱や限界に対する一つの有望な解決策として，第三世代の認知行動療法が発展してきた（熊野，2012）。これは，第一世代の学習理論がこれまで積極的に扱ってこなかった認知や言語の問題を新たな枠組みで取り上げるようになったことと，第二世代の情報処理理論側が直接的かつ臨床的に認知の内容を扱っていたこれまでの方法から，認知の機能に注目するようになった（認知の内容を変化させるということよりも，行動や感情に対する認知の影響力を変化させることを目指すという視点の転換）という，大きな変化があったととらえられる（熊野，2012）。

　この第三世代の認知行動療法の共通要素としては，上述したように認知の内容ではなく「機能」に注目していることと，**マインドフルネス**と**アクセプタンス**という治療要素を重視している点が挙げられる。第三世代は，マインドフルネス（気づき），アクセプタンス（不快な感情や思考を受け入れる），クライエントとセラピストの親密性（治療同盟など），「いま，この瞬間」に対する焦点化，人生における価値，スピリチュアリティ，という用語と結びつきが強い。また，仏教や禅といった東洋文化の影響を色濃く受けているものがあり，森田療法（第11章）との類似も指摘されている（武藤，2014）。

2）第三世代のさまざまな心理療法

　ここでは，第三世代の認知行動療法で代表的な心理療法をいくつか紹介する。第三世代の代表的な概念といえば，マインドフルネスである（詳細はコラム4を参照）。マインドフルネスを認知行動療法の文脈から考えると，第二世代で主として行なってきたような「不適応的な認知の内容を変容させる」という手法から，「不適切な認知の内容そのものではなく，認知との関わり方を変容させる（とらわれない心のモードを手に入れる）」といった視点の転換が行なわ

れたといえる。このような視点の転換から，第三世代に位置づけられるさまざまな心理療法が登場した。

第三世代の先駆け的な心理療法として，カバットージン（Kabat-Zinn, J.）が中心となって開発した**マインドフルネス・ストレス低減法**（Mindfulness-Based Stress Reduction: MBSR）が挙げられる。MBSR は，慢性疼痛をはじめ，乾癬，高血圧，食行動異常，パニック障害，うつなど，さまざまな症状に効果があることが示されている（熊野，2012）。この MBSR と認知療法の要素を組み合わせたものが，**マインドフルネス認知療法**（Mindfulness-Based Cognitive Therapy: MBCT）である。MBCT は，シーガル（Segal, Z. V.），ウィリアムズ（Williams, J. M. G.），ティーズデール（Teasdale, J. D.）が中心となって開発したものであり，MBSR の治療要素に加え，うつ病の再発に関する脆弱性要因の研究の知見が取り入れられた 8 週間の治療プログラムで構成されている。

その他の第三世代の代表的な心理療法としては，リネハン（Linehan, M.）が中心となって開発した**弁証法的行動療法**（Dialectical Behavior Therapy: DBT）が挙げられる。DBT は，治療が困難であるといわれてきた境界性パーソナリティ障害（Borderline Personality Disorder: BPD）に対して，現在最も治療効果をあげている心理療法である。DBT は BPD の他にも，薬物乱用，食行動異常，高齢者のうつ病，うつや不安に共通する感情調節不全等に対しても治療効果が報告されている（井合ら，2015）。

これらの他にも，**アクセプタンス＆コミットメントセラピー**（Acceptance and Commitment Therapy: ACT），**メタ認知療法**（Metacognitive Therapy: MCT），**行動活性化療法**（Behavioral Activation: BA）などが，第三世代の認知行動療法として扱われている。これらの心理療法は近年日本でも活発に実践が行なわれており，新しい世代の認知行動療法としてますます発展していくだろう。

4．認知行動療法の効用と限界

認知行動療法は，第二・三世代併せてうつ病，双極性障害，不安障害，強迫性障害，摂食障害，統合失調症，パーソナリティ障害，薬物依存など，さまざ

まな精神疾患に対して治療効果のエビデンスが示されている。また近年では，生活習慣病など，身体疾患に対する効果も認められている。認知行動療法の限界点に言及している文献はあまり多くないが，急性期の患者に対する適用は慎重に判断するべきだろう。また，認知的な手法などは，クライエントにある程度の知的水準が求められると考えられる。

5．認知行動療法の学びを深めるには

本章では，認知行動療法の第二・三世代を取り上げ解説した。認知行動療法は心理療法のなかでは比較的新しい分野であるが，急速に発展を遂げている分野でもある。学びを深めるためには，それぞれの世代の流れに沿って理論的・実践的に学ぶとともに，積極的に最新の研究の知見を学ぶ必要があるだろう。そのためには，学会・ワークショップ等に主体的に足を運び，最新の動向をとらえる態度が求められる。

また，認知行動療法の理論や技法に偏った学びではなく，共感性・人間的な温かさといったカウンセラーとしての基本的な面接態度を身につけることが，協同的経験主義を実現するための重要な要素となるだろう。

● **推薦書籍**

◆坂野雄二（監修）鈴木伸一・神村栄一（2005）．実践家のための認知行動療法テクニックガイド　北大路書房
　認知行動療法の基礎的な理論と実践方法について，「行動」「気分・感情」「認知」の問題別に解説しており，初学者に分かりやすい内容である。

◆熊野宏昭（2012）．新世代の認知行動療法　日本評論社
　第三世代の認知行動療法に分類される各療法について，理論背景，研究の知見，実践方法などが簡潔に分かりやすく解説されている。

引用文献

橋口英俊（2004）．理性感情行動療法（REBT）　氏原　寛・亀口憲治・成田善弘・東山紘久・山中康裕（編）　心理臨床大事典 改訂版（pp.372-374）　培風館
井合真海子・松野航大・山崎さおり・遊佐安一郎（2015）．感情調節困難のための弁証法的行動療法の日本での応用　精神科治療学, 30, 117-122.

Jacobson, N. S., Khatri, N., Truax, P. A., Addis M. E., Koerner, K., Gollan, J. K., ...Prince, S. E.（1996）. A component analysis of cognitive-behavioral treatment for depression. *Journal of Counseling and Clinical Psychology, 64*, 295-304.
Kabat-Zinn, J.（1994）. *Wherever you go, there you are: Mindfulness meditation in everyday life*. New York: Hyoerion.
厚生労働省こころの健康科学研究事業（2009）．うつ病の認知療法・認知行動療法治療者用マニュアル　Retrieved from http://www.mhlw.go.jp/stf/seisakunitsuite/bunya/hukushi_kaigo/shougaishahukushi/kokoro/index.html
熊野宏昭（2012）．新世代の認知行動療法　日本評論社
Linehan, M. M.（1993）. *Cognitive-behavioural treatment of borderline personality disorder*. New York: Guilford Press.
町沢静夫（2004）．認知療法，認知行動療法　氏原　寛・亀口憲治・成田善弘・東山紘久・山中康裕（編）　心理臨床大事典（pp.374-378）　培風館
毛利伊吹（2015）．認知理論パラダイム／認知療法　丹野義彦・石垣琢麿・毛利伊吹・佐々木　淳・杉山明子　臨床心理学（pp.255-284）　有斐閣
武藤　崇（2014）．第3世代の認知行動療法―ACTを中心に―　下山晴彦・神村栄一（編）　認知行動療法（pp.197-210）　一般財団法人放送大学教育振興会
坂野雄二（2000）．認知行動療法　坂野雄二（編）　臨床心理学キーワード（pp.70-71）　有斐閣
坂野雄二（監修）　鈴木伸一・神村栄一（2005）．実践家のための認知行動療法テクニックガイド　北大路書房
Segal, Z. V., Williams, J. M. G., & Teasdale, J. D.（2002）. *Mindfulnaess-based cognitive tehrapy for depression*. New York: Guilford Press.（越川房子（監訳）（2007）．マインドフルネス認知療法―うつを予防する新しいアプローチ―　北大路書房）
下山晴彦（2014）．認知行動療法とは何か―特徴と，その成り立ち―　下山晴彦・神村栄一（編）　認知行動療法（pp.11-24）　一般財団法人放送大学教育振興会
Weishaar, M.（1993）. *Aaron T. Beck*. London: Sage Publications.（大野　裕（監訳）（2009）．アーロン・T・ベック　創元社）
Wills, F.（2009）. *Beck's cognitive therapy: Distinctive features*.（W. Dryden, Series Ed.）　London & New York: Taylor & Francis Group.（大野　裕（監訳）（2016）．認知行動療法の新しい潮流3　ベックの認知療法　明石書店）
Wright, J. H., Basco, M. R., & Thase, M. E.（2006）. *Learning cognitive-behavior therapy-An illustrated guide*. Washington D.C. & London: American Psychiatric Publishing.（大野　裕（訳）（2007）．認知行動療法トレーニングブック　医学書院）

コラム4　マインドフルネス

マインドフルネス（Mindfulness）とは「今，ここでの自身の経験を評価や判断を加えることなく注意を向け，あるがままに知覚する」という態度のことである（Kabat-Zinn, 1994）。つまり，今，この瞬間に生じている身体感覚・思考・感情などの自身の体験に，客観的に気づいているこころの状態を意味するものである。

マインドフルネスはブッダの提唱した瞑想法に由来しており，カバットージン（Kabat-Zinn, 1994）が慢性疼痛患者を対象とした治療法として，「マインドフルネス・ストレス低減法」を開発したことに端を発する。その後マインドフルネスは，マインドフルネス認知療法，弁証法的行動療法，アクセプタンス＆コミットメントセラピーなどの第三世代の認知行動療法に取り入れられ，うつ病や不安症などのさまざまな精神疾患に対して効果を上げている。

マインドフルネスのトレーニングには，レーズン・エクササイズやボディ・スキャンなど多種多様な技法が提案されているが，最も基礎的なエクササイズとして知られているのが呼吸法である。呼吸法は，背筋がすっと伸び，余計な力が入っていない，集中しやすい姿勢で行なう。姿勢が定まったら，腹部や胸部などの呼吸を感じることのできる身体感覚に注意を向ける。その際，呼吸はコントロールせずに，あるがままに，今，この瞬間の呼吸に伴う身体感覚に気づきを向け続ける。エクササイズを続けていると，思考や感情，他の身体感覚などに注意がそれることがあるが，そのような場合には，何に注意がそれたのかを確認して，もう一度呼吸に意識を戻すようにする。次に，注意のフォーカスを広げて，身体全体で呼吸をするような感覚で，身体全体のさまざまな身体感覚に同時に気づきを向ける。思考や感情が生じた場合も，今，この瞬間の体験として，それらを同時に観察し続ける。最後に，まぶたの裏に注意を向けて，そっと目を開けて，エクササイズを終了する。

現在，マインドフルネスは医療・産業・教育などあらゆる分野に広がりをみせている。これはマインドフルネスが精神疾患の治療だけでなく，集中力や創造性などの仕事のパフォーマンスの向上にも効果があることが示されてきたためである。今後は世界中のあらゆる場所で，マインドフルネスが活用されていくだろう。

● 推薦書籍

Kabat-Zinn, J. (2002). *Guided mindfulness meditation: A complete mindfulness meditation program*. Sound True.（春木　豊・菅村玄二（編訳）(2013)．４枚組のＣＤで実践するマインドフルネス瞑想ガイド　北大路書房）

● 引用文献

Kabat-Zinn, J. (1994). *Wherever you go, there you are: Mindfulness meditation in every-day life*. New York: Hyperion.

第7章 催眠療法・自律訓練法

1. 催眠療法とは

　痛い思いをして泣いている子どもに「痛いの痛いの飛んで行け〜」と言うと子どもが泣き止んでしまったり，スポーツの試合中に怪我をしているのに，集中しているあまり痛みに気づかず，試合が終わった後に痛みを感じたりすることがある。前者は**暗示**であり，後者の痛みに気づかない状態は通常の意識状態とは異なる**注意集中**（Concentration）状態である。催眠者は催眠を受ける被催眠者に対して，暗示を行なうが，その暗示そのものの効果を利用したり，暗示によって引き起こされる注意集中状態を利用したりして治療を行なうのが**催眠療法**である。また催眠暗示への反応のしやすさを**被催眠性**（Hypnotizability）と呼ぶが，これには個人差がある。言語能力が発達し，注意集中する能力も高い小学校高学年くらいが最も高く，加齢とともに被催眠性は低くなっていく。なお，催眠か否かにかかわらず，暗示への反応のしやすさを**被暗示性**（Suggestibility）と呼び，被催眠性とは区別される。

2. 催眠療法の歴史

　催眠は，最も古い心理療法であるとされる。18世紀後半に南ドイツでガスナー神父がエクソシズム（祓魔術）による治療を行なっていた時代に内科系医師メスメル（Mesmer, F. A.: 1737-1815）が現れ，動物磁気説を唱えた。彼は

自分の身体のなかに蓄積する磁気流体が患者のなかに磁気流を生じさせることによって治癒が起こると考えていた。パリでは磁気桶と呼ばれる大きな桶の周りに患者たちが集まり，そこにメスメルが磁気を流し込む，すると患者たちはクリーゼと呼ばれる症状の発作を起こし，病気が治っていった。しかし，当時の一流の科学者たちが検証を行なうと，磁気流体なるものは発見されなかった。メスメルが触れているかいないかにかかわらず，患者が「メスメルが触れた」と信じさえしていれば同じように治癒が起こったのである。メスメルの動物磁気説は似非科学であったが，科学的概念を用いたという意味で，心理療法史上，宗教による治療から科学的治療への移行を象徴する出来事である。なお，検証を行なった科学者たちは，磁気術の効果は「想像（思い込み）」によるものとしたが，これは現代風に言えば「プラセボ効果」である。

　磁気術は，イギリスの医師ブレイド（Braid, J.）によって1842年に，ギリシャ神話における眠りの神様ヒュプノスに由来する「催眠術（Hypnotism）」の名を与えられ，脳生理学と結びつけて考えられるようになった。フランスではサルペトリエール病院の大神経学者シャルコー（Charcot, J. M.: 1825-1893）が，医師や作家などからなる聴衆の面前で，ヒステリー患者の症状を引き起こしたり，なくしたりするという実演をしていた。その聴衆の一人が精神分析の創始者フロイト（Freud, S.）であった。シャルコーは「眠り－身体硬直－夢遊病」の三段階すべてを示すものを催眠と呼んでおり，催眠をヒステリー患者が示す病的な現象であると考えていた。一方，フランスの内科系医師ベルネーム（Bernheim, H.）は，催眠とは病的な現象ではなく，「暗示」の結果によるものだとして，とくに内科的な病気の治療に用いていた。さらにベルネームらの考えを応用し，薬剤師のクーエ（Coué, E.）は「毎日，あらゆる点で（私は）だんだんよくなっていく」という暗示を自分で繰り返す自己暗示法を開発した。

　この他，シャルコーと同じサルペトリエール病院には，催眠を用いて患者の治療に当たっていたジャネ（Janet, P.）がおり，催眠を用いて患者の下意識に接近したり，多重人格者の治療を行なったりしていた。

　その後，催眠からは，精神分析（第2部第2章），自律訓練法，エリクソニアン・アプローチなどがつくられていった。

3．催眠療法の理論・技法

（1）催眠誘導の手順
　実際に催眠を行なう際の手順は下記の通りである。ここでは便宜上，4つの段階に分けたが，実際には，とくに「誘導」と「深化」など，このような形できれいに分けることができないことが多い。

1）催眠についての話し合い
　催眠については，実際に体験したことがなくても，何らかのイメージをもっているであろう。その中には，否定的なものもあり（例えば「操り人形のように言われるがままになってしまう」「秘密にしていたことを何でも話してしまう」など），催眠に対する誤解を解きつつ，動機づけを高める。

2）誘　　導
　非常に多くの誘導法があるがここでは3つほど紹介する。

　凝視法　　壁の一点などを決めて，「それをじっと見つめていると瞼が重たくなって，自然と目が閉じる」と暗示する。

　腕の下降　　肩の高さまで腕を上げた状態で，「そうしているとだんだん腕が重たくなって自然と下がってくる」と暗示する。

　腕の浮揚　　腿の上に手をのせた状態で，「手や腕が軽くなって，手や腕が自然と上がっていく」と暗示する。

　一般には，重くなって下がっていくほうが自然に起こるので容易である。上がっていくほうは，自然には起こりにくいゆえに，これに反応した場合には，被催眠者は「暗示に反応した」と強く感じ，被催眠性が高まる。

3）深　　化
　催眠暗示に対して反応してきたところで，催眠を深めていく。3つほど例を挙げる。

　数唱法　　数を数えていくもの。例えば，「1から10まで数を数えていくとますます深く催眠に入っていく」と暗示して，数を数えていく。

　呼吸法　　一般に，息を吐くときにリラックスが深まりやすいので，「ひとつ息を吐くごとにますます深く催眠に入っていく」と暗示する。

弛緩法 首，肩，腕，脚など順に身体の部位を伝えながら，力を抜いていってもらう。その際「力が抜けるごとに，ますます深く催眠に入っていく」と暗示する。

4）覚　　醒

元に戻す作業である。数唱法を用いたときなどは逆に「10から1まで数を数えていくと，だんだん力が戻ってきて，すっきりと心地よく目を覚ますことができる」と伝えて数を数えていく。身体を動かしてもらい，気持ちよく目を覚ましてもらうことが重要である。

（2）暗示のスタイル

暗示の与え方にもいくつかのタイプがあるがここでは伝統的スタイルと許容的スタイルの2つを紹介する。

1）伝統的スタイル

『手の下降』を例にとって説明する。日常生活なら，相手に手を下げてもらう場合，われわれは「手を下げてください」と言うであろう。この場合，意図的に手を下げることになる。これに対して，催眠では「手が下がります」と無意志的にものごとが生じるような言葉遣いをする。一般的な順序としては，(a) これから起きることを暗示し，(b) 暗示したことが起きてきたら，反応が起き始めたこと，起きていることやその反応を増幅する暗示をし，(c) 起きたことを確認する。例えば，「手が下がりますよ」（下がってきたら）「下がってきましたね。もっと下がりますよ」（完全に下がったら）「すっかり下がってしまいました」などと起きてきた反応を観察しながら暗示をしていく。

2）許容的スタイル

伝統的スタイルは権威主義的ともいわれ，何が起きるかがはっきり伝えられる。これに対して起きてくることをすべて許容していくというスタイルがエリクソンの影響もあり，発展してきた。この場合，同じく『手の下降』を例にとると「手が下がってくるかもしれません」（手が下がらない）「下がっても下がらなくてもいいんですよ」（少しずつ下がってくる）「そうです。いいんですよ，ご自分のペースで」などとさまざまな可能性に対処しながら暗示をしていく。被催眠者が自発的に起こしてきた反応を許容することもある。『手の下降』

の暗示をしているときに，瞼が下がってきている様子が観察されたら，「瞼も下がってきました」などと暗示する。

（3）治療的介入

「（1） 催眠の手順 3）深化」に続いて治療的介入が行なわれる。しかし次に見る自律訓練法のように催眠に誘導するだけでも治療的効果が認められる。さらに，催眠誘導や深化の暗示のなかにも治療的効果のある暗示が散りばめられている。例えば，深化の暗示のなかには，「リラックスする」暗示が含まれることが多い。また「腕の浮揚」では「軽さ」から「気持ちの軽さ」を体験することもあるし，「上がる」もよい意味をもつことが多く（例えば，「成績が上がる」「腕が上がる」など），そこに暗示的効果がある。ここでは深化の次に行なわれる治療的介入法として2つだけ挙げるが，この他にも，精神分析（第2部第2章）や認知行動療法（第6章）と組み合わせて行なわれることも多い。催眠ではイメージが活性化されるため，イメージも用いることが多い。

（4）症状除去法

催眠状態では，通常の意識状態よりも被暗示性が高まっており，催眠者の暗示を受け入れやすい。この状態を利用し，症状除去を行なうが，ただ取り除く暗示をするよりも，肯定的な暗示を与えたり，肯定的な体験をしてもらったりする方がよい。例えば，食べ過ぎて肥満状態にあるクライエントに対して「お茶碗一杯で満足し，その後も気持ちよく過ごせる」などである。

（5）自我強化法

ハートランド（Hartland, J.）が，クーエの自己暗示法を他者暗示的でより洗練された形にしたもの。「あなたは自分の身体がもっと元気になって，エネルギーに満ちあふれていくのを感じます。……毎日，落ち着いて，自信をもって，自分の考えで行動することができます」というような内容のことを暗示していく（Hartland, 1965）。もともと症状除去暗示の前に行なわれていたが，これだけでも効果があることが分かった。

（6）自律訓練法

　ドイツの神経精神科医シュルツ（Schultz, J. H.）によって作られた**自己暗示**による弛緩法である。彼がこの方法を開発する前に，神経科医フォークト（Vogt, O.）が特別な治療的暗示を用いなくても，繰り返し何回も催眠状態に誘導することで被催眠者の病気が治ったり，健康状態がよくなったりすることを発見していた。また現代のように薬のない時代にあって，不穏な状態にある患者をぬるま湯に入れ，頭を冷やすことによって気持ちを落ち着かせるという方法が用いられていた。これらを参考にしつつ，シュルツは催眠状態の被催眠者が「安静感（落ち着いている感じ）」「腕や脚の重たい感じや温かい感じ」を報告してくることから，これを自己暗示として用いる**自律訓練法**（Das Autogene Training）を1932年に開発した。"Autogen"とは「自ずから生じる」という意味で，自律訓練法では自然に生じてきたことに任せる態度が重要である。また「注意集中的弛緩法」ともいわれ，ここでも「注意集中」が重要な役割を担っている。なお，シュルツの弟子のルーテ（Luthe, W.）が自律訓練法を自律療法として再体系化し，英語圏で広めたが，わが国で自律訓練法として紹介されているものの多くは，この自律療法である。以下では基本となるやり方のみを紹介するが，応用的なものとして，症状に合わせて自己暗示をする方法，無意識を探求する方法，トラウマ体験を言語化するカタルシス的・除反応的方法もある。

（1）時間：1回につき1〜3分くらい。これを1日に3回ほど行なう。
（2）姿勢：①背もたれのない椅子に座った姿勢，②仰向けに横になった姿勢，③安楽椅子に座った姿勢，のなかのいずれかの姿勢をとる。シュルツは①の姿勢を「辻馬車の御者姿勢」と呼んだが，馬を統御する「御者」は欲望や衝動のコントロールの象徴である（図7-1）。ヨガでいうポーズのようなもの。
（3）身体の余分な力を抜き，楽な姿勢にして目を閉じる。完全に力が抜ききる必要はなく，姿勢を維持するための若干の緊張は残っていてよい。この状態で以下の言語公式（決まり文句）を自己暗示的に心の中で唱える。
（4）言語公式：2つ以上あるものは自分の感覚に合うものを選ぶ。
　　① 背景公式　「気持ちが落ち着いている」「気持ちがゆったりしている」「私は落ち着いている」
　　② 第一公式　「両腕（て）両脚が重たい」「両腕（て）両脚の力が抜けている」

利き手→非利き手→両脚の順に行なってもよい。その場合は「右腕が重たい」「左腕が重たい」「両脚が重たい」という公式となる。
③ 第二公式「両腕（て）両脚が温かい」「両腕（て）両脚がぽかぽかしている」
これも，利き手→非利き手→両脚の順に行なってもよい。
④ 第三公式「心臓が規則正しく打っている」「心臓が自然に打っている」「心臓がゆったり打っている」「心臓が強く打っている」
⑤ 第四公式「楽に呼吸（いき）をしている」「自然に呼吸（いき）をしている」「呼吸がゆったりしている」

図7-1　辻馬車の御者姿勢

「ゆったり」を用いる場合には，背景公式と第三・第四公式で共通の言い回しとなる。
⑥ 第五公式「お腹が温かい」「太陽神経叢が温かい」
太陽神経叢は神経の束で，胃の裏側あたりにある。腹腔神経叢といわれることが多いが，「太陽神経叢」は太陽の温かいイメージが活用できる。
⑦ 第六公式「額が心地よく涼しい」

＊　　＊　　＊

(1) 公式の唱え方：対象となる身体の部位や活動に注意を向けながら，公式を唱え，自然に起きてくる感覚に注意を向けていく。第一公式から始めて，公式に述べられている反応が生じるようになったら，次の公式を加えていく。最終的には第六公式まで行なう。また背景公式は適宜，間に挟む。具体的には「両腕両脚が重たい（3回ゆっくり繰り返す）……気持ちがゆったりしている……両腕両脚が温かい（3回ゆっくり繰り返す）……気持ちがゆったりしている」のように行なう。シュルツは西洋人にとって最も分かりやすい感覚である重感を最初の練習にもってきた。どの感覚が分かりやすいかは人それぞれであり，分かりにくい練習を無理に続けるよりは，分かりやすく心地よく感じられるものから順に行なってもよい。
(2) 覚醒：肘の曲げ伸ばしや上に伸びをするなど十分に身体を動かしてから目を開ける。
(3) すべての公式を習得するのに数週間から半年ほどかかる。

（7）エリクソニアン・アプローチ

　精神分析の創始者フロイトが催眠を放棄した理由の一つは，催眠に誘導できない患者がいたことにあった。アメリカの精神科医ミルトン・H・エリクソン（Erickson, M. H.）は，催眠誘導がしにくい患者をいかに催眠誘導するかという工夫のなかから独自の誘導方法を考え出していった。そのやり方は，患者自身がすでにもっている態度，思考，感情，行動や現実にある状況を受け入れ，それらを「利用」するというものであった。ここから，彼自身は，自らの方法を**自然アプローチ**（Naturalistic Approach）と呼び，**利用**（Utilization）するという方略を重視するようになった。例えば，腕の下降暗示を行なった際，手が下がらないときには無理に下げさせようとはしない。手を下げたくない何らかの動機がそこにはあり，宙に浮いている腕を見て「腕が下がらない」「腕が固まってしまって動かない」などと被催眠者の反応を起こった出来事としてそのままに受け入れ，むしろ利用しながら暗示を進めていく。また催眠に誘導しようとしても歩き回る患者には歩き回ってもらう，クスクス笑う患者には笑ってもらう，というように型にはまらない誘導方法を用いた。相手の力を利用する「柔術」のようなものを想像すると分かりやすいであろう。クライエント一人ひとりに合わせた誘導法，治療法を行なうところから，一般に考えられるような体系的な理論というものはないが，彼の残した症例報告からその実践について学ぶことができる。彼の催眠誘導法は，催眠に限らず，日常的に患者やクライエントのもっている態度，思考，感情，行動にも応用できる。例えば彼は，自分はイエス・キリストだという妄想をもっている患者に大工仕事を依頼した（キリストの父は大工で，キリストも大工だったともいわれ，その患者がそれを信じていたため）。彼のアプローチからは，必ずしも催眠を用いないブリーフセラピーなどが派生して出てきている。

4．催眠療法・自律訓練法の効用と限界

　催眠療法や自律訓練法は，主に心身症や神経症，さらに解離性障害，疼痛を対象に発展してきた。統合失調症，重いうつ病など幻覚や妄想の症状や自殺の危険がある場合，心臓の疾患等で急変すると命に関わるような身体疾患がある

場合には，用いないほうがよい。精神的・身体的疾患を抱えている場合は，医師や専門の指導者の指示や指導を受けることが必要である。また，催眠には，「**年齢退行法**」という幼児期の出来事など，過去の記憶を想起させる方法がある。トラウマの記憶が想起されることもあるが，実際には起きていなかったことも過去の記憶として想起されることがあり，注意が必要である。

5．催眠療法・自律訓練法の学びを深めるためには

催眠療法も自律訓練法も学ぶにあたっては，自分自身で体験することが重要である。自律訓練法の場合にはひとりでも練習することができるが，催眠の場合にはまじめに催眠療法を学ぶ同志をみつけ，お互いに催眠者・被催眠者の立場を体験するようにする。その際，相手がどのような体験をしていたかを聞くことが重要である。誘導者が想定していたのと被催眠者が異なる体験をしていることが多く，聞いた内容をもとに，暗示を工夫することで自然と相手に合わせた暗示ができるようになる。マッサージの際に，相手の感じ方を聞きながらもみ方を調整するのと同じように考えればよいであろう。

推薦書籍

◆ Rosen, S.（1982）. *My voice will go with you: The teaching tales of Milton H. Erickson*. New York: Norton. （中野善行・青木省三（監訳）（1996）. 私の声はあなたとともに：ミルトン・エリクソンのいやしのストーリー　二瓶社）
　ミルトン・エリクソンの多くの症例が分かりやすく紹介されている。
◆ 佐々木雄二（1976）. 自律訓練法の実際　創元社
　自律訓練法研究の第一人者が一般の人向けに自律訓練法を紹介している。
◆ 高石　昇・大谷　彰（2012）. 現代催眠論　金剛出版
　催眠療法の理論や技法について幅広く網羅している。

引用文献

Hartland, J.（1965）. The value of ego-strengthening procedure prior to direct symptom removal under hypnosis. *American Journal of Clinical Hypnosis, 8,* 89-93.

第8章 トラウマの心理療法

1. トラウマの心理療法とは

　トラウマ（心的外傷）とは，外的・内的要因による肉体的，精神的な衝撃を受けたことによって長い間それにとらわれてしまう状態で，否定的な影響をもっていることを指す。多くの場合は，トラウマを体験しても日常生活に支障のない程度に回復の過程をたどる。しかし，この回復の過程が円滑に進まずに日常生活に支障をきたすことがある。回復過程の障害には，さまざまなストレス反応やうつ病や不安症，睡眠障害などの精神疾患が生じることが挙げられる。加えて，トラウマ体験後に特有な精神疾患に**心的外傷後ストレス障害**（Post-traumatic Stress Disorder: PTSD）がある。

　トラウマの心理療法では，PTSDを含む精神疾患やストレス反応を軽減させ，トラウマから円滑に回復するよう援助することが目的となる（図8-1）。これらの精神疾患やストレス反応は合併しやすく，クライエントによって前面に現れる症状も異なるが，災害大国である日本においてはPTSDの心理療法についての知識は役立つことも多いだろう。

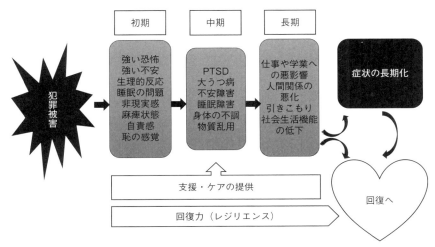

図 8-1　トラウマ体験後の時間経過による心理的反応（野口，2016）

2．トラウマの心理療法の歴史

　トラウマは，古くはシャルコー（Charcot, J. M.），ジャネ（Janet, P.），フロイト（Freud, S.）らによって明らかにされた現象である。その後，戦争神経症やレイプ被害者に関する知見が蓄積されPTSDという疾患概念として確立し，1980年の『精神疾患の分類と診断の手引』第3版（DSM-Ⅲ）に記された。したがって，PTSDの治療としてエビデンスが確立するのはこれ以降になる。
　DSM-5によるPTSDの診断基準の概要を示す。PTSDは，大けがを負ったり命に関わるような出来事や性暴力を受けるといった心的外傷的出来事に曝露すること[1]によって，以下の症状が1か月以上持続し，社会的，職業的などの機能の障害を引き起こしている状態をいう。

1）　ここでいう曝露とは，直接体験すること，他人に起こった出来事を目撃すること，近親者や親しい友人に起こった出来事を耳にすること，そして，これらの出来事の強い不快感を抱く細部に，繰り返しまたは極端にさらされる体験（例えば遺体を収集する緊急対応要員，児童虐待の詳細な様子や内容に繰り返し曝露される仕事など）を指す。

①侵入症状：心的外傷的出来事を何度も思い出したり，自分で意図せず記憶が想起されたり，悪夢やフラッシュバックなどの症状。
②回避症状：心的外傷的出来事についての苦痛な記憶を思い出さないようにしたり，考えないようにしたり，感情が湧いてくることを避け，これらと結びつく人や場所なども回避するなどの症状。
③認知と気分の陰性の変化：心的外傷的出来事の重要な場面が思い出せないことや，「私が悪い」「誰も信用できない」「世界は徹底的に危険だ」など自分自身や他人，世界に対して過剰に否定的な信念をもつなどの症状。
④過覚醒：過度の警戒心や過剰な驚愕反応，集中困難や睡眠障害などの症状。

PTSDは行動主義的な見地から見ると不安や恐怖を引き起こす刺激に対して生理学的に条件づけられたレスポンデント（古典的）条件づけと，クライエントが自発的に行なう回避行動などのオペラント（道具的）条件づけの結果生じた問題行動と考えることができる（第5章参照）。したがってPTSDの治療には，クライエントの条件づけを解除するために認知レベルで働きかけ，さらにはトラウマに関する認知や行動，生理学的指標を改善させるために認知行動療法（第6章参照）が頻繁に用いられるようになった。

3．トラウマの心理療法の理論・技法

現在，PTSDに対してエビデンスのある心理療法（National Institute for Clinical Excellence, 2005; Foa et al., 2009）は，クライエントが現実に直面し自己調整することができるように援助するという点で共通している。介入の基本的条件としては，安全で効果のあることが重要である。この章で取り上げる心理療法は情報処理理論を土台に構築されており類似点が多いが，強調点の違いや応用される臨床モデルが異なっているため，各々の心理療法の特徴について概説する。

（1）持続エクスポージャー（PE）療法

持続エクスポージャー（Prolonged Exposure; PE）**療法**は，フォア（Foa, E.

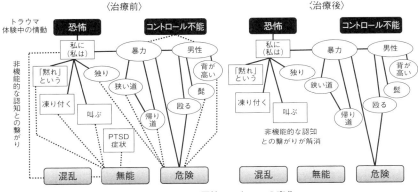

図 8-2　PTSD の記憶のスキーマの変化

実線は，客観的な事実であり，「暴力」と「殴る」は現実的にも危険であると判断される。
点線は，危険であると誤解したり，過剰に関連づけていることを示す。

B.) らによって開発された認知行動療法である（Foa et al., 2009）。PE 療法は情報処理理論をもとに構築された**情動処理理論**が理論的な裏付けとなっている。外傷的な体験は人の記憶に恐怖のネットワーク（恐怖刺激，恐怖反応，刺激に関連した意味，さらにこれらへの反応）を形成する。こうした恐怖構造の特徴として，まず危険であると誤解されている刺激が非常に多く存在すること，次にそうした刺激が生理学的な覚醒の亢進と行動的な回避行動と結びついていることである（図8-2）。したがって，トラウマに関連する出来事などに反応するたびに強い恐怖が喚起される。こうした恐怖を持続的に緩和または回避するための行動をとり続けるために PTSD が慢性化する。したがって，PTSD 症状から回復するためには，本人が回避している恐怖や不安の引き金となる思い出や事柄に対して安全な環境において曝露することで，恐怖や不安ネットワークが解消し，認知の再構成を行なうことが求められる。また，PE 療法は日本でも臨床試験が実施され，その有効性が示されている（齋藤ら，2016）。

　セラピーの基本的な構造は週1〜2回90分〜120分のセッションが合計10回〜15回行なわれる。内容は，PTSD に関する**心理教育**，**想像エクスポージャー**（Imaginal Exposure），**現実エクスポージャー**（in vivo Exposure），**非機能的認知の修正**などの技法で構成される。

心理教育では，プログラムの概観を示した後，トラウマ体験に対して通常，人がどのような反応を示すのかを説明する。多くのクライエントにとって，トラウマ体験に対する自分の反応や行動を理解できることは大きな助けになる。さらにそれが治療できるものであるという希望をもたせることにも繋がる。ここでは，恐怖と不安，再体験，覚醒亢進，回避，怒りと苛立ち，自責感や羞恥心，悲しみや落ち込み，自己や世界観の変化，性的関係への影響，アルコールや薬物の乱用などについて話し合う。

　想像エクスポージャーは，PTSD の原因となったトラウマ体験場面をセッションのなかで想起させながら，そのときの感覚や感情を賦活する。繰り返しトラウマ体験を語ることで馴化を促す技法である。想像エクスポージャーに費やす時間は，おおむね45分程度である。その間，苦痛の主観的評価点数（Subjective Units of Discomfort Score: SUDS）（0～100の数値で表す自覚的苦痛や不安の程度）を確認する。また想像エクスポージャー中の患者の陳述内容を録音し，ホームワークとして毎日自宅で聴かせる。

　現実エクスポージャーでは，患者が回避の対象としている事物や状況に徐々に近づく（段階的曝露）ことを促し馴化を図る技法である。まず，不安を喚起したり回避の原因となる状況のリストを作成し，各項目のSUDSをチェックする。その際，客観的危険性は乏しいにもかかわらず，不安の対象となる状況を選択する。次に，SUDS が40～50（中程度の不安）の課題から開始し，30～45分，あるいは不安が十分に低下するまで，その場面に居続けるように指導する。SUDS が50％下がるのを目標としてその課題状況に曝露する。そして，課題実施前後の変化を評価シートに記入する。段階的に曝露すると，刺激強度は漸増する。とくに初回の現実エクスポージャーでは成功体験に結びつくような課題を設定することが重要である。

　トラウマ体験は自己や世界に関する物の見方に影響を及ぼし，非機能的な認知や感情をもたらす。例えば，もはや世界中どこも安全とは思えず危険を過剰に受け止めたり，他人が信じられなくなったり，自分は無能であるとか自己を否定的に見て自信を失い希望がもてなくなる，などである。このような認知・感情の変化はPTSD症状の遷延に繋がる。非機能的認知や感情の修正を図るために，まずトラウマ体験を通じて変化した自己と世界に関する物の見方を見

つける。次にそのような物の見方がどこまで現実的でどこまで非現実的かといった妥当性について吟味する。そして，よりバランスのとれた有益な物の見方への置き換えを促す。

PE療法の禁忌は，精神病（統合失調症や安定しない双極性障害など），重度の解離性障害が併存している場合である。しかし，臨床的な適応基準は治療の発展とあわせて流動的である。PTSDは併存疾患の多い精神障害であり抑うつ状態の併存などはよく見られる。また，PE療法を施行する前に，クライエントが安全な環境にいることを確認する必要がある。とくに自殺の危険性が高い場合や，加害者からの暴力や脅しが続いている場合には，クライエントの安全の確保を最優先し，危険から逃れてから施行するのが望ましい。

（2）認知処理療法（CPT）

認知処理療法（Cognitive Processing Therapy: CPT）は，リーシック（Resick, P. A.）らによって開発されたPTSD治療のための認知療法である（Resick & Schnicke, 1992）。CPTは情報処理理論を土台に構築された**社会認知理論**が背景にある。CPTは恐怖のネットワークに焦点をあてるのではなく，認知の内容，解釈の仕方とその考え方が生み出す感情に着目している。つまり，社会通念に代表されるような社会的に学習した認知と外傷的な体験による情報との間に不一致が生じた場合に，人は以下の3つのどれかの情報処理を行なって認知的な折り合いをつけようと試みる。

①同化：入ってきた情報を既存の認知の枠組み（スキーマ）に合わせて変容することを指す。
②適応：入ってきた情報に照らし合わせて既存のスキーマを現実的なものへと変化させる。CPTはこの適応を目指すことになる。
③過剰適応：激しい感情にさいなまされると，厳しい現実を受け入れることができないので，自分自身や周りの世界や人物に対してもっていたスキーマを極端に変容させる。

CPTでは，同化または過剰適応によってつくられた認知のゆがみが，

PTSDからの回復を妨げ，症状を維持する要因と考える。したがって，トラウマ体験後にさまざまな症状をもつことは自然なことで，問題なのはその危機状態から回復できずに侵入的な思考やイメージ，悪夢などを継続的に体験し続けている場合であると考える。セッションを通して一つずつ認知のゆがみを扱うことで，PTSDから回復することを目指している。

　セラピーの基本的な構造は，週1～2回，1回につき約50分のセラピーが計12回行なわれる。認知処理療法の特徴は，認知療法でよく用いられる自己モニターや行動療法の曝露課題などを，筆記を通して行なうことである。内容は，PTSD症状と認知処理療法についての心理教育，トラウマ体験の筆記，行き詰まっている認知の同定，認知再構成であり，とくに，5つのテーマと呼ばれる安全，信頼，力とコントロール，価値，親密さに焦点があてられる。

（3）眼球運動を用いる眼球運動脱感作療法（EMDR）

　眼球運動を用いる眼球運動脱感作療法（Eye-Movement Desensitization and Reprocessing：EMDR）は，シャピロ（Shapiro, F.）によって開発されたPTSDや恐怖症などに対する精神療法である（Shapiro, 1989）。トラウマ記憶に患者の意識を向けさせたままの状態で治療者が左右に振る指を追ってリズミカルな眼球運動を反復させるという技法である。

　EMDRもランダム化臨床比較試験によりPTSDに対する有効性が示されている。ただしその作用機序は，必ずしもはっきりとしておらず，なぜ効果があるのかは不明な点も多い。EMDRの理論背景には**適応的情報処理モデル**がある。外傷的な出来事によって神経系統のアンバランスを引き起こし，これらの不均衡によって適応を決定づける情報処理手続きが妨害される。したがって，トラウマに対するイメージや感覚などの情報が神経学的に処理されないまま維持され，出来事の認知が神経システムに固定してしまうと考える。EMDRでは眼球運動を繰り返すことによって情報処理システムの不均衡から回復するための触媒作用になっていると考える。

　EMDRの適応は，外傷体験を代表する記憶のイメージ，否定的な主観的自己像や評価，身体感覚反応のうち，1つ以上を有する場合となる。

　技法の中核となるのはトラウマ記憶の脱感作であるが，基本的手続きは以下

の8段階に分かれる（Shapiro, 1989）。

①生育歴の聴取（EMDR適用の検討や安全性の確認など）
②準備（治療法の説明，イメージ上の安全な場所の確保など）
③評価（外傷記憶にまつわる否定的認知，肯定的認知，不快感情，身体感覚など）
④脱感作（外傷記憶に意識を向けたまま，治療者が左右に振る指を追ってリズミカルな眼球運動を行なう。1セットごとに変化について応答し，セットを繰り返す）
⑤認知の植つけ（肯定的認知の妥当性が向上するまで眼球運動を追加）
⑥ボディスキャン（身体に意識を向け不快感の有無を確認）
⑦終了
⑧再評価（次回のセッションで検証）

4．トラウマの心理療法の効用と限界

　ここで紹介したそれぞれの心理療法は，開発当時に比べると応用の幅が広がっている。しかし，セラピストが初学者のうちはクライエントに重度の解離や自傷行為などがある場合は慎重に実施する必要がある。
　PTSD患者にとって恐怖や不安を引き起こす状況に向き合うことは非常に難しい。これらの心理療法を行なう際には，トラウマ反応やPTSD症状について十分理解し，またこれらをアセスメントできる必要がある。また，トラウマ反応やPTSD症状についての理解が乏しい場合，治療中の患者の状況を見誤ると患者の恐怖や不安をいたずらにあおることになりかねないので，事前のトレーニングが重要になる。したがって，いずれの心理療法でもセラピストは研修に参加し十分なスーパービジョンを受ける必要がある。

5．トラウマの心理療法の学びを深めるためには

　トラウマの心理療法を行なう際に，事件や事故，災害などの被害者を対象に

することがあるので，**二次被害**について学んでおくとよいだろう。二次被害とは，周囲の対応によって引き起こされる精神的な苦痛のことを指す。犯罪の被害には，生命・身体・財産などに対する直接の被害（一次被害）だけでなく，その一次被害に起因するさまざまな被害，つまり二次被害を伴うことがある。

二次被害は多くの場合，意図的に被害者を傷つけようとして生じるのではなく，配慮が欠けていたり，被害者を励ましたり元気づけようとして発した言葉が結果的に被害者を傷つけることになる場合が少なくない。まずは，どのようなことが二次被害ととらえられるのかを知ることが大切である。

具体的には，二次被害の原因となるのは「あんな事件に遭うのは因果応報だ」とか「あんな格好をしているから犯罪に巻き込まれるんだ」，「夜，一人歩きするから当然だ」などの被害者に責任があるような言い方や，「いつまでもくよくよしないで，早く事件のことは忘れなさい」「これも運命だから」「思ったより怪我が軽くて良かった」「元気を出して」「子どもの分まで生きてください」「しっかりしなさい」「頑張って」などのように普段ならば何とも思わずに聞き流してしまうような言葉や励ましの言葉なども二次被害となりうる。したがって，自分自身の日常的なコミュニケーションや，事件や事故に対する固定観念についても振り返っておくとよいだろう。

一方で，治療者の課題についてもふれておきたい。熟練した治療者であっても，トラウマによって非常に苦しんでいる人の話を聴くことは心理的な負担が大きいものである。クライエントのトラウマ体験を繰り返し共感的に聴くことによって，**代理受傷**や**二次的外傷性ストレス**が生じることがある。さらには，治療者のトラウマ体験が整理されていないと自分自身のトラウマ反応が再燃することもあるだろう。したがって，トラウマの療法を行なううえでのセラピストの準備性についても理解しておくとよいだろう。

● 推薦書籍

◆ Foa, E., Hembree, E., & Rothbaum, B.（2007）．*Prolonged exposure therapy for PTSD.* New York: Oxford University Press.（金　吉晴・小西聖子（監訳）（2009）．PTSDの持続エクスポージャー療法　星和書店）
　PE療法の治療者マニュアルである。PE療法の理論についても詳細に書かれている。

また，心理教育の内容は，日常臨床で活かすことのできる部分も多く参考になるだろう。

◆伊藤正哉・樫村正美・堀越　勝（2012）．こころを癒すノート：トラウマの認知処理療法自習帳　創元社
CPT の理論を用いてトラウマ体験をクライエント自ら取り組むことができるワークブックである。自ら体験的に学ぶことができる内容になっている。

◆ Shapiro, F.（2012）. *Getting past your past: Take control of your life with self-help techniques from EMDR therapy*. New York: Rodale Books.（市井雅哉（監訳）（2017）．過去をきちんと過去にする：EMDR のテクニックでトラウマから自由になる方法　二瓶社）
EMDR について学ぶことができ，実践について紹介されている。

引用文献

Foa, E., Hembree, E., & Rothbaum, B.（2007）. *Prolonged exposure therapy for PTSD*. New York: Oxford University Press.（金 吉晴・小西聖子（監訳）（2009）．PTSD の持続エクスポージャー療法　星和書店）

Foa, E. B., Keane, T. M., Friedman, M. J., & Cohen, J. A.（Eds.）（2009）. *Effective treatments for PTSD: Practice guidelines from the international society for traumatic stress studies*. New York: Guilford Press.（飛鳥井 望（監訳）（2013）．PTSD 治療ガイドライン　第2版　金剛出版）

National Institute for Clinical Excellence（2005）. Post-traumatic stress disorder (PTSD): The management of PTSD in adults and children in primary and secondary care. Retrieved from https://www.nice.org.uk/guidance/CG26

野口普子（編著）（2016）．看護師・コメディカルのための医療心理学入門　金剛出版

Resick, P. A., & Schnicke, M. K.（1992）. Cognitive processing therapy for sexual assault victims. *Journal of Consulting and Clinical Psychology, 60*, 748-756.

齋藤　梓・鶴田信子・飛鳥井望（2016）．PTSD のための持続エクスポージャー療法/PE 療法：我が国における効果研究と普及　トラウマティック・ストレス，*14*，122-127.

Shapiro, F.（1989）. Efficacy of the eye movement desensitization procedure in the treatment of traumatic memories. *Journal of Traumatic Stress, 2*, 199-223.

コラム5　トラウマインフォームドケア

　幼少期の虐待のみならず，成人してからも事件や事故，災害に巻き込まれるなど，これまでにトラウマ体験のある人は少なくない。また，過去のトラウマ体験が長期的な影響を及ぼすことは広く知られている。

　トラウマインフォームドケア（Trauma Informed Care: TIC）は，「トラウマを念頭に置いたケア」と訳され，米国を中心に普及している。医療，福祉，教育，司法・矯正などすべての対人援助分野に適用可能であり，あらゆるスタッフが当事者に関わる際に，これまでにトラウマ体験がないか，トラウマの影響がないかどうかといった過去のトラウマ体験を念頭に置いて関わるケアのことである。

　TICは，ホッパー（Hopper, E. K.）らによる「トラウマの影響を理解し対応することに基づき，サバイバーや支援者の身体，心理，情緒の安全性に重きを置く。またサバイバーがコントロール感やエンパワメント感を回復する契機を生み出すストレングスに基づいた枠組み」という定義がよく知られている（Hopper et al., 2010）。

　アメリカ連邦保険証薬物依存精神保健サービス部は，トラウマインフォームドアプローチとして，4つの仮説と6つの原理を提唱している。4つの仮説は「4つのR」と呼ばれ，トラウマの広範な影響を理解すること（Realize），トラウマの兆候に気づくこと（Recognize），トラウマの知識を方針，手続き，実践に組み入れて対応すること（Respond），再受傷を防止すること（Resist Re-traumatization）が挙げられている。また，6つの原理には，「安全」，「信頼性と透明性」，「ピアサポート」，「協働と相互性」，「エンパワメント，声をあげる，そして選択する」，「文化的，歴史的，そしてジェンダー的問題」が含まれる。

　こうしたTICの概念を理解し，幅広い関係者や施設においてTICを実践することによって，意図しない状況での再トラウマ体験が少なくなることが期待される。米国のみならず日本においても今後の普及が望まれる。

●推薦書籍

Hopper, E. K., Bassuk, E. L., & Olivet, J. (2010). Shelter from the storm: Trauma-informed care in homelessness services settings. *The Open Health Services and Policy Journal, 2*, 131-151.（学術雑誌などで特集が組まれているが，日本語で体系的にまとめられた書籍はまだ出版されていない。ここでは，ホッパーらによるトラウマインフォームドケアの定義が記述された論文を紹介する。）

第9章 ゲシュタルト療法

1．ゲシュタルト療法とは

　ゲシュタルト療法は，ユダヤ系ドイツ人の精神科医パールズ（Perls, F. S.: 1893-1970）が妻のローラ（Laura Perls）とともに提唱した心理療法である。その名を冠している通り，ゲシュタルト心理学を理論的な背景にもつ。精神分析や心理劇の影響も受けているが，セラピストのあり方は実存哲学の立場，人間性心理学の立場に根ざしている。図と地，今－ここ，気づき，コンタクトなどの概念で知られる。代表的な技法はエンプティ・チェア（ホット・シート），夢のワークなどである。

2．ゲシュタルト療法の歴史

（1）演劇，ゲシュタルト心理学との出会い

　提唱者であるパールズは，ベルリン郊外のユダヤ人移住区で誕生した。両親の不仲などもあり，安定しない環境で育ったといわれている。ゲシュタルト療法では「演じる」ことが取り入れられるが，それはパールズ自身が元来，演劇が好きであったこととも関係していると思われる。

　パールズは1909年に16歳の若さでベルリン大学医学部に合格した。第一次世界大戦中に捕虜や敵の死にふれ，心に深い傷を負ったという。1920年には帰国して神経精神科医となり，脳損傷を受けた兵士の治療を行なっていたゴールド

シュタイン（Goldstein, K.）の助手となった。ゴールドシュタインはゲシュタルト心理学者であり，「自己実現」（Self-actualization）という用語を初めて用いたことでも有名である。パールズが自らの心理療法にゲシュタルトという言葉を用いたことからも，ゴールドシュタインからの影響は大きかったものと思われる。

（2）精神分析との決別

1926年にホーナイ（Horney, K.）の分析を受けることから，精神分析家としてのパールズの経歴は始まる。1932年にはその他の分析家の分析も終え，フロイト派の精神分析家の資格を得る。その後，パールズはライヒ（Reich, W.）からの分析を受ける。ライヒの方法は，過去に焦点を当てて分析するのではなく，その人物の現在の行動や姿勢，声に注目する。つまり「何を話すか」よりも「どのように話すか」に注目するものであった。パールズはライヒのこの方法に強い影響を受けた。ナチスドイツの迫害を避けてたどり着いた南アフリカで，パールズは精神分析家として成功を収めた一方で，1940年，"*Ego, Hunger & Aggression*"（1942年出版）を著し，精神分析やフロイトと決別した。その著書は後のゲシュタルト療法の基本となるものであった。

（3）ゲシュタルト療法の創始と展開（ニューヨーク時代）

第二次世界大戦の煽りを受け，1946年にアメリカに渡ったパールズは，ほどなくしてセラピー・グループを開始し，セラピストの養成などを行なった。この時期（1951年）に，初めてゲシュタルト療法の名称を用いた著書"*Gestalt Therapy*"を発表する。この本のタイトルの候補は「実存療法」であったといわれるように，パールズは現象学や実存主義に強く影響を受けていた。1952年にはニューヨークで，1954年にはクリーブランドでゲシュタルト療法研究所を設立する。これらの著書の執筆や研究所設立には妻のローラ・パールズやグッドマン（Goodman, P.）などが関わった。これらの研究所からは多くのゲシュタルト療法家が輩出された。また時期は不明だが，パールズはニューヨークで行なわれたモレノ（Moreno, J. L.）の心理劇（第20章）のトレーニングに参加し，影響を受けていたと考えられる。

（4）ゲシュタルト療法の隆盛（エサレン時代）

　パールズは，1963年にパールズはエサレン研究所のレジデントとなる。エサレン研究所は「人間性回復運動（Human Potential Movement）」と呼ばれる多種多様な集中的グループ体験を中心とした一つの社会現象の主な舞台となったカリフォルニアのビックサーにある施設である。エサレンでとりわけ人気のあった企画は，シュッツ（Schutz, W.）のエンカウンターもしくは感受性訓練（第21章参照），ボディ・ワーク，そしてパールズのゲシュタルト療法であった。ここで1967年から1968年の間に行なわれたパールズのワークショップの様子は『ゲシュタルト療法バーベイティム』（Perls, 1969）に収められている。

（5）ゲシュタルト療法のその後

　晩年にパールズはコミュニティ設立に関心を向けたが，そのことと心理療法としてのゲシュタルト療法との関係は明らかではない。このコミュニティは，カナダのブリティッシュコロンビア州で設立され「ゲシュタルト・キブツ（Gestalt Kibbutz）」と命名された。キブツとはイスラエルにおける大規模生活共同体のことである。パールズがエサレン移住前に，イスラエルを訪れた際に影響を受けたものと考えられる。

3．ゲシュタルト療法の理論・技法

（1）ゲシュタルト・統合・自己実現

　ゲシュタルト（Gestalt）という用語はドイツ語であり，相当する訳語を当てることは困難である。英語ではConfiguration（形状，配置）があてられることもあったが，現在では各国でゲシュタルトという言葉がそのまま用いられている。あえて日本語で表現すれば「意味あるまとまり」，「全体の形」，「統合されたもの」となるであろう。

　ゲシュタルト療法は「統合された人間」観をもつ。人間の矛盾する部分，頭（知性化）と身体などが分割された状態などに注目する。そしてそこにゲシュタルトという「現象」が現れると考える。その現象とは，①人間がひとまとまりの存在として自己実現しようとする傾向をもつこと，②統合された人間全体

は，部分の寄せ集めとは質の異なるものとなること，さらに③人間はそれだけで完結する存在ではなく，「場」や環境のなかにいて，その都度変化していくものであることを意味する。このような点において，ゲシュタルトという用語を用いる必要があるのである。

自己実現という用語は，マズロー（Maslow, A.）の欲求段階説で有名である。マズローは自らの潜在的な能力を十分に発揮し，制約から自由で，創造的であるという意味合いで「自己実現」という用語を用いている。しかしゲシュタルト療法で用いられる「自己実現」は，人間や有機体があらゆる障害や逆境のなかで生きていくために備わっている傾向を表す言葉である。そのため，自己実現はいつ何時も起こりうる現象と考えられる。先にも述べたゴールドシュタインは脳損傷の患者の詳細な観察から，回復や援助のプロセスに共通する現象として自己実現を見出したことがその概念の始まりである（Goldstein, 1934）。人が失われたもの（身体の一部や脳機能など）を，自らも気づかぬうちに受け入れ，残された部分が最も機能的な方法で再統合するというものである。この考えはゲシュタルト療法の考え方そのものといえるだろう。

（2）現象学と「今-ここ」

現象学はゲシュタルト療法の中心的な考え方を提供している。とくにゲシュタルト療法の名称の候補が，一時期は実存療法であったことから分かるように，現象学から発展し，人間の存在について論考する**実存主義**に強い影響を受けている。エサレン時代のパールズがしばしば用いていた**今-ここ**（Here and Now）という言葉は，きわめて現象学的，実存主義的な言葉である。「セラピーの中では，徹底して，現在，『今-ここ』で自分が何をしているかに注意を向けてもらうのである。ゲシュタルト療法は言葉や解釈のセラピーではなく，経験的なセラピー」（Perls, 1973 倉戸監訳 1990）なのである。

「頭（知性化）よりも感覚」，「想像よりも観察」を重視することも，パールズがしばしば述べていたことである。問題が起こっているのは感覚や観察によってとらえられる現在であり，過去や未来，思考に逃げるのではなく，今起こっていること，つまり「今-ここ」に基づくのである。パールズがよく用いた「あなたは，今，何をしているのですか」，「あなたは，今，何を感じていま

すか」,「あなたは，今，何を避けているのですか」,「あなたは，今，何を予想していますか」(Perls, 1973 倉戸監訳 1990) などの問いかけは，今－ここにおける問いなのである。

(3) 図 と 地

ゲシュタルト心理学者のコフカ (Koffka, K.) によってまとめられた概念で，しばしば向かい合う横顔もしくは中央の盃で構成される「ルビンの盃」によって図示される (図 9-1)。横顔が見えるときはそれが図 (Figure) であり，盃の部分が地 (Ground) つまり背景である。盃が図となれば，横顔の部分が地である。

図 9-1　ルビンの盃

ゲシュタルト療法では，クライエントの関心や欲求が向かっている対象を図と呼ぶ。それが満たされると，次に控えている欲求が図となり，もともとの関心は背景に沈む。また，個人を取り巻く状況が変わり，図となっていたものが中断した場合，関心は環境に応じて別のものに移る。健康的な人は，今現在，注意を向けるべきことや欲求を，図にすることができ，そうすることで初めて図地反転が起こるのである。

(4) コンタクト・気づき

コンタクト (Contact) とは，自分の感覚や感情にふれること，そして他者や出来事，環境をしっかりと認識していること，言い換えると内界との接触と外界との接触ができることである。パールズは，ゲシュタルト療法のプロセスを「気づきに始まり気づきに終わる」(Perls, 1969) と表現したほど，**気づき** (Awareness) の概念を重視している。気づきとは，それまで見えなかったものが驚きとともに明らかになることであり，洞察とも言い換えられる。コンタクトが現象だとすれば，それをより主観的に表現したものが気づきであると言えるだろう。パールズは気づきには3つの領域があると考えた。内層の気づきは，身体の内部で起こっている感情や欲求の気づき，つまり上述の「内界との接触」における気づきである。外層の気づきは，他者の行動，環境の変化など

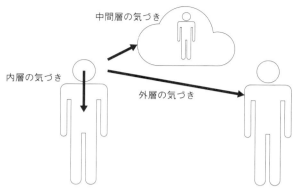

図 9-2　気づきの 3 つの領域のイメージ図

に気づくことである。つまり上述の「外界との接触」における気づきである。中間層の気づきは，これらの気づきとは違い，感覚や観察に基づかない想像や空想，思い込みである（図9-2）。例えばある人が，「みんなが自分のことをバカにして笑っていることに気づいた」と言う場合，たとえそれが何らかの観察に基づいているにせよ，少なくとも「バカにして」という部分は想像である。中間層の気づきのみに基づいて思考・行動すると不適応的になりやすい。

（5）神経症のメカニズム

パールズによる「神経症」の定義の一つは「神経症的混乱は全て，自己と外界との間の適切な平衡を見出し，それを維持する能力の欠如から起きている」（Perls, 1973 倉戸監訳 1990）というものである。自己と外界の関係における4つのパターン，つまり①イントロジェクション，②プロジェクション，③コンフルエンス，④リトロフレクションという神経症が慢性化する心理的過程が示されている。

1）イントロジェクション

この概念の説明に，パールズは食物摂取のメタファーを用いている。私たちの考え，判断，道徳的な基準などは，もともとは外界から取り入れたものである。例えば人の価値観を鵜呑みにしている場合は，自分のもののように思えていても，その実，「他者」である。取り入れたものを噛み砕き，消化してこそ，

自らの血肉になるのである。未消化な異物が個人のパーソナリティに加えられることがイントロジェクション（Introjection；取り入れ，鵜呑み）である。イントロジェクションをしやすい人が「私は，〜と考える」というとき，本来は「彼らは〜と考える」というべき内容なのである。

2）プロジェクション

個人の感情や願望は，その人の内界のものであり，その個人が責任（Responsibility）をもつものである。しかしそれを自分で引き受けられないときに，その責任を外界に求めることがある。そうした状態にある人は，外界の出来事が歪んで見えたり聞こえたりしている。例えばクライエントがどうしてもある人物のことが受け入れられないときに，「あの人が私を避けている」などと言うことである。

自分の願望，感情，期待を他人に帰属させ，そのことを自覚していないことがプロジェクション（Projection；投影，投射）である。プロジェクションは分割された自己の一部にも向けられることがある。「身体が言うことを聞かない」と言う場合，自己を「心」と「身体」に分けて，自己の取るべき責任を「身体」になすりつけているのである。プロジェクションをしやすい人が「彼ら（もしくは自己の一部）は〜だ」と言うとき，本来は「私は〜だ」なのである。

3）コンフルエンス

自分と外界の境界が感じられないことをコンフルエンス（Confluence；融合）という。健康的なレベルにおいては，スポーツ観戦やコンサートなどで，周囲と一体になっている場合などがある。それは非日常の体験であるからこそ高揚した体験なのである。しかし個人の意見や考えが許されない環境や，カルト集団にいる人は，どこまでが自分で，どこからが他者なのかの判断が困難になりがちである。それが慢性化すると病的なコンフルエンスとなる。コンフルエンスの状態にある人が「われわれは」という言葉を使うとき，「私は〜」なのか，「彼は〜」なのかが区別されていない。

4）リトロフレクション

私たちが拳を握りしめて手のひらに爪痕を残したり，唇をかみしめたりするとき，本来的には決してそうした行為を目的としているわけではないだろう。

このような場合,本来は他者にしたいことを自分自身にしていると理解することができる。リトロフレクション（Retroflection；反転）は,「する」自分と「される」自分に分割されている。リトロフレクションをする傾向がある人は,典型的には「私自身」という言葉をよく用いる。一つの文章のなかで「私」と「自分」を分割して「私は自分のことが許せない」などという場合も同様である。

（6）神経症の五層

　パールズは,神経症は五層構造になっていると考えた。人々がコンタクトを避け,本物の自分の感情や欲求を阻害するために用いられている幾重もの層である。初めの①偽り（Phoney）の層は,真実性からは程遠いあり方で,決まり切った挨拶や,浅くごまかした状態である。②役割演技（Role-playing）の層は,恐怖の層ともいわれ,感情による傷つきを避け,役割で自分を定義したり,期待される役割の遂行をしたりすることである。③インパス（Impasse）の層では,それまでの決まり切ったやりとりやごまかしは続けられなくなる。内面で相反するものの葛藤や真の感情を体験する。身動きが取れず,行き詰まった状態である。④内破（Implosion）の層では,相反する力を深いところで体験し,麻痺した状態であり,「死」の体験である。最後の層が,⑤外破（Explosion）の層である。本当のその人のあり方が外に向けて爆発し,人のもつエネルギーがその表現を発見するのである（図9-3）。神経症の五層の概念は,体験を抜きに知的な理解をするには非常に難解であろう。セラピーが必ず

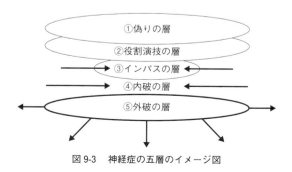

図9-3　神経症の五層のイメージ図

しもこの通りの道筋を辿るわけではないが，この五層は，ゲシュタルト療法におけるセラピーの典型的なプロセスとして理解できる。

(7) 未完結の経験

未完結の経験（Unfinished Business）と呼ばれる概念は，心理的プロセスが中断されたまま，心残りになっていることである。言えないまま残っていること，過去にできなかったこと，致しかたない事情で諦めたことなどである。人は体験が完結しないうちは，そのことが何度も意識にのぼるものである。ゲシュタルト療法では，こうした作業をセラピーのなかで完結させていく。未完結の経験を統合し，完結させていく人の傾向を，セラピーのなかで実現するのである。

(8) ホット・シート，エンプティ・チェア

クライエントが座る椅子は，皆から注目される緊張やワークを行なうことの興奮によって熱くなることから，**ホット・シート**（Hot Sheet）と呼ばれる。そして目の前に置かれる空の椅子は**エンプティ・チェア**（Empty Chair）と呼ばれる。エンプティ・チェアには，イメージした他者，自己の一部（将来や過去の自分）などを座らせて対話するのである。そこで未完結の経験が完結に向かうプロセスを体験したり，インパスや真の感情を体験したりして，統合に向かうのである。

(9) 夢，ファンタジー，身体

夢のワークやファンタジーもしばしば用いられる技法である。ゲシュタルト療法における夢の扱い方は，他の立場の夢解釈とは一線を画すものであり，夢に登場する人物，事物，舞台や雰囲気までをも，自己の一部としてとらえることが特徴的である。そして夢に出て来たものになりきることで，夢の実存的メッセージを受け取るのである。

夢でなくとも，ファンタジーを用いて，「私は〜です」と喩えることもある。自分を薔薇の花に喩えて描写すること，海に潜るファンタジートリップを行なうことなど，セラピストが指定することもあれば，思いのままに喩えてみるこ

とを促すこともある。また知性化よりも身体や感覚を重視することから、各種のボディ・ワークも用いられる。

4. ゲシュタルト療法の効用と限界

　ゲシュタルト療法家たちは、伝統的な学術的領域で計画される研究に関心を向けなかったため研究数は多くはない（Strümpfel, 2004）。それでもゲシュタルト療法（プロセス体験療法）は、抑うつに対する治療効果が認知療法を上回ること、認知行動療法と同等もしくはわずかに高い効果が見られた他、認知行動療法には見られなかった10ヶ月後のフォローアップにおける効果量増大が確認されたこと（Beutler et al., 1991; Elliott et al., 2004）など、近年は複数の効果研究がある。

　ゲシュタルト療法の限界には、動機づけの低いクライエントや、人格障害などの困難事例では奏功しにくいことがある。この点は他の心理療法と同様である。また、その他の現実的な懸念として、2つの点で誤解されやすいことが挙げられる。『グロリアと三人のセラピスト』などの映像記録のイメージからか、ゲシュタルト療法は「怖い」という印象を受けることがあるようである。セラピーはクライエントの責任と判断において進むのであり、セラピストが行なうのは強制でも指示でもなく、治療的誘い（Therapeutic Invitation）である。もう一つの誤解は、さらに深刻である。エンプティ・チェアなどの強力な技法が印象的であるためか、それがカタルシスをもたらす表面的なテクニックとして用いられてしまうことである。技法の乱用は非常に危険である。

5. ゲシュタルト療法の学びを深めるためには

　ゲシュタルト療法は、知性化よりも体験を重視する。そのため、ゲシュタルト療法を学ぶための最も勧められる活動は、ワークショップへの参加である。わが国ではゲシュタルト療法を日本に導入した倉戸ヨシヤ氏が代表を務める日本ゲシュタルト療法研究所、日本臨床ゲシュタルト療法学会などが信頼できる研修機関である。近年注目されているエモーションフォーカスト・セラピー

(Greenberg et al., 1993) をはじめとして，ゲシュタルト療法は数多くのセラピーやグループに影響を与え，取り入れられてきた。応用編としてそうしたセラピーを学習することも学びにつながるであろう。

推薦書籍

◆倉戸ヨシヤ（2011）．ゲシュタルト療法─その理論と心理臨床例　駿河台出版社
日本におけるゲシュタルト療法の第一人者である倉戸ヨシヤ氏による学習に最適な入門書かつ専門書である。前半の理論解説も確かな経験に基づく具体的な例が多く，後半の臨床例もバランスよく選ばれている。

◆ Perls, F. S. (1973). *The gestalt approach & eye witness to therapy*. Palo Alto, CA: Science and Behavior Books.（倉戸ヨシヤ（監訳）　日高正宏・井上文彦・倉戸由紀子（訳）（1990）．ゲシュタルト療法─その理論と実際　ナカニシヤ出版）
パールズによる理論解説は，神経精神医学や精神分析の基盤のうえに立っていることが本書からは読み取れるだろう。ゲシュタルト療法の理論を収めた前半部分と，ワークの様子が逐語録で収められている後半部分から構成されている。

引用文献

Beutler, F., Engle, D., Mohr, D., Daldrup, R., Bergan, M., & Merry, D. (1991). Differential response to cognitive, experiential, and self directed psychotherapeutic procedures. *Journal of Consulting and Clinical Psychology, 59*, 333-340.

Elliott, R., Greenberg, L. B., & Lietaer, G. (2004). Research on experimental psychotherapies. In M. J. Lambert (Ed.), *Bergin and Garfield's handbook of psychotherapy and behavior change* (pp.493-530). New York: John Wiley & Sons.

Goldstein, K. (1934). *Der Aufbau des Organismus: Einführung in die Biologie unter besonderer Berücksichtigung der Erfahrungen am kranken Menschen*. Den Haag: Martinus Nijhoff.（村上　仁・黒丸正四郎（訳）（1957）．生命の機能：心理学と生理学の間　みすず書房）

Greenberg, L. S., Rice, L. N., & Elliott, R. (1993). *Facilitating emotional change: The moment-by-moment process*. New York: The Guilford Press.（岩壁　茂（訳）（2006）．感情に働きかける面接技法：心理療法の統合的アプローチ　誠信書房）

Perls, F. S. (1969). *The Gestalt therapy verbatim*. Moab, UT: Real People Press.（倉戸ヨシヤ（監訳）（2009）．ゲシュタルト療法バーベイティム　ナカニシヤ出版）

Perls, F. S. (1973). *The gestalt approach & eye witness to therapy*. Palo Alto, CA: Science and Behavior Books.（倉戸ヨシヤ（監訳）　日高正宏・井上文彦・倉戸由紀子（訳）（1990）．ゲシュタルト療法：その理論と実際　ナカニシヤ出版）

Strümpfel, U. (2004). Research on gestalt therapy. *International Gestalt Journal, 27*, 9-54.

コラム6　書記的記述法

　心理療法の歴史のなかで，対面式の方法と比べると，「書く」ことがもたらす心理的効果について論じられることは，さほど多くはなかったのではないだろうか。しかし，悩みを抱えていても，必ずしも対面式の心理療法を受けに面接施設に訪れ，それを語ることができる人ばかりとは限らない。心理療法の専門家が近くにいない，あるいは，経済的な余裕がなかったり，人に話すことにためらいがある場合もある。しかしだからといって，悩みごとを心の奥底にしまいこんでおくことは，心身の健康にはよくない。近年，対面式ではなく，「書く」行為にある治癒力に着目した書記的記述法の代表格である筆記療法（Expressive Writing）とロールレタリング（Role Lettering）が，安価で利便性の高い方法として注目されている。

　筆記療法は，アメリカの心理学者であるペネベーカ（Pennebaker, 1989）によって考案された方法である。ペネベーカは，大学生を対象とした研究で，1日に15分ずつ4日間，トラウマティックな話題について筆記すると，その後の医療機関の受診回数が減ったことを示した（Pennebaker & Beall, 1986）。この研究を皮切りに，筆記療法に関する研究が盛んとなり，わが国でも，怒り（e.g., 荒井・湯川，2006）といった感情制御への効果が示されている。他方のロールレタリングは，自己と想定する他者との間で，架空の手紙のやりとり（往信・返信）を行なうことで，問題解決を目指す。少年院の教官であった和田英隆が，エンプティ・チェアの技法にヒントを得て，手紙方式で試みたことが始まりである。その後，ロールレタリングの有効性に着目した春口（1987）によって体系化され，教育，福祉，医療といった多分野で適用されつつある。

　筆記療法とロールレタリングの共通効果として，カタルシス効果や認知的再構成があるが，「書く」構造が大きく異なる。筆記療法は，自身の考えや感情について，他者を置かずに書き続ける方法であるのに対し，ロールレタリングは，手紙という枠組みのなかで，書く内容を伝える他者を想定し，その相手と自分との間で視点を交叉させながら筆記する点に特徴がある。双方の筆記過程のメカニズムの違いはまだ分かっていないため，今後の検証が待たれる。

● 推薦書籍

岡本茂樹（2012）．ロールレタリング―手紙を書く心理療法の理論と実践　金子書房
Pennebaker, J. W. (2004). *Writing to heal*. Oakland, CA: New Harbinger Publications.（獅子見照・獅子見元太郎（訳）(2007)．こころのライティング―書いていやす回復ワークブック―　二瓶社）

● 引用文献

荒井崇史・湯川進太郎（2006）．言語化による怒りの制御　カウンセリング研究，39, 1-10.
春口徳雄（1987）．ロールレタリング（役割交換書簡法）入門―人間関係のこじれを洞察する　創元社
Pennebaker, J. W. (1989). Confession, inhibition, and disease. In L. Berkowitz (Ed.), *Advanced in Experimental Social Psychology*, Vol. 22. New York: Academic Press.
Pennebaker, J. W., & Beall, S. K. (1986). Confronting a traumatic event: Toward an understanding of inhibition and disease. *Journal of Abnormal Psychology*, 95, 274-281.

第10章 フォーカシング

1．フォーカシングとは

　フォーカシングは**パーソン・センタード・アプローチ**（Person-Centered Approach: PCA）の心理療法の一つと考えられている。しかしフォーカシングはそれだけにとどまらず，カウンセラーの基本スキルである**傾聴**の技量を向上させる方法でもあり，カウンセラー自身のセルフケア，スーパービジョンや事例検討のなかなどさまざまな場面で用いることができる汎用性の高いものである（吉良，2010；村山・中田，2012）。

　フォーカシングは「まだことばやイメージになっていない，自分の中のはっきりしない何かとつきあう過程」（近田，2002）であり，この過程を通してフォーカシングをしている人の中にさまざまな気づきが生じる。心理療法がクライエントの気づきを促進させるものであると考えると，フォーカシングはすべての心理療法のなかで生じる現象でもあり，フォーカシングを知ることは，どの心理療法を学ぶにしても，その心理療法の理解を深めることに繋がる。

　フォーカシングは，ジェンドリン（Gendlin, E. T.: 1926-2017）により開発された心理療法である。次項，フォーカシングの歴史を簡潔に述べる。

2．フォーカシングの歴史

　1950年代にシカゴ大学哲学科博士課程の学生だったジェンドリンは，人の体

験の象徴化プロセスに関心をもっていた。ジェンドリンはこのプロセスがカウンセリングの中で生じていると考え，同大学のカウンセリングセンターの実習生となった。そこで，ジェンドリンはクライエント中心療法の創始者であるロジャーズ（Rogers, C. R.）と出会い，彼の研究にも参加した。当時，ロジャーズは，「カウンセラーの態度」がカウンセリングの成否に影響を与えていると仮定し，カウンセリングの効果研究を行なっていた。しかし，研究の結果はロジャーズの仮説とは異なり，カウンセリングの成否に関連が見られたのはカウンセラー側の要因ではなくクライエント側の要因であった。それもクライエントの「話の内容」ではなく，クライエントの「話し方」が関連していた（Gendlin, 1978）。カウンセリングが開始されて最初の1，2回目の面接のなかでのクライエントの話し方を見れば，将来的にそのクライエントのカウンセリングが成功裏に終わるかどうか判別できたのである。では，成功に終わるカウンセリングの中でクライエントはどのような話し方をしていたのであろうか。

　成功に終わるカウンセリングのなかでは，クライエントは言葉を発しながら，あるいは沈黙のなかで，自分の内側で感じている感じを探ったり，自分の発した言葉と自分の内側で感じている感じがぴったりかどうか確かめていたり，ぴったりでなかった場合には自分の内側で感じている感じを表すのにもっとぴったりとした言葉はないかと探していたりしていた。例えば，クライエントは，「うーん，なんて言ったらいいのか……そのことに怒っているというか……なんだろう……怒っているんじゃなく，そのことにひっかかってるのかな？……うーん」，と語りのテンポはゆっくりで，沈黙の多い，自分の内側の感覚を探り，確かめるような話し方をしていたのである。

　ジェンドリンは，クライエントがこのような話し方をしているとカウンセリングが成功するのであれば，同様の話し方をするようクライエントに促すことができればカウンセリングの効果があがるのではないかと考えフォーカシングを開発し，1978年にはフォーカシングの手順を明記した『フォーカシング（*Focusing*）』を出版した。この年，ジェンドリンは第42回日本心理学会大会の特別講演者として初来日し，東京・京都・福岡でフォーカシングのワークショップを開いた。この1978年のジェンドリンの来日を契機に日本においてフォーカシングが広まっていった。

3．フォーカシングの理論・技法

本節では，フォーカシング特有の用語を説明しながらフォーカシングの主要な理論や技法を紹介する。

(1) フォーカサー・リスナー／ガイド

通常，心理療法では，話をする人を「クライエント」，クライエントの話を聴く人を「カウンセラー」と呼ぶが，フォーカシングでは，話をする人を**フォーカサー**，フォーカサーの話を聴く人を**リスナー**と呼ぶ。なぜならば，話をする人は，自分の内側にふれながらフォーカシングしながら話をするのでフォーカシングをしている人という意味で「フォーカサー」なのである。また，話を聴く人は，フォーカサーのプロセスが進むようフォーカサーの話を聴く人なので「リスナー」なのである。ただし，初めてフォーカシングをする人はフォーカシングの手順を知らないので，フォーカシングのやり方を教えてもらう必要がある。そのため，初心者フォーカサーに対してはフォーカシングのやり方も伝えながらフォーカサーの話を聴く必要があるため，この場合話を聴く人を**ガイド**と呼ぶ。

(2) フェルトセンス

「自分の内側で今この瞬間感じている感じ」をフォーカシングでは**フェルトセンス**（Felt Sense）と呼び，大切に扱う。フェルトセンスは，「特定の問題や状況についてのからだの感覚」であり，「意味を含んだ身体感覚」のことを指し，多くの場合，からだの真ん中あたり（のど，胸，お腹）で感じられる。また，フェルトセンスは，感じ始めた当初は，あいまいではっきりとしないことが多く，それに含まれている意味も分からないことが多い（Gendlin, 1978）。

私たちの多くは，そうとは認識していないとしても日常生活のなかで「フェルトセンス」を感じた経験をすでにもっている。例えば，「胸が痛む」という言葉がある。これは，何か非常につらい出来事に遭遇したとき，胸のあたりが痛いような，胸のあたりがつまるような身体感覚である。そして，それは大き

な悲しみ・悩み・苦しみを含むような感覚でもある。あるいは，大好きな人を思い出したり，誰かの親切を目の当たりにしたりしたとき，「胸が暖かくなる」ような身体感覚を感じたり，何か大きな責任や課題が課せられているとき，「重荷を背負う」ような身体感覚を感じたりする。この身体感覚とともに何か自分の肩に大きな鉄のかたまりが乗っているというイメージを伴ったりもする。このような，ある問題や状況について，今この瞬間にからだで感じている，何らかの感情を伴うような，何らかのイメージや質感を伴うような身体感覚とも気持ちともいえるような領域で感じる感覚がフェルトセンスである。そして，最初あいまいではっきりしないフェルトセンスに対して，フォーカサーが**フォーカシング的態度**と呼ばれる肯定的でやさしく受容的な態度で注意を向け続けると，そのフェルトセンスがはっきりしてきてそこから複雑で豊かな感じや意味や気づきが立ち現れてくる。このプロセスがフォーカシングである。

（3）体験過程

ジェンドリンは，哲学者ディルタイ（Dilthey, W. C. L.）の最重要概念の一つであるドイツ語の「Erleben（体験）」を Experiencing と英訳した。ジェンドリンの著書を翻訳した村瀬孝雄が，この Experiencing という言葉を**体験過程**と訳した。ジェンドリンは体験過程に強い関心をもち続け，哲学の理論として体験過程理論を提唱し，体験過程を促進する方法としてのフォーカシングを開発した。体験過程は，今この瞬間，自分の内側に感じられるものであり，まだはっきりとはしていない**暗在的**（Implicit）な**意味感覚**であるものの，実感をもつ何かとして私たちの内側にあるものである。また，体験過程は，「今ここ」でのものではあるが，これは過去とは関係ないという意味ではない。例えば，過去の出来事を思い浮かべたときに，今この瞬間に自分の内側に生じてきていることも今ここでの体験である。また Experiencing が現在進行形であることから分かるように，体験過程は現在のものでもあり変化していくものでもある。今ここでの体験に注意を向け，気づき，体験に**直接照合**（Direct Reference）する，つまり今ここでの体験を言葉にしたり絵に描いたりして表現し，表現と体験との間を行き来していく，このプロセスのなかで体験は**推進**（Carrying Forward）され，変化する。そして変化している今ここでの内側の感じ

に気づき，表現してみるとさらにそれは変化していく。このプロセスが体験過程であり，私たちの感情や行動を決定づけていくものなのである。

（4）体験過程スケール（EXP スケール）

体験過程についての理解を深めるため，ここで**体験過程スケール**を紹介する。EXP スケールは，話し手がどの程度自らの体験過程から話しているのかを第三者が評定するためのものである（池見ら，1986; Klein et al., 1970）（表10-1参照）。

EXP スケールの段階1では外的事象をニュース報道をしている第三者のように自分とはまったく関わりがないかのように話す．段階2では外的事象を自分と関わりがあるように話し，話の主人公は自分である。ただし自分の行動記述にとどまり，自分の内面について話したとしても感情を伴わない形で話す．段階3では自分の感情を話すが，それがある外的出来事への反応としての感情のみを話し，あくまで挿入句的な発言にとどまる．段階4では外的出来事ではなく個人としてどのように感じたかという個人的視点から話し，自分の感情が

表10-1　EXP スケール概要（池見ら，1986を参考に筆者改変）

段階	評定基準
1	話し手と関係ないかのように外的事象について語る。話し手は話の主人公ではない
2	話し手と関連ある外的事象を語るが，「…と思う」や「…と考える」のように述べ，話し手の感情は表明されない。知的解釈や行動記述にとどまる
3	外的事象に対する話し手の気持ちが語られるが，あくまで外的出来事への反応としての感情にとどまり，そこから自分自身の内面についての語りが深まらない
4	外的事象に対する話し手の気持ちが話題の中心となり，話し手自身の内面に関して個人的視点からの語りとなり，自分自身の内面についての語りが深まる
5	話し手自身の内面に関しての語りが増え，さらに，本当にそれが自分の体験過程とぴったりしたものなのか吟味が行なわれ，より体験過程に沿った表現がないか探索的に話すため，ためらいがちな語りになり，沈黙の時間が増える
6	話し手は体験過程の変化について話をする。自分の気持ちや体験に関する新たな気づきが生まれたり，自己理解や他者理解，問題解決の方法などに関して新たな気づきが生じたり，創造活動へのヒントが生まれたりする。心身ともに緊張が低下しリラックスした感覚が生じたりする
7	ある状況への気づきが別の状況への気づきに広がったり，気づきが人生のさまざまな側面へ広がっていたりすることについて話す

表10-2 EXPチェックリスト（久保田・池見，2017を一部筆者改変）

項目	設問	EXPスケールでの段階
1	クライエントの話は，出来事や事実の説明に始終した。	
2	クライエントの発言には感情表現が全く見られなかった。	
3	クライエントに気持ちを尋ねても，感情表現は出さなかった。	1, 2
4	クライエントは「〜と思う」「〜と考えた」など知的に物事を整理していった。	
5	クライエントの話は事実や出来事に関するものだが，そのときの気持ちを尋ねると感情表現が見られた。	
6	クライエントは出来事や状況を語る中で喜怒哀楽をはっきりと言葉で表明していた。	3
7	クライエントが表現している気持ちは出来事への反応だ。	
8	クライエントは自分の気持ちをよく見つめ，自分の気持ちの表現を利用して自分のあり方を語っていた。	
9	クライエントは出来事や状況への一般的な反応のみならず，個性的な感じ方を伝えていた。	4
10	クライエントは状況や出来事の描写を通して，自分自身の特徴を伝えようとしていた。	
11	クライエントの話にはフェルトセンスの表現が見られた。	
12	クライエントは自分の気持ちと一致する表現を試しながら語っていた。	
13	クライエントは「ああかな，こうかな」などと自分の気持ちを理解しようとしていた。	5
14	クライエントはときどき沈黙して，自分の気持ちを見つめながら言葉を探していた。	
15	クライエントの話しの途中で，ハッと何かに気づいたり，「あ，分かった」と言ってひらめいたりする場面があった。	
16	クライエントは何かを発見したようで，興奮気味になったり，声が大きくなったり，笑いだしたり，涙したり，驚いたりする場面があった。	6, 7
17	クライエントが次々と発見・洞察する場面があった。	

話題の中心となる，段階5では，より自分の気持ちに沿って話そうとしたりよりぴったりとした表現がないかと探したりしながら話し，沈黙の時間が増える，段階6ではさまざまな気づきが生じ，心身ともに緊張が低下しリラックスした感覚が生じたりする。段階7ではある状況への気づきが別の状況への気づきに広がったり，気づきが人生のさまざまな側面へ適応されたりする。

段階4・5の話し方を話し手がしているとその人の体験過程が推進され，結果として段階6・7といった気づきが生じる。

また久保田・池見（2017）が，体験過程の簡便な推定や臨床教育・傾聴トレーニングのための「EXP チェックリスト」を作成している（表10-2 参照）。EXP スケールの理解のために参照されたい。

（5）フォーカシングのステップ（図10-1）

「フォーカシングのステップ」は，ある1回のフォーカシングセッションの開始から終了までのプロセスを示しているが，必ずしもそのステップ通りに進めなくてはならないというものではない。フォーカサーの体験過程が推進されるのであれば，どのような手順を通ってもよい。フォーカシングをするのはフォーカサーであるため，ステップはフォーカサーのプロセスに関するステップである。リスナー/ガイドは，フォーカサーの内側で体験過程が推進されるよう話を聴いていく。ここでは，日本でよく知られているコーネル（Cornell, A. W.）の5つのステップを紹介する（Cornell, 1989）。

①フォーカサーが自分の内側に注意を向ける

フォーカシングでは自分の内側の微細な感覚に気づく必要があるため，外側からの刺激は少ないほうがやりやすい。フォーカサーは居心地のよい静かな場

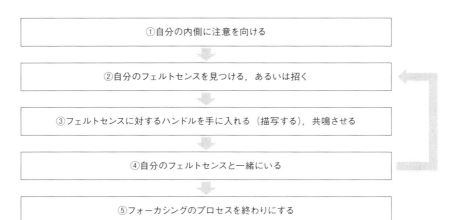

図10-1　フォーカシングのステップ（Cornell, 1989）

所で，ベルトや時計などの締めつけを感じるものは外し，目を閉じて，何度か深呼吸して準備を整える。自分の内側に注意が向けやすくなるのであればどのような方法をとってもよく，フォーカサーが床に座りたいとか，目を開けてやりたいとか，椅子の位置を変えたいと感じるのであればそうすればよい。

準備ができたら，フォーカサーは自分の内側に注意を向けはじめる。まず，物理的な身体の感じをていねいに感じていく。例えば，「床についている足の感じはどんな感じかな」「椅子に支えられているおしりや背中の感じはどんな感じかな」と自分に問いながら足，おしり，背中に注意を向けていく。次に，のど，胸，お腹といったからだの真ん中のあたりに注意を向けていく。

②**フォーカサーが自分のフェルトセンスを見つける，あるいは招く**

次にフェルトセンスを見つける。その入口は大きく2つある。1つはそのとき自分の内側に感じている感じのなかから，とくに気になる感じを選び，それにさらに注意を向けていく方法である。もう1つは，自分の生活のなかで気になる特定の出来事や状況を頭に浮かべ，あるいはそのことについて少し話をし，「そのことをからだではどのように感じてるかな」と自分の内側に問いかけ，そのときに出てきた感じにさらに注意を向けていく方法である。このどちらでもフォーカサーがそのときいいなと感じる方を選んで進めていく。

出てきたフェルトセンスに対しては，それがどんなものであっても「そう感じるべきではない」とか「またあの感じが出てきちゃった」などと否定したり，感じている自分を責めたりしないようにする。私たちは，よちよち歩きしはじめたばかりの子どもが立ちあがって歩こうとしているのを見るとき，その子どもに温かい眼差しをもって注目する。子どもの一挙手一投足を好奇心をもって見つめ，立たなきゃだめだとも，早く歩けとも，どうせ転ぶだろうとも思わずに，その子のペースでできるように温かい気持ちをもちながら見守り続け関わっていく。フォーカサーは子どもに対するこのような眼差しと同様の眼差しを自分自身やフェルトセンスに向けながらフォーカシングを行なう。このような眼差しをもちフォーカシングを行なうことが，フォーカシング的態度をもってフォーカシングを行なうということであり，このような眼差しでフェルトセンスと関わることがフェルトセンスを**認める**ということである。この「認める」ということは，フォーカシングの中心となるスキルの一つである。

フォーカシングをしていると，フェルトセンスやフェルトセンスに対して生じてくるもの（言葉・感覚・イメージなど），あるいはそう感じている自分自身を認めることができないという事態がしばしば生じる。この「認める」ということは「同意する」ということを意味するわけではない。「そこにそれがある」「それをそう感じる」といったようにただその存在を認めるということである。

　認めることが難しいとき，フェルトセンスもフェルトセンスを感じている自分自身も安心していられるようなフェルトセンスとの適度な間合いをとることが有効なことも多い。フォーカシング初心者はこのような適度な間合いを自分でとることが難しいことも多いのでガイドの手助けを受けながら進めるとやりやすいだろう。

③ **フォーカサーがフェルトセンスに対するハンドルを手に入れる（描写する），共鳴させる**

　フォーカサーが自らのフェルトセンスに注意を向けながら，「今この瞬間に感じているこの感じを表すとしたらどんなかな」と自分に問いを投げかけたあと，フォーカシング的態度を保ちながら何か出てくるのを待つ。そして，何か出てきたらそれを言葉にしてみたり，動いてみたり，絵に描いたりして描写してみる。この描写がハンドルである。さらに，「今感じているこの感じとこの描写がぴったりかな」と，その描写と感じがぴったりかどうか突き合わせて確かめる。このプロセスを**共鳴**と呼ぶ。共鳴させてみると，最初は何かぴったりしない感じがすることが多い。そういう場合，「この感じをもっとぴったりと表すとしたらどんなかな」とまた感じに注意を向けてみる。そうしているうちに，また何か出てきたら，描写し，共鳴させてみるということを繰り返す。そうしていくと，だんだんとぴったりとした描写になっていき，それに伴いフェルトセンスが変化し，よりはっきりと実感できるようになってくることが多い。

④ **フォーカサーは自分のフェルトセンスと一緒にいる**

　より実感として感じられるようになってきたフェルトセンスに，フォーカシング的態度をもちながら注意を向け続ける。これがその感じと**一緒にいる**ということである。もしそのなかで，その感じと「一緒にいたくない」という感じが出てきたら，その一緒にいたくない感じも認め，その一緒にいたくない感じ

に関してまずフォーカシングしてみるとよい。

さらに、「これ（フェルトセンス）と自分の生活や人生が何か関係しているかな」とか「これの何が自分にそう感じさせるのだろうか」などと自分の内側に問いかけてみたりしているうちに、フェルトセンスがさらに変化したり、気づきが生まれたりする。時には「あーそういうことなのか！」と雷に打たれたような大きな気づきが生じることもある。

⑤フォーカシングのプロセスを終わりにする

②-④のプロセスを何度か通っていると、どこかの時点で一段落したという感じが出てくる。そこで自分の内側に「ここで終わりにしてもかまわないと感じているかな」と聞いてみる。終わりにしてもかまわないと感じられたら、ここまでに出てきたものすべてに感謝して、フォーカシングを終わる。

4．フォーカシングの効用と限界

フォーカシング以外の心理療法を用いている場合であっても、面接のなかで行き詰まっているとき、例えばクライエントが同じことを繰り返し述べたり、頭では分かっていても行動に移すことができなかったりする状況にあるとき、クライエントの体験過程は変化していないと考えることができる。したがって、このようなとき、フォーカシングが役立つだろう。また、カウンセラー自身が面接のなかで迷いが大きいときや感情が大きく揺さぶられてしまうとき、このようなときもカウンセラー自身が自分の体験過程に注意を向け、フォーカシングを行なうことが役立つ。さらにカウンセラーがフォーカシングを知ることは、どの流派の心理療法を行なっているとしてもその臨床実践をより深める（近田，2002；村瀬，1991）。なぜならば、フォーカシングは、カウンセラーの自分自身とクライエントの感じていることへの感受性を高め、カウンセラーの傾聴力を高めるからである。つまり、フォーカシングは心理療法の一つということもできるが、より汎用性のある、心理療法の基本となるものともいえ、すべてのカウンセラーにとって自身の臨床能力向上に役立つものでもある。

フォーカシングの禁忌について明確に記述されている文献はこれまでほとんど見当たらない。しかしながら、陽性症状を呈している統合失調症や解離性障

害の方など，通常カウンセリングを行なうことが禁忌とされる症状をもつ方へのフォーカシングの適用には慎重を期すべきだろう。ただし，そういう方と向かい合うときであっても，カウンセラーが自分自身の体験過程に注意を向けるということは大いに役立つと考えられる。

5．フォーカシングの学びを深めるには

　フォーカシングの学びを深めるためには，まずガイドに聴いてもらいながら自らフォーカシングするという経験をもつとよい。ジェンドリン自身，フォーカシングを経験したことがない人にフォーカシングを説明することは非常に難しいと述べている（Gendlin, 1996）。なぜならば，体験過程は**前概念的**であるため，言語で説明し，理解することが難しいからである。そのため，フォーカシングの学びを深めるためには，まず自らフォーカシング経験し，フェルトセンスとは何かを実感し，体験が推進されるとはどういうことなのか実感したうえで文章を読んで理解することが有用である。

　私たちはパソコンの動く原理が分からなくてもパソコンを使うことができる。同様にフォーカシングの原理である**ジェンドリン哲学**が分からなくてもフォーカシングできるためか，これまでフォーカシングの実践と比べてジェンドリンの哲学的側面にはそれほど関心がもたれてこなかった。しかし，原理を知ることでより適切な応用が可能となる。ジェンドリン哲学を知ることで，私たち一人ひとり異なる独自の，また同じ人であってもそのときどきで異なる唯一無二の体験過程の大いなる豊かさをより多く受け取ることができるようになろう。

● 推薦書籍

◆諸富祥彦・村里忠之・末武康弘（2009）．ジェンドリン哲学入門―フォーカシングの根底になるもの　コスモス・ライブラリー
　ジェンドリンはフォーカシングを単なる心理療法の一つとだけ考えていたわけではなく，私たちが社会とどう向き合うのか，社会をどう変えていくのか，その方法として，哲学の実践としてフォーカシングを考えていた。本書は，日本語で読める数少ないジェンドリン哲学についての著書である。

◆池見　陽（2016）．傾聴・心理臨床学アップデートとフォーカシング—感じる・話す・聴くの基本　ナカニシヤ出版

ジェンドリンから直接学んだ池見の近著。精神分析や（認知）行動療法，人間性心理学といった従来の心理学におけるフォーカシングの位置づけ，ジェンドリン哲学，そして近年のフォーカシングをベースに広がっているさまざまな方法（マインドフルネスフォーカシング，青空フォーカシング，フォーカシングを用いたアートセラピー，フォーカシングを用いた夢解釈など），フォーカシング的態度に関する質問紙などについて述べられており，フォーカシングの現在を幅広く知るのに役立つだろう。

◆ Gendlin, E. T.（1996）．*Focusing-oriented psychotherapy: A manual of the experiential method*. New York: Guilford Press.（村瀬孝雄・池見　陽・日笠摩子（監訳）（1998）．フォーカシング指向心理療法（上・下）　金剛出版）

フォーカシング指向心理療法とは，クライエントのなかにフォーカシングプロセスが生じることを指向する心理療法である。本書は，クライエントのフォーカシングプロセスを促進するのにカウンセラーがどういうことをすればよいか，さまざまな面接記録とともにジェンドリンがまとめたものである。実際の臨床場面でフォーカシングをどのように使うことができるか知るのに役立つだろう。

引用文献

Cornell, A. W.（1989）．*The Focusing-student's manual*.（村瀬孝雄（監訳）（1996）．フォーカシング入門マニュアル第3版　金剛出版）

Gendlin, E. T.（1978）．*Focusing*. New York: Guilford Press.（村山正治・都留春夫・村瀬孝雄（訳）（1982）．フォーカシング　福村出版）

Gendlin, E. T.（1996）．*Focusing-oriented psychotherapy: A manual of the experiential method*. New York: Guilford Press.（村瀬孝雄・池見　陽・日笠摩子（監訳）（1998）．フォーカシング指向心理療法（上・下）　金剛出版）

池見　陽・田村隆一・吉良安之・弓場七重・村山正治（1986）．体験過程とその評定：EXPスケール評定マニュアル作成の試み　人間性心理学研究，4, 50-64．

吉良安之（2010）．セラピスト・フォーカシング—臨床体験を吟味し心理療法に活かす　岩崎学術出版社

Klein, M. H., Mathieu, P. L., Gendlin, E. T., & Kiesler, D. J.（1970）．*The Experiencing Scale: A research and training manual*（Vols. 1-2）. Madison, WI: Wisconsin Psychiatric Institute.（池見　陽・吉良安之・村山正治・田村隆一・弓場七重（訳）（1987）．体験過程とその評定：EXPスケール評定マニュアル作成の試み　人間性心理学研究，4, 50-64）

近田輝行（2002）．フォーカシングで身につけるカウンセリングの基本　クライエント中心療法を本当に役立てるために　コスモス・ライブラリー

久保田恵美・池見　陽（2017）．体験過程様式の推定に関する研究：EXPチェックリストⅡ ver.1.1作成の試み　Psychologist：関西大学臨床心理専門職大学院紀要，7, 57-66．

村瀬孝雄（1991）．人間理解とその技法—公開シンポジウム　村山正治（編）フォーカシング・セミナー（pp.19-29）福村出版

村山正治・中田行重（2012）．新しい事例検討法 PCAGIP入門：パーソン・センタード・アプローチの視点から　創元社

コラム7　コンパッション・フォーカスト・セラピー

　自分と誰かを比較して，自分のことを劣っているように感じたり，「もっとがんばらなければ」と危機感を抱いたりするのは，決して悪いことばかりではない。人の本能的な成長欲求の現れなのだろう。しかし，あるがままの自分を受け入れたり，今あるものに価値を見出したりすることによって感じる幸せからは，遠ざかってしまうのかもしれない。

　自分を批判的な目で見ると，不安や憂うつな気持ちでいっぱいになることがある。コンパッション・フォーカスト・セラピー（Compassion Focused Therapy）では，自己批判的にならざるをえない自分を，一歩引いた観点から優しく眺めて，つらい気持ちを積極的になだめようと努力することを助ける。苦しんでいる自分を優しく見つめ，自分一人で苦しんでいるわけではないことに気づき，苦しみをあるがままに受け入れることをセルフ・コンパッションと呼ぶ。セルフ・コンパッションの力は，乳幼児期に，主たる養育者との間に築かれる，安定した信頼関係を通して発達するといわれている。しかし，成人のクライエントにおいても，例えばカウンセラーとの関わりを通して，修正したり，促進したりすることができると考えられている。

　コンパッション・フォーカスト・セラピーは，イギリスの心理学者，ギルバート（Gilbert, 2010）が，強い自己批判によって恥の感情に苦しむうつ病患者への治療法として考案した。その後はうつ病にとどまらず，摂食障害などの治療にも用いられている。わが国でも，外見に対する不満の強い若年女性に適用した研究があり，セルフ・コンパッションの促進は，人と関わるときの不安や回避傾向を低減し，幸福感を増加させることが示されている（高橋・根建，2016）。コンパッション・フォーカスト・セラピーは，心理的問題の低減にとどまらず，幸福感や優しさ，温かみといった人の肯定的側面を高める方法としても，注目される心理療法である。

●推薦書籍
Welford, M.（2013）. *The power of self-compassion: Using compassion-focused therapy to end self-criticism and build self-confidence.* New York: New Harbinger.（石村邦夫・野村俊明（訳）（2016）. 実践セルフ・コンパッション―自分を追い詰めず自信を築き上げる方法― 誠信書房）

●引用文献
Gilbert, P.（2010）. *Compassion focused therapy.* New York: Routledge.
高橋恵理子・根建金男（2016）. 青年期女性の身体不満足感への認知行動的介入―外見に関する信念に焦点を当てた思いやり/いつくしみのアプローチ― 行動療法研究, 42, 225-235.

第11章 日本発祥の心理療法1：森田療法

　現在，日本で行なわれている心理療法の多くは，欧米から導入されたものである。第11章から第13章では，わが国発祥の心理療法，森田療法，内観療法，臨床動作法について学んでいく。

1．森田療法とは

　森田療法は，1920年頃，精神科医の森田正馬（1874-1938）によって日本で創始された，神経症に対する心理療法である。
　森田療法の特徴は，神経症の症状やそれに伴う不安や恐怖を排除するのではなく，「受け入れること」で**とらわれ**から脱出するという点にある。症状や不安や恐怖はそのまま（**あるがまま**）に受け入れながら，よりよく生きたいという**生の欲望**を建設的な行動という形で発揮し，**目的本位**の生き方を実行することを目指している。

2．森田療法の歴史

　森田は幼少期から病弱であり，自ら神経症症状に悩み，それを克服した経験が森田療法の基盤となった。森田は幼少の頃に寺で地獄絵を見て以来，死の恐怖が頭から離れず，夜尿症や夜間に不安発作が生じるなど，神経質な気質であった。中学2年のときに心臓病（のちに心臓神経症であったことが分かっている）を，また脚気，チフスなど，当時は致死率が高く恐れられていた病気に

罹患し，心悸亢進や震えなど不安発作から死に至るような恐怖体験もしている。こうした病気や成績不良，小学校教員で厳格な父親との葛藤などから，通常より4年遅れて高等学校に進学し，25歳のときに東京帝国大学医科大学に入学した。大学進学後もしばしば不安発作に襲われ，身体の不調から勉学にも身が入らず，貧困にも悩まされた。大学2年の時に仕送りが途絶えがちな父親への怒りもあり，服薬をすべてやめ，睡眠時間を削り，定期試験のための勉強に専念した。その結果，成績が上がり，悩まされていた神経衰弱の症状，身体の不調，脚気，慢性の頭痛なども改善していること，それ以降不安発作が起こらないことに気がついた。この心身の体験が，森田を精神医学の道へ進ませる契機となり，森田療法を生み出す原点となった。

　森田は大学卒業後，精神科へ進み，当時神経衰弱と呼ばれていた神経症の患者の治療法の確立に力を注いだ。当時欧米で実施されていた治療法，安静療法，作業療法，説得療法など，あらゆる治療法を試み，科学的に実証できるものだけを残して森田療法に組み入れた。そして約20年間の試行錯誤の末，自宅を開放して入院治療をする方法を取り入れ，森田療法の理論と実践を確立した。

　当初は入院療法を基本とし，薬物を使用しなかったが，現在は薬物療法を併用しながら外来での森田療法の実践も増えている。また近年，森田療法における不安障害の定式化は，用いる言葉こそ異なるが，認知行動療法（第6章）で解明された不安障害のメカニズムと非常によく似ていることが指摘されている。両者とも，認知，気分，感情，身体反応，行動の悪循環として症状をとらえており，森田療法のアプローチと，「エクスポージャー」「マインドフルネス」「アクセプタンス＆コミットメントセラピー」といった認知行動療法における最新の技法との共通点が見出されている（例えば，北西，2017；園田ら，2017）。

3．森田療法の理論・技法

（1）森田療法の対象

　森田療法の対象は，神経質性格を基盤とする神経症とされるが，ヒステリーを除くかなり広い範囲での神経症が対象となる。**神経症**は，現代の精神疾患の分類（DSM-5）では不安障害に分類され，森田療法の適用範囲である社交不

安障害，パニック障害，広場恐怖症，全般性不安障害が含まれる。これに加え，強迫性障害，身体表現性障害が主たる対象である。近年では，軽症だが慢性的なうつや，うつ病から回復期，社会復帰のサポート，アルコール依存症，統合失調症などへの適用も行なわれている。

（2）森田療法の理論

　森田は，神経症になりやすい人の特徴として，過敏性とヒポコンドリー性基調を挙げている。ヒポコンドリーとは，自分の不快気分，病気，死ということを気にやみ，取り越し苦労する心情である。森田は神経症の発症メカニズムを，病症＝素質（ヒポコンドリー性基調）×感動事実（一般の恐怖）×機会ととらえた。

　そして症状が発生し，固着していくメカニズムは精神交互作用と説明される（図11-1 参照）。例えば，授業中に指名され人前で発表する場面で，顔が赤面し，指先の震えなどが起こったとする。自分の顔が熱くなっていることに気づき，赤面や震えを抑えようと思えば思うほど顔が赤らみ，震えがひどくなって不安に陥るような状況があったとする。不安・恐怖などの不快な反応に注意を向けると，その反応はますます強まり，さらに不快な反応に目が奪われる「とらわれ」という悪循環に陥ってしまうのである。人前で発言するような場面で緊張することは，自然な反応であるが，過敏性の高さが強い緊張を，またヒポコンドリー性基調が不安を高めてしまう。これらの反応を「こうあってはならない」「もっと強くならなければならない」という考えによって排除しようと努めれば努めるほど，一層それを強く意識してしまう（「思考の矛盾」，「精神の拮抗作用」）。こうした注意と感覚の悪循環の打破が森田療法の治療目的となり，症状や不安の軽減を直接の目的とはしない。

　森田療法で特徴的な点は，症状や不安を「よりよく生きたい」「周囲から評価されたい」といった健康な欲求「生の欲望」の裏返しととらえたことである。神経質傾向の強い人は，この「生の欲望」が強いため，失敗や，病気や死への恐怖や不安が生じる。そこで，自己に向いているエネルギーを，建設的な行動という方向に生かせるように援助する。そして症状や不安を「あるがまま」に受け入れながら，今やるべきことをやるという「目的本位」の生き方を実行し，

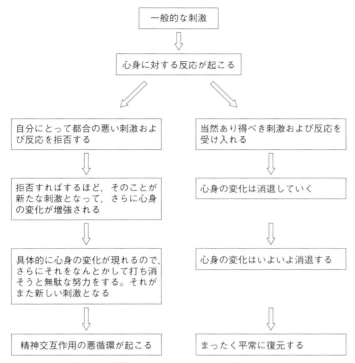

図11-1　精神交互作用のメカニズム（岩井, 1986）

自分らしい生き方を実現することを目指す。

　そのため，森田療法では，常に何かをしている，とくに手足を動かして作業をすることが重視されている。症状があってもそのまま作業が続けられる体験をすることによって，①やればできるという自信，②人間に本来，活動するようにできているので，活動するのが自然なことであり，作業という建設的な意味合いのある行動に健康な喜びを感じる，③自己中心的な患者の関心を外界の事物に転向させる，④興味のあるなしにかかわらず，仕事をすることが気分本意を打破するのに役立つという4つの効果が得られる。

（3）森田療法の実際

　森田療法には，大きく分けて入院治療と外来治療がある。従来は，40日程度

の入院治療が主として行なわれていた。しかし最近では，外来での治療が一般的となり，日常生活や社会との関わりが比較的保たれている場合は，対象者の状態に応じて短期的な入院や，外来での症状改善が行なわれている。

1）入院治療

伝統的な森田療法は，入院を原則としており，入院期間中に以下のような4つの段階を進むようになっている。

第1期　絶対臥褥期（約7日）

　約7日間，周囲の環境から遮断された個室で，一切の運動，作業，談話，読書，気晴らしが禁じられ，食事，洗面，排泄等の最低限の生活行動を除いて，1日中横になったまま過ごす。ここでクライエントは，「不安や症状にあらがわず，そのままにしておくこと」を促される。はじめは，それまで持ち続けてきた不安に直面し苦しむが，次第に不安状態からの解放や，エネルギーの蓄積により，不安の背後で抑えられていた「生への欲望」を感じ，活動への欲求を体験することになる。

第2期　軽作業期（約7日）

　隔離された環境は変わらないが，臥褥は夜だけになり，日中は大きく体を動かさない部屋の片づけ，戸外での草取り，読書（娯楽的なものではなく，古典や自然科学書などを，理解を伴わずとも音読，黙読していく）などの軽作業に従事する。また，日記をつけるよう求められ，クライエントの1日の行動の振り返りに対し，セラピストが簡単なコメントを返していく。多少，欲求不満の状況に置かれるなかで，このような経験を通じてさらなる活動欲の自覚と，不安をもちながらも徐々に行動に向かうことが促される。

第3期　作業期（約1～2ヶ月）

　この時期になると，隔離を終え，日常と変わりない生活となり，より積極的に，主体的に作業に取り組むことが求められる。食事作りや配膳，清掃や動植物の世話，スポーツなどが行なわれる。クライエントは不安や症状を抱えながらも，それを理由に対人接触や作業から逃避せず，目の前の必要な行動をやり遂げていく「目的本位」の行動を体験する。この時期に，クライエントが行動や対人関係でうまくいかないことがある場合は，セラピストがその体験を取り上げることで，クライエントが「とらわれ」から離れ，行動を修正できるよう援助する。

第4期　社会復帰期（約1週間～1ヶ月）

　この時期は，第1期から第3期までの経験を，実生活で生かすための準備の期間である。買い物，訪問，病院からの通学や通勤といった外出や外泊などを取り入れながら，社会生活に復帰する準備を行なう。外出は，気晴らしとしてではなく，用事があることが重要である。クライエントはこの時期，対人関係への緊張や不安を抱いたまま，それをそのまま受け入れ，目の前の行動に踏み込むことで症状が和らぐ経験や，失敗しても立て直すことができることを学ぶ。

2）外来での森田療法

外来での森田療法は，日記指導による治療が中心となる。クライエントは毎日の行動について事実を中心に記載し，その時の感情や気分にとらわれないように注意する。そして治療のたびにセラピストは日記にコメントを加え指導する。

また，医療機関の外来治療だけでなく，日記やメールを利用する方法や，同じような悩みをもつ人同士で助け合う自助グループやインターネットを活用した方法なども行なわれるようになっている。

4．森田療法の効用と限界

森田療法では，クライエントが症状の発生と精神相互作用のメカニズムについて，理解することでも自己理解が進み，症状が軽減されることもある。しかし体験的な理解が，非常に重要である。この際，作業を重視した非指示的な心理療法のため，本人の治療意欲が重要になってくる。

また，うつ状態が重いとき，とくに希死念慮が見られる場合には，森田療法は適用せず，治療の途中で希死念慮が見られる場合には，治療を中断する。回復期のうつ病に対しては，適用されている。

5．森田療法の学びを深めるためには

日本森田療法学会では，森田療法セミナーや講演会，市民公開講座などを定期的に開催している。セミナーによっては，すでにメンタルヘルスに従事していることが参加条件となっているものもあるが，参加条件が大学院生以上，もしくは森田療法に関心のあることというものもあり，利用が可能である。

● 推薦書籍

◆森田正馬（2004）．新版　神経質の本態と療法―森田療法を理解する必読の原典　白揚社

副題に「森田療法を理解する必読の原典」とあるように，創始者である森田正馬によ

る森田療法の基盤となる1冊。
◆**岩井　寛（1986）．森田療法　講談社**
　森田療法の理論と実践が，読みやすく，解説されている。新書らしく，コンパクトに分かりやすく，ロングセラーとして読み継がれている。

引用文献

岩井　寛（1986）．森田療法　講談社
岩壁　茂・福島哲夫・伊藤絵美（2013）．臨床心理学入門―多様なアプローチを越境する　有斐閣
北西憲二（2017）．森田療法とマインドフルネス：共通点と相違点　精神科治療学, 32, 665-670.
窪内節子・吉武光世（2003）．やさしく学べる心理療法の基礎　培風館
園田順一・武井美智子・高山　巖・平川忠敏・前田直樹・畑田惣一郎・黒浜翔太・野添新一（2017）．ACTと森田療法の比較研究―その類似点を検討する―　心身医学, 57, 329-334.
森田正馬（2004）．新版　神経質の本態と療法　白揚社
森田正馬（2008）．神経衰弱と強迫観念の根治法　白揚社
丹野義彦・石垣琢磨・毛利伊吹・佐々木淳・杉山明子（2015）．臨床心理学　有斐閣

第12章 日本発祥の心理療法2：内観療法

1．内観療法とは

　内観療法（内観，内観法）は，吉本伊信（1916-1988）が「身調べ」という仏教の精神修養法をもとに考案した，自己の内面を観察する心理療法である。
　具体的には，父母，祖父母，兄弟，配偶者といった身近な人に対する自分の行動を，①していただいたこと，②して返したこと，③迷惑をかけたこと，という3つの観点で，過去から現在まで年代順に具体的に省みる作業を行なう。自己中心的な思考から他者から生かされているという発想の転回を主眼にしている。

2．内観療法の歴史

　内観療法は，吉本伊信（1916-1988）によって創始された。吉本は，妹の死をきっかけに仏教活動を始めた母の影響を受け，仏教への信仰心をもつようになった。そして浄土真宗の一派に伝わる身調べという厳しい修行に挑み，三度の断念の後，1937年に四度目にして悟りを開くに近い（一念に会う）宗教的体験を得た。吉本はこの経験による感動を広めたいという思いから，「身調べ」を基礎とし，「身調べ」の厳しい条件（断眠・断食・断水）を和らげるなど，宗教色を取り去った自己探究法としての「内観」を開発し，1941年頃に現在の内観療法の形式の基礎をつくった。

吉本は実業家であり，企業経営を行ないながら自宅を開放し，希望者に内観を指導していたが，1953年に内観道場を開き，内観の指導に専念するようになった。また同時期より刑務所や少年院で篤志面接員としての活動を通じ，矯正施設での内観の普及に尽力した。試行錯誤のうえ，1960年代後半に，現在のような**内観3項目**（「**してもらったこと**」「**して返したこと**」「**迷惑をかけたこと**」）が確立された。

　内観療法は，1960年代から精神医療現場でも導入されるようになり，1978年には日本内観学会が設立され，内観療法の技法，適用対象などの理論化が進んだ。さらに2003年には国際内観療法学会も設立され，欧米やアジア諸国など，国際的な広がりを見せている。

　内観療法は，内観，内観法，吉本内観法とも呼ばれるが，とくに疾病の治療目的の場合には「内観療法」と呼ばれる。また，吉本が創始した従来の内観法を「内観現法」と呼び，記録内観（内観の結果を，セラピストに語る代わりに，ノートや日記に記録する方法），身体内観（手や足といった，自分の身体の一部に対してこれまでの関わりを内観3項目について調べる方法），行動内観（接した人物，自分の身体，自分のこころに対する自分の行動を内観し，その結果を考察し，よりよい行動に改めていく方法）など変更の加わった「内観変法」と呼ばれる方法や，他の心理療法を組み合わせた方法も開発され，教育，医療，産業等，広い分野で普及している。

3．内観療法の理論・技法

（1）内観療法の理論

　内観療法は，精神医学や心理学を背景としておらず，実践に重きが置かれ，理論化は遅れて試みられるようになった経緯がある。また適用対象も，自己発見，自己啓発を目的とする人から，人間関係の葛藤の解決，心身症等の治療を目的とする人まで幅広い。心理療法としては，とくに対人関係や生活習慣などから発生したストレス反応や疾病が対象となることが多く，非行や犯罪，不登校，親子や夫婦間の問題，職場の対人関係，アルコール・薬物依存，ギャンブルや買い物依存，摂食障害，アダルトチルドレン，心身症，神経症，抑うつ，

などが適用対象となる。適用年齢は，小学校高学年頃から高齢者と広いが，自己洞察の作業に耐えられる自我や精神的な成熟，問題解決への意欲などが必要となる。

また，セラピスト，クライエントという呼称より，指導者（面接者）と内観者という呼び方が一般的である。セラピストの役割を果たす指導者（面接者）の条件としても，集中内観を経験したことがあり，その後も日常内観を実行していて，安定した信念と情熱をもって内観法を実施できる人であれば，心理学や精神医学などの専門知識を必ずしも備えている必要がない。治療構造が単純で定型化しているので指導しやすく，自らが集中内観の体験をすれば，ひととおりの指導ができるようになる点が，他の心理療法と比較した場合に特徴的である。

（２）内観療法の技法

内観は，１週間，一定条件のもとで行なうものを**集中内観**といい，日常生活の中で短時間ずつ行なうものを**日常内観**と呼ぶ。

１）集中内観

集中内観では，内観研修所などに宿泊し，１週間連続して集中的な内観を行なう。内観研修所の多くは静かな環境の場所にあり，日常生活や人間関係，仕事などから離れ，内観だけに集中する。この１週間は，セラピスト以外の人との会話は禁止される。また，テレビやメール，読書などの気晴らし行為も禁止されている。

内観についての説明を受けた後，和室の隅を屏風で仕切った空間や個室に，楽な姿勢で座る。このとき，座り方は自由な姿勢でかまわないが，横臥してはいけない。午前６時から午後９時を基本とした１日15時間，内観を行なう。こうした条件は「遮断」と「保護」の機能を果たすことが指摘されている。食事や入浴，睡眠などの世話をしてもらい，日常生活から解放された非日常的な環境に，心的な転換が起こりやすくなる。

内観は，幼年期から現在に至るまでを，成人の場合は３～５年ごと（小学校入学前，小学校低学年の頃，小学校高学年の頃，中学校時代，高校時代，大学時代，等）に区切って，過去から順番に行なう。未成年者の場合は１年間ずつ

行なう。

　無理のない限りまず母（または母親代わりの養育者）を対象に，自分が①していただいたこと，②して返したこと，③迷惑をかけたこと，の3つの側面について，具体的な事実を思い出していく。その後，父親，祖父母，きょうだい，配偶者，子ども，友人等，現在までの生活のなかで関係が密接であった人々に対して，同様の3点について想起する。

　途中1〜2時間おきにセラピスト（面接者）が訪れ，3〜5分程度の面接が行なわれる。このとき，セラピストは「この時間，どなたに対するいつの時代のご自分について調べてくださいましたか」と尋ね，クライエント（内観者）の報告を共感的受容的に傾聴し，抽象的な場合などは具体的に語るように求める。また，質問がある場合にはそれに答え，熱心に内観を続けるように励ます。面接の最期に「次はどなたのいつの時代について調べていただけますか」と次の内観の課題を確認し，丁寧に礼をして辞去する。

　「していただいたこと」を調べると，これまで多くの世話や愛情を受けてきたことに気づく。そして，多くの人から愛情を注がれてきたことに気づき，他者への肯定感と共に自己肯定感につながる。また「して返したこと」を調べると，自分が返したことの少なさに気づく。そして，自分の対人関係の未熟さや，依存性など，他者の視点から見た自分についても振り返ることになり，自己中心的な視点からの転換も起きる。「迷惑をかけたこと」を調べると，自分が多くの迷惑をかけてきた事実に，罪悪感や謝罪の気持ちが生まれる。この場合，**自己否定**の気持ちも強まるが，愛情体験の発見に伴う**自己肯定感**も高まっていることから，**自己洞察**が深まる。そして，他者や自然など，周囲への感謝と謝罪の気持ちがわいてくる。こうして3つの観点から調べることで，自己や他者に対する認知が否定的なものから肯定的なものへと変化し，価値観が転換することで，問題解決や自己実現への意欲が生じる。

　1週間の経過は，人によって異なるが，特徴的な心的変化が起こりやすい。内観の導入の時点では，不満や，突き放されたような気持ちを抱く者もいる。1〜2日目の初期には，環境や課題に馴染めなかったり，座っているだけでも苦痛を感じたりし，集中できず，内観が進まないことも多い。また，内観の課題を省略してしまう，思い出になってしまう，内容が抽象的になってしまうこ

ともある。3〜6日目頃には，内観が深まっていくと同時に，内観への抵抗も起きてくる。感謝することを強要されているように感じたり，自分の醜さや罪から目を背けたくなったり，また自分の変化を望んでいるにもかかわらず，変化への恐怖や，これまでの自分への執着などの抵抗が起こり，苦しさが伴う。腹痛や頭痛などの身体症状が起こることも少なくない。しかし抵抗と闘いながら内観を続けていくと，自分が慈しまれ，大切にされてきたことに気づき，自分が受け入れられているという**自己受容**を感じる。また，被害者だと思っていた自分が，他者を傷つけたり，迷惑をかけていたという加害者としての側面を自覚する。こうした内観療法の洞察の中心である「自己の罪と他者の愛の自覚」が深まり，自己変容の体験に繋がる。内観が終結に近くなると，今後の自分の人生や，周りの人たちとの関わり方，今後の生活について考え始めるようになる。終結にあたりセラピストは，帰宅後も1日に少しでも日常内観をすることを勧める。

内観3項目以外にも「嘘と盗み」，「養育費の計算」，アルコール依存症の場合には「酒代の計算」などの方法が適宜とられている。

2）日常内観

集中内観の終了後も，通勤や通学，就寝前の時間など，日常生活のなかで毎日一定時間の内観を継続していくことが推奨される。こうした内観を日常内観もしくは分散内観と呼ぶ。日常内観の方法は，集中内観と同じだが，セラピストによる支援がないことや，継続の難しさがある。しかし，集中内観での体験や自己洞察は，内観を日常生活のなかで習慣化していくことで，より深まるため継続は重要である。

3）内観変法

近年，集中内観する時間の確保が難しい，集中内観を経験したが再度内観をしたい，日常内観の継続のために，などのニーズに合わせ，1日内観，週末内観，電話やインターネット等を利用した内観等も普及している。

さらに記録内観を，職場や学校等の集団で利用する方法も開発されるなど，現代の生活に適用可能な形での内観変法の利用が進んでいる。

4．内観療法の効用と限界

　内観療法は，自己洞察によって進む要素も大きく，クライエント自身が強い問題意識をもち，内観への自発的な意思があることが求められる。わずか1週間の集中内観によって，劇的な効果を示すことも少なくないことから，**ブリーフセラピー**（短期療法）としても注目されている。

　うつ状態が重く，自責感の強さ，思考力の低下，希死念慮があるような場合には，うつ状態の治療とその改善を優先させる判断が必要である。また，統合失調症や境界性パーソナリティ障害への適用は，意見が分かれており，慎重な判断が必要である。

　また，テーマが限定されているため，両親から虐待されたなど愛情体験が少ない人にとって内観が難しいこともある。恨みや怒りなどの感情を抱いているような人物については，内観の後半になってから対象とする。

5．内観療法の学びを深めるには

　内観は，体験することが何より理解を深める。内観研修所を利用し，1日内観や週末内観を行なうことも可能である。また，記録内観を行ない，1日に一つの期間，内観3項目について調べ，それを記録していくことも，学びを深める。

● **推薦書籍**

◆三木善彦（1976）．内観療法入門―日本的自己探求の世界―　創元社
　　理論から実践まで，分かりやすく，内観療法の本のなかでも名著．ベストセラーとして知られるが，現在は絶版である。図書館を利用するなどして，是非一読を勧める。

引用文献

窪内節子・吉武光世（2003）．やさしく学べる心理療法の基礎　培風館
三木善彦（1976）．内観療法入門―日本的自己探求の世界―　創元社
丹野義彦・石垣琢麿・毛利伊吹・佐々木淳・杉山明子（2015）．臨床心理学　有斐閣
吉本伊信（1993）．内観への招待―愛情の再発見と自己洞察のすすめ　朱鷺書房

第13章 日本発祥の心理療法3：臨床動作法

1．臨床動作法とは

臨床動作法とは，成瀬悟策（1924-）によって開発された心理的援助技法であり，脳性マヒ児・者の動作の改善を目的として開発されてきた動作訓練を，他の対象者に適用する場合の方法と理論を指している。心理療法の多くが「言葉」を手段として面接を進めていくのに対し，臨床動作法は「動作」をその手段として用いる。実際の面接場面では，セラピストは，特定の**動作課題**をクライエントに提示して，適切に遂行できるように努力を促し，課題達成に向けてクライエントが努力する過程のなかで，有効な治療的体験が展開されることが目指される。

臨床動作法では動作を，人が意識的・無意識的にからだを動かそうと意図して，その意図した身体運動を実現しようと努力する『心理過程』としてとらえ，目に見える身体運動だけではなく，からだを動かそうとするときの**意図-努力-身体運動**の全プロセスを指すものと定義している（成瀬，2000）。臨床動作法で扱うのは，このような心理過程を含む「動作」であり，本人の意図や努力がないところで生じる単なる身体運動を扱うものではない。

2．臨床動作法の歴史

臨床動作法が，研究され始めた直接のきっかけになったのは，当時，脳性マ

ヒのため動かないとされていた女性の手が催眠暗示による治療で動くようになったという小林（1966）の報告からである。その女性は催眠下で，子どものときからまがったままであった5本の手指を伸ばすことができ，その後の催眠法を用いた上肢の機能訓練によって，アイロンをかけ，ミシンを使えるまでになった。小林の報告は，当時，器質的な脳損傷によるもので改善が困難と考えられていた脳性マヒの動作の問題に，実は心理的要因が深く関与しており，二次的に付加された**慢性緊張**の処理が障害の改善に密接に結びつくことを示唆する革新的な報告であった。その後，催眠適用の前提条件である意思疎通の可能性，催眠導入や暗示実現のための言語・行動における表現能力の問題など，さまざまな問題に遭遇し，催眠法ではなく，それに代わる新しい手法の開発が必要となった。その際の有力な考えは，慢性緊張へのアプローチであり，**漸進的筋弛緩法**や**自律訓練法**（第7章）の導入が試みられた。これらの技法は本来障害児・者のために開発されたものではないため，適用条件，効果ともに限定的なものであったが，これらの基礎研究を背景として，慢性緊張を処理するための働きかけが集中的に検討され，援助者が脳性マヒ児・者に対して**リラクセーション課題**を与え，両者の共同作業によってリラクセーション行動を実現する技法が開発された（成瀬，1967）。これが臨床動作法の始まりである。

3．臨床動作法の理論・技法

（1）動作とこころの結びつき

　臨床動作法では，思考や感情は，無意識的な動作活動と同時的に生起し，ある思考や感情は，ある動作と結びつくことでパターン化され，それらが日常的に繰り返されることによって姿勢化されていくものととらえている（鶴，2007）。

　例えば，「人前でうまくやれるだろうか」という「思考」や，予期的に感じる不安，実際に人前に立ったときの恐怖といった「感情」は，うつむき加減で視線を落とし，背中を丸くして，肩と背を強く緊張させた「動作」と結びつきやすいものと推察される。このような思考や感情と動作の結びつきは，それに類似した場面においてその都度生起し，無意識的に繰り返されたこれらの結び

つきは，次第にその人固有の姿勢を形成することとなる。人の動作や姿勢は，それぞれ独自の様相を呈しているが，臨床動作法では，そこに各人固有の**体験様式**（鶴，1991）が表現されているものととらえている。

臨床動作法は，動作活動を上記のような仮説をもってとらえ，動作を手段とすることによって，不適応に陥っている体験様式を直接的に扱い，よりよい方向に変えていく援助をしようとするものである。このような基本的仮説は，成瀬（1988）の**体験原理・体験治療論**に根差している。

（2）臨床動作における基本的仮説：体験の内容と様式

臨床動作法では，成瀬（1988）の体験原理・体験治療論に基づき，クライエントの主訴と関連する体験を「内容」と「様式」という2つの側面に分け，主訴の改善にあたっては，体験の内容的側面よりも，実際に問題に対してどのように対処したか，という様式的側面（体験様式）をより重要な治療要因としてとらえる。主訴に関連する体験の内容，例えば不安や恐怖について，その意味をクライエントが知的に理解することは，治療的に意義深いことであるが，一方で，実際の困難場面における体験様式が，状況を現実的・合理的に受け取り対応する様式に変わらなければ，不安や恐怖を不合理に感じるという体験は変化しにくいものと考えられる。

先述の通り，臨床動作法では，クライエントがこれまでの過去経験から身につけてきた思考や感情と動作の不適応的なパターンは，無意識的に繰り返されることによって姿勢化され，それは本人にとって，動作の不調として体験されていると考える。したがって，セラピストは，動作の不調から，クライエントのもつ問題に対する不適応的な体験様式のあり方についてアセスメントし，動作を介して共感的に理解することが可能であり，さらに動作を手段とすることによって，クライエントの体験様式を面接場面で直接的に扱い，実体験を通してより望ましい方向へと変化を促すことが可能になる。言語面接においても，体験の内容のみならず，様式を扱うことは可能であるが，面接場面において主訴にまつわる体験様式をその場で再現し，セラピストが動作を介してより直接的に扱える点は，臨床動作法の大きな強みである。

（3）臨床動作法の進め方
1）インテーク面接とアセスメント

　臨床動作法も，他の多くの心理療法と同様に最初の面接では，まずクライエントの臨床的な悩み，これまでの経過，体験の内容について傾聴することから始める。これに加えて，主訴に関連する場面において，最近のからだの感じ，動きについて気づいていることを聞いていき，主訴の内容とそれに対する本人なりの体験の様式（体験の仕方，感じ方）をはっきり分けて，それぞれどのようなものかを確かめていく。

　臨床動作法では，このような言語的な聞き取りに加え，実際の動作を通して，日常生活における適応の問題が動作の不調としていかに現れているかについて，アセスメントを進める。この際，いきなりからだに触れることや背後にまわって援助をすることは，クライエントに不快感を抱かせることに繋がりやすいため，まず，その前に臨床動作法の導入の意味について，クライエントと話し合う必要がある。例えば「体を動かすことを通して，心の安定をはかり，気持ちの持ち方を変えていく練習をしませんか」といったような言葉で趣旨を伝え，実際にからだに触れて援助をしてよいか承諾を得てから，アセスメントを進めることが必要になる。動作のアセスメントは，「動作課題」を用いて行なわれる。動作課題とは，クライエントが有効な治療体験を得るためにセラピストが提示する動作のパターンであり，①仰臥位，側臥位，②座位，③膝立ち位，④立位，⑤歩行の5つの基本姿勢をもとに行なわれる。セラピストは，クライエントの姿勢や動作の中から，慢性緊張や**随伴緊張**（動作課題で対象としている部分以外に出てくる緊張）の見られる箇所を探し，クライエントにとって課題性があり，緊張を軽減・解消するのに有効な動作パターンのいくつかを動作課題として選定する。

2）導　入　期

　初回面接以降は，基本的に初回と同じ動作課題に取り組んでいく。この際，肩上げ課題において「肩を耳につける」といったような，課題目標の達成にばかりクライエントの意識が集中することがあるが，ここで重要なのは，課題達成そのものではない。より重要なのは，課題達成に向け努力の仕方を試行錯誤する体験過程であり，これまでの努力の仕方では通用しない難所に対し，じっ

くり向き合ってこそ，クライエントにとって有効な新たな様式を獲得することが可能になるものと考えられる。これらのことは，クライエントよりもむしろセラピストが十分に認識し，治療目標にとって何が重要であるのかを見据え，課題達成そのものに一喜一憂せずに取り組む必要があるだろう。このように初期には各課題について，時間をかけて取り組む必要があるため，最初の5回目までのセッションについては，1回のセッションでの動作課題は2つから3つ，それを超える場合は，古い課題を除き，新たに課題を加えることが望ましい（成瀬，2016）。

3）変 革 期

　この時期，言語面接では，動作体験についての進歩や生活の状況，自己認知，周囲の人との関係や主訴の変化などが話題となるので傾聴を心掛ける。臨床動作法において，動作課題を始める前に「この課題はこういう意味があって」と課題の説明をすることは少ない。セラピストは，クライエントが動作課題のなかで，じっくりと自己に直面し，動作に現れる自らの体験様式に直面できるよう援助する。クライエントは，このようななかで，慢性緊張・随伴緊張にあたり，自分で動かしてみる，力を抜こうとしてみるなどさまざまな努力の仕方を試みるが，セラピストには，動作を介して伝わってくるこの有り様を，日常生活において困難が生じた際におけるクライエントの心の使い方であるととらえ，共感的に理解する姿勢が求められる。

4）終 結 期

　いくつかの動作課題を自由に進められるようになり，余計な緊張も軽減・解消して，それに併せて主訴についても改善が報告され始めた頃，終結の段階へ入っていくこととなる。課題を進め，緊張が弛み，動きが自由になるにつれて，動作の変化だけでなく心理的変化も見られるようになってくる。このような様子は，セッションはじめの言語面接で近況についてやりとりし，行動としてどのような変化が見られるか，主観的・客観的に資料収集を行なう。そうした資料や状況から考慮し，継続・中断・終結についてクライエントの希望を併せてセラピスト自身が判断し，提案する。

（4）臨床動作法の実際

ここからは臨床動作法の実際について解説するために，事例を提示する。提示する事例は，筆者が実際に担当したいくつかの事例について，趣旨を損なわないように組み合わせた，架空の事例である。

事 例

クライエント：A，11歳（小学校5年生），男児
家族構成：父，母，A，弟，妹の5人家族
来談経緯：小学校入学以来，担任から多動・衝動的行動を問題としてとらえられてきた。入学当初から授業中に離席行動があり，教室を飛び出すこともあった。最近では，学校で物を投げつける行動や授業を妨害する行動が目立つようになった。両親にとってAの家庭での行動は，とくに問題としてとらえられておらず，Aがなぜ学校で「キレる」のか分からない。学級担任より，最近の学校での行動は他害の恐れもある，として母親が連絡を受け，来談に至った。
面接頻度：#1から#5は隔週に1回，#6以降は月1回の頻度で行なった。
面接時間：初回80分，2回目以降は50分，うち最初の20分を言語面接，残りの30分を動作面接にあてた。

面接経過

#1：両親とAで来談。Aは面接中，終始，緊張した様子で両肩をすぼめ，背中を丸くして座っていた。セラピストの「今より気分よく学校で過ごせるとしたら，どんなところが変わっていると思う？」に対し，「怒らずにみんなと遊べる」と答え，怒った後は，A本人も居心地が悪く，怒りたくて怒っているわけではないことが語られる。言語面接の後，簡単な動作課題を導入する。セラピストがAの背後にまわり，両肩を後方に開こうとすると，すぐにガチっと動かなくなる。Aはセラピストの意図を汲み取り，即座に力任せに動かそうとするが，首周り，腕の緊張が強まるばかりで，後方にうまく動かせない。立位姿勢を見てみると，Aの腰は反っており，背中や腰周りの緊張の強さが感じられた。セラピストが「今日やってみたように，からだを使って気持ちのコントロールを学べる方法があるんだけど続けてみない？」と尋ねると，Aは「やってみてもいい」と答え，臨床動作法による面接を継続することとなった。

#2：椅子座位で，背中が丸くなっているので上体を直にさせると，腰が反ってくる。上体を立てて，肩開きと肩の上げ降ろし，腕上げの課題を行なう。肩を後方に開いていく肩開きの課題では，#1と同様，両肩が内屈しているので，セラピストの援助でまっすぐの位置まで起こすと，そこでガチっと動きが止まる。セラピストは，Aに「そのきついところで動きを停めていると，きつさが変わってくるから，動かさずに緊張が弛まないかなぁって待ってみて」と声をかけ，Aの緊張に変化があった際に「そう。今の感じ」と声をかける。肩の上げ降ろしでは，セラピストはAの肩に軽く手を触れて，動きの方向のみ示した。その際，右肩は耳のあたりまで上がるのに対し，

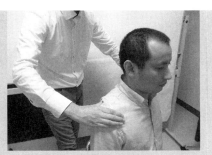

図13-1　肩開き動作課題の例
クライエントの両肩端を両掌で包むようにもち，ゆっくりと後方に開いていく。

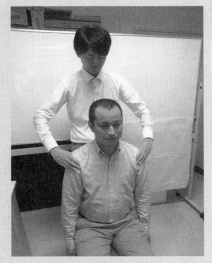

図13-2　肩上げ動作課題の例
「肩を上げていきましょう」と伝える。セラピストは動作を介して方向のみを示し，クライエントの動作についていくよう心掛ける。

左肩が上がりにくいという特徴が見られた。肩を上げた位置から最初の位置までゆっくりと降ろすように伝えるが，動きはぎこちなく，両肩とも途中から一気に降ろしてしまう。片方ずつ手を下から上方に上げていく椅子座位での腕上げ課題では，セラピストが速度を遅くすると，それに合わせることには耐えられず，速く上げてしまいそうになる。一方で，臨床動作法の体験については，Aは「力が抜けると楽になる」と

話した。

　#3：導入の言語面接において，セラピストがAに「カッとなるとからだはどうなる？」と尋ねると，「力が入る」と言い，その際，咄嗟に全身を硬直させ，手をしっかりと握りしめている様子が見られた。このような全身の過剰緊張と即座の反応は，物事に対処する際のAの体験様式であり，「全身」ではなく「必要な箇所」に，また「過剰」ではなく「適度」な緊張を入れ，必要に応じてコントロールする動作体験が，Aにとって新たな様式の獲得に繋がるものと推測された。このことから，動作課題は，とくに緊張の強い肩周りと腰周りの課題を中心とし，課題となる箇所以外の力を抜きながら，必要な箇所のみを動かすことに注意を向けて，これ以降の課題を進めることとした。床での座位姿勢における肩開き課題では，肘や胸に力を入れないように言葉かけをして，セラピストが方向のみを示すとAの主動で開いていくが，同時に背が反ってくる。緊張の強いところで動作を止め「そこで肘の力を抜いて，ゆったりしよう」と伝える。動作課題後，Aは自発的に背中を反らせて練習していたので，「肩を下げ気味にして，背中の力を抜いてみて。からだがリラックスするとイライラがましになるかもしれない」と伝えた。

　#4：Aの衝動的とされてきた行動に変化が見られる。このことを母親は「怒っていてもハッと我に返ったような様子があり，衝動的な行動が減ってきた」と話した。肩の上げ降ろしの課題では，ゆっくり動かすことが難しかった動作が，途中でひっかかりがあるものの，うまく力を抜いていくことができる。座位での腰の上げ下げの課題を導入すると，上体を直にして腰を上げていくことはできるが，下げる時，腰の動きがぎこちなく，背も丸くなる。立位では，踵に重心を置いて立っている様子が見られたので，セラピストが補助して腰を少し前に出し，足の前の方で踏む練習をすると，課題後では，腰の反りは初回に比べ見られなくなった。また，Aは初回から両肩の屈と腰の反りが特徴的であったが，この頃，緊張を抜いて肩を動かせるようになってくると，立位ではその特徴が目立たなくなっていった。

　#5：長期休み明けに学校に登校するようになって，以前に比べて離席の頻度が少なくなっていることが母親から報告される。動作課題においては，座位での肩の上げ降ろしで，腕の力をすべて抜いた状態で課題を遂行できる。肩の開きは，これまではとんど動かなかったものが，セラピストの簡単な補助でできるようになり，セラピストには驚きがあった。このことについて，Aは得意げな表情で「腕に力を入れないで，肩を開く練習をしていた」と話した。

　#6：連絡帳を持参したのを見ると「わからない問題にイライラしても友人にあたらず，我慢してやっている様子が見られる。学習に手を挙げ積極的に参加している」と担任から肯定的な評価が書かれていた。肩開きでは，少しの補助で両肩甲骨がくっつくまで開き，Aに戻させると，両肩をより下げ気味に動かしている感じがセラピストに伝わってくる。

　#7：Aから「最近は，席を立たないで授業を受けられている。でも，丸一日は難しく，退屈なときは，立ちたくなって足がうずうずする」と話がある。椅子に座っていても，右足を横に動かしたり，両脚の開閉動作をしているようであった。セラピス

第13章　日本発祥の心理療法3：臨床動作法　171

トは，そのようなとき，両脚をきちんと床につけている感覚に注意を向けてみることをAに提案した。そして，まず地に足がついている感覚を実感してもらうために，この回は主に立位での踏みしめ課題を行なった。初回に比べて改善はあるが，Aは腰が反り，胸を突き出して，踵で立っている様子が見られた。セラピストはAの肩と腰を補助し，からだを直にして少し前傾位をとらせた。Aは，顎を上げて首を後ろに傾けることでバランスをとろうとするが，その際セラピストは，「あごの力を抜いて，こうだよ」と伝え，肩と腰に当てた手から前傾位に添ったタテの力を加え上体をまっすぐに保ちやすいよう援助した。Aは，すぐに要領を得て，その後の踏みしめ課題では，足裏で踏みしめる部位をコントロールし安定的に取り組むことができた。

　＃8：新6年生となり，クラスメイトと担任が変わったが，離席は目立たず，友人関係のトラブルもない。授業もAは「嫌になることはあるけど」受けている。初回に目標としていた「怒らずにみんなと遊べる」ことについて話題にすると，「なんで怒ってたか，思い出せない」と話した。離席など授業の取り組みについて，達成状況を確認すると「今は90％，100％までいきたい」とさらなる目標を掲げたが，セラピストは，Aの日常生活での変化を認めたうえで「頑張りすぎないで90％くらいでいいんじゃない？」と伝えて，面接の終結を提案した。その際，Aには若干の戸惑いが見られたが，「困ったことがあれば，またそのとき，来たらいいよ」と伝え，Aが納得したところで終結とした。その後，母親と半年に一度フォローアップのための言語面接を二度行なったが，家庭でも学校でもAに目立った問題は報告されていないとのことだった。

事例のまとめ

　Aは＃1において一見して両肩を内屈させ，背中を丸めて座っていたことや，立位姿勢において腰が反っていたことなどから，肩周りや腰周りの慢性緊張が強く，それらを扱うことがAにとって有効な体験となることが見立てられた。＃1では，主訴としてさまざまな学校でのトラブルが語られているが，それはAにとって，行動としては「キレる」，動作としては，＃1力任せに動かそうと頑張りすぎる，もしくは＃3全身の過度緊張，という様式をもって体験されていることが明らかとなっていった。このようなAの現在の体験様式から，頑張りすぎず適度な緊張を体験することや，無理に進もうとせずいったん立ち止まって随伴緊張の処理に丁寧に向かい合うことが，Aにとって新たな様式の獲得に有効な体験となることが推察された。先述の通り，初期の課題は時間をかけて取り組む必要があるため，＃2以降，課題は肩開きと肩の上げ降ろし，腕上げを中心として面接を進めていき，＃4において，Aにとって課題性

が低いと判断された腕上げを除き、新たに座位での腰の上げ下げの課題を導入する、といったように課題を絞って面接を進めた。

＃1力任せに動かそうと頑張りすぎる、＃3全身の過度緊張といった努力の仕方は、過度に緊張し、力任せに対応していくことしかできなかったAの心の有り様が表現されたものと考えられる。このような様子をセラピストは感じ取り、面接の経過のなかで「少し待ってみてもいい、ゆっくりでよい」ということを言語援助や動作課題を介して伝えていった。面接が進むにつれ、クライエントは、同じ課題に対し、＃4速度を落としゆっくりと動かすことや、＃5無理に動かそうとせず、力を抜きながら取り組む動作体験を通して「焦らなくてよい、楽にしてもよい」ということについて、実感をもって身につけることができていったと考えられる。終結にあたっては、担任からの報告や連絡帳の内容などを客観的材料として参考にし、現実的にAの行動がどのように変化したと受けとられているかを判断した。その際、主観的体験としてAは「今は90％、100％までいきたい」とセラピストに語ったが、適度な緊張をつくること、頑張りすぎないことを目標に据えてきたこともあり、その意味を込めて「頑張りすぎないで90％でもいいんじゃない？」と伝え、面接を終結することとした。

4．臨床動作法の効用と限界

臨床動作法は、統合失調症（鶴、2005）を代表とする精神障害、自閉スペクトラム症（森崎、2002）、注意欠如多動症（竹下・大野、2002）などの神経発達症、認知症高齢者（中島・成瀬、2001）、スポーツ領域（成瀬、2002）、災害支援（冨永、1995）など、多岐の分野で適用が試みられ、一定の効果が確認されている。臨床動作法を実践するうえでの基本的仮説はこれまで述べてきた通りであるが、上記の適用領域や対象者の個別性によって、当然ながら治療目標の設定は変わり、その設定によって、同様の動作課題であっても重視する点は異なってくる。さらには、上記のような先行事例があるからといって、それに基づきステレオタイプ的に治療方針を決定することは避けるべきである。まずは、目の前の対象者の生活が今よりも少し楽になるためにはどうしたらよいか、という問いを立て、対象者とともに個別の治療目標を立てることが肝要である。

こういった視点に立てば，療法としての限界は少ないように考えられるが，過去の体験から身体接触を苦手とする方や性別の違いによる影響などは，当然，存在する。そういった事項は最初に考慮して適用方法を工夫して取り組む必要があるだろう。また，臨床動作法が対象者の主訴の改善にとって最適な方法であるかについても，同時に考慮する必要がある。成瀬（2016）は最初の５回のセッションで有効な見通しが見られない場合，別の方法を考える必要性を指摘しているため，一つの目安として参照されたい。

5．臨床動作法の学びを深めるためには

　何よりも実際に体験できることが望ましい。日本臨床動作学会が主体となり年間を通じて各地で研修会が開催されているため（https://www.dohsa.jp/gakkaikensyukai），初心コースからの参加をお勧めしたい。
　また，脳性マヒ児・者の動作の改善を目的として開発されてきた動作訓練が，どのようなプロセスを経て心理療法として確立していったのか，その過程について本章で概説することができなかった。心理療法として臨床動作法を用いるうえで，その成り立ちを理解することを，筆者は比較的重要なことととらえている。個人的所感ではあるが，成立の経緯を知ることで，実際の援助において何を重視するのかがより明確になり，治療方針を立てやすくなったと感じるからである。臨床動作法の成立の経緯については，『臨床動作法』（成瀬，2016）に詳しいので併せて参照されたい。

● 推薦書籍

◆成瀬悟策（2016）．臨床動作法―心理療法，動作訓練，教育，健康，スポーツ，高齢者，災害に活かす動作法―　誠信書房
　臨床動作法の成立から発展から，スポーツ動作法や災害時に活用できる動作法，高齢者動作法など近年の応用領域まで幅広い領域について解説された概論書。
◆成瀬悟策（2014）．動作療法の展開―こころとからだの調和の仕方―　誠信書房
　心理療法としての臨床動作法「動作療法」について基礎からその実際まで写真やイラスト入りで詳述されており，面接の展開について理解を深めるには最適の書籍。

◆はかた臨床動作法研究会（編著）　成瀬悟策（監修）（2013）．目で見る動作法［初級編］　金剛出版
動作法における基本的な知識が提供されているとともに，熟練のセラピストによる実演DVD付きのため，援助のポイントについて視覚的にも学ぶことが可能な書籍となっている。

引用文献

はかた臨床動作法研究会（編著）　成瀬悟策（監修）（2013）．目で見る動作法［初級編］　金剛出版
小林　茂（1966）．脳性マヒのリハビリテーション　成瀬悟策（編）　教育催眠学（pp.279-290）　誠信書房
森崎博志（2002）．自閉症児におけるコミュニケーション行動の発達的変化と動作法　リハビリテイション心理学研究，30, 65-74.
中島健一・成瀬悟策（2001）．痴呆性高齢者への動作法　中央法規
成瀬悟策（1967）．脳性マヒ者の心理学的リハビリテイション1—弛緩行動について—　九州大学教育学部紀要，11, 33-46.
成瀬悟策（1988）．自己コントロール法　誠信書房
成瀬悟策（2000）．動作療法　誠信書房
成瀬悟策（2002）．スポーツ動作法（講座・臨床動作法）　学苑社
成瀬悟策（2007）．動作のこころ　誠信書房
成瀬悟策（2014）．動作療法の展開—こころとからだの調和の仕方—　誠信書房
成瀬悟策（2016）．臨床動作法—心理療法，動作訓練，教育，健康，スポーツ，高齢者，災害に活かす動作法—　誠信書房
竹下可奈子・大野博之（2002）．ADHD児への動作法の適用—主体的活動の特徴と注意の仕方の検討—　リハビリテイション心理学研究，30, 31-40.
冨永良喜（1995）．被災された方への動作法—阪神・淡路大震災からのレポート—　臨床動作学研究，1, 53-57.
鶴　光代（1991）．動作療法における自体感と体験様式について　心理臨床学研究，9, 5-17.
鶴　光代（2005）．統合失調症の人への臨床動作法過程　臨床心理学，5, 792-797.
鶴　光代（2007）．臨床動作法への招待　金剛出版

第14章 交流分析

1. 交流分析とは

　交流分析（Transactional Analysis, 以下 TA）は，1950年代後半にカナダ生まれのアメリカ人精神科医バーン（Berne, E.: 1910-1970）によって創始されたパーソナリティ理論であり，社会行動理論であり，そして総合的な心理療法のシステムである（ITAA[1], 2013）。現在では過去の未解決の問題を扱ったりこころの傷を癒したりするための心理療法としてだけでなく，学校教育や生涯学習などに代表される教育分野，組織そのものに焦点をあてたコンサルテーションや組織開発を目指す組織分野，そして日常生活におけるさまざまな問題解決を支援するカウンセリング分野に広く応用されている。

　TA は「人は誰でも OK である」という哲学をもつ。これは援助者とクライエントが対等な立場で心理的な課題に取り組むということを意味する。また，TA は〈親〉〈成人〉〈子ども〉の自我状態[2]やゲーム，人生脚本など，独自の用語をもつことを特徴とする。心理療法としての TA が目指すのは，過去の拘束的なメッセージから解き放たれて自律的に生きることであり，開かれたコミュニケーションに支えられた親密な人間関係を築き，自律的で豊かな人生を

1）　International Transactional Analysis Association（国際 TA 協会）の略。
2）　本章では，親の自我状態，成人の自我状態，子どもの自我状態をそれぞれ〈親〉〈成人〉〈子ども〉，もしくはP，A，Cと表記する。

送ることにある。

2．TAの歴史

　カナダのマギル大学で医学を学んだバーンは当初精神分析医になる道を選び，フェダーン（Federn, P.），エリクソン（Erikson, E. H.）といった名だたる精神分析家によるトレーニングを受けた。しかし1950年代後半になってバーンは精神分析医になる道をやめ，独自の集団心理療法としてTAを創始した。

　わが国においてTAは人間性心理学の範疇でとらえられることが多いが，これは先にふれた「人は誰でもOKである」というTAの哲学に加えて，自律性や自己実現を重視する姿勢に由来するものだろう。しかしながら，バーンが精神分析医になるトレーニングを受けていたことからも推察される通り，TAは精神分析の影響を強く受けてきた。それだけでなく，ストローク理論（Stewart & Joines, 1987）を用いてより適応的な行動変容を目指したり，より適応的な代替案（Karpman, 1971）の獲得と実践を目指したりする行動主義的側面も併せもっている。すなわちTAには，精神分析，行動主義，人間性心理学という3つの潮流がほどよく内包されていることが特徴的である。

　TAの歴史を概観すると，初期のTA，中期のTA，現代のTAの3つに分けてとらえることができる（図141）。それぞれの特徴をまとめると次のようになるだろう。

　初期のTAは，1950年代後半から1970年代までである。この時期には今なお影響力のある主要な3つの学派が興った。その3つとは，バーンをはじめカープマン（Karpman, S.），デュセイ（Dusay, J.），スタイナー（Steiner, C.），ジェイムズ（James, M.）に代表される**古典派**，シフ（Schiff, J.）らによる**カセクシス派**，そしてグールディング（Goulding, R.）とグールディング（Goulding, M.）による**再決断派**である。

　「古典派」は，認知的側面の変化を重視し，〈成人〉の汚染が解除されることを目的とする。汚染解除とは，〈親〉または〈子ども〉によってゆがめられ汚染された〈成人〉が，適切な情報や現実に基づく判断ができるように援助することで，自我状態の境界を明確にして〈成人〉の働きを高めていくことである。

「カセクシス派」は再育児派ともいい，値引き，共生関係，準拠枠，受動的行動といった重要な概念を発展させており，理論面で大きな貢献をした。

「再決断派」は，パールズ（Perls, F.）の創始したゲシュタルト療法とTAを組み合わせたもので，幼少期の決断（早期決断）から生じる葛藤（イムパス）の解決によってより自律的な行動ができるようになることを目指すもので，再決断療法（Redecision Therapy）とも呼ばれる。

中期は1980年代から1990年代までである。この時期には，イングリッシュ（English, F.）やドラゴ（Drago, P.）らがTAの理論的発展に貢献したほか，ウェア（Ware, P.）とジョインズ（Joines, V.）が人格適応型理論を提唱している。またクラーク（Clarke, J. I.）が教育分野にTAを応用している。一方で新しい概念や理論が次々と生まれてきた初期の勢いは衰え始め，TAはやがて停滞期に入る。アースキン（Erskine, R.）やクラークソン（Clarkson, P.），モイゾ（Moiso, C.）らがバーンの功績を再評価したり，TAの外からTAを眺め，

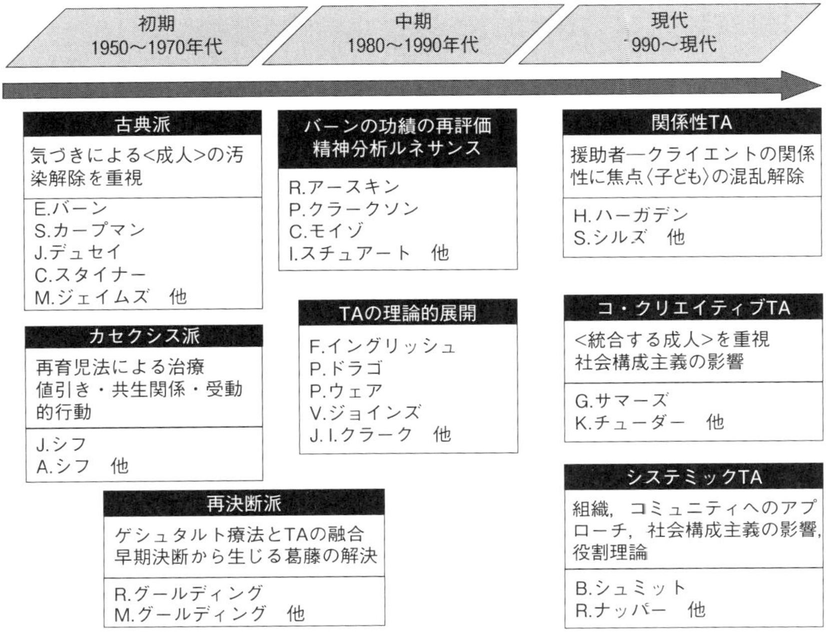

初期 1950〜1970年代

古典派
気づきによる〈成人〉の汚染解除を重視
E.バーン
S.カープマン
J.デュセイ
C.スタイナー
M.ジェイムズ　他

カセクシス派
再育児法による治療
値引き・共生関係・受動的行動
J.シフ
A.シフ　他

再決断派
ゲシュタルト療法とTAの融合
早期決断から生じる葛藤の解決
R.グールディング
M.グールディング　他

中期 1980〜1990年代

バーンの功績の再評価
精神分析ルネサンス
R.アースキン
P.クラークソン
C.モイゾ
I.スチュアート　他

TAの理論的展開
F.イングリッシュ
P.ドラゴ
P.ウェア
V.ジョインズ
J.I.クラーク　他

現代 1990〜現代

関係性TA
援助者―クライエントの関係性に焦点〈子ども〉の混乱解決
H.ハーガデン
S.シルズ　他

コ・クリエイティブTA
〈統合する成人〉を重視
社会構成主義の影響
G.サマーズ
K.チューダー　他

システミックTA
組織，コミュニティへのアプローチ，社会構成主義の影響，役割理論
B.シュミット
R.ナッパー　他

図14-1　TAの歴史的変遷とその特徴，主要人物

位置づける試みをしたことが特徴である。その結果，もともとバーンの着想にあった精神分析の視点が注目されるようになるとともに，この時期に展開した対象関係論と自己心理学の視点が TA のなかに導入されるという精神分析ルネサンス（Stewart, 1996）が起きたのがこの時期である（篠崎, 2013）。その結果，例えばこれまで用語として使われなかった転移・逆転移といった精神分析用語が TA の中で積極的に語られるようになった。また関係性の視点が積極的に導入されることになり，現代の TA の主要なアプローチの一つとして結実することになる。

「現代の TA」は，1990年代から現代に至るものである。現代の TA では主要なものとして3つのアプローチが存在する。3つのアプローチとは，シルズ（Sills, S.）とハーガデン（Hargaden, H.）による「関係性 TA（Relational TA）」，サマーズ（Summers, G.）とチューダー（Tudor, K.）による「コ・クリエイティブ TA（Co-creative TA）」，シュミット（Schmid, B.）やナッパー（Napper, R.）に代表される「システミック TA（Systemic TA）」である。

「関係性 TA」とは，援助者とクライエントの関係性に焦点をあて，〈子ども〉の混乱を解除することを重視したアプローチである。初期の TA は〈成人〉による認知的な洞察を重視したがそれだけでは問題が解決しない事例に対して，関係性 TA ではとくに無意識下の関係性とクライエントの経験そのものを重視するアプローチである。

「コ・クリエイティブ TA」と「システミック TA」はいずれも社会構成主義の影響を強く受けている。「コ・クリエイティブ TA」はクライエントと援助者の関係性に注目しつつ，そこで刻々と新しく生まれ統合されていく〈成人〉に焦点をあてる。「システミック TA」は個人や組織が存在する文脈，コミュニティ，社会や文化に焦点をあてる。そうしたシステムのなかで生きる個人のあり方を取り上げる際に，自我状態モデルは使わずに TA 独自の役割理論（Schmid, 2008）を用いるところに特徴がある。

このように，とくに初期の TA と現代の TA ではその様相が大きく異なるが，TA が創始されて半世紀が過ぎ，その間に起きたさまざまな心理療法の発展を考えればその変容はごく自然なことであろう。

3．TAの理論・技法

　TAを学ぶために国際TA協会（ITAA）が定めた基礎講座であるTA101では，TAの全体像を知るためにTAが「4つの理論と5つの柱」として紹介されることがある。「4つの理論」とは「自我状態モデル」「やりとり分析」「ゲーム分析」「人生脚本分析」であり，「5つの柱」とは「ストローク」「時間の構造化」「値引き」「ラケット」「人生の立場」である。本章ではそのうちのいくつかを紹介する。またTAにはさまざまなアプローチがあるが，共通するのは契約の重視である。

（1）自我状態モデル
　TAにおける**自我状態**とは，「首尾一貫した行動パターンに直接関係する，感情と経験の一貫したパターン」である。TAでは自我状態を〈親〉〈成人〉〈子ども〉の3つの部分に分けて扱う。〈親〉とは，過去に経験した親や養育者の思考・行動・感情の一貫したパターンである。〈成人〉とは，「今，ここ」の現実に基づく思考・行動・感情の一貫したパターンである。〈子ども〉とは過去にその人自身が経験した思考・行動・感情の一貫したパターンである。自我状態には複数のモデルがあるが，心の内界を見ていくためには二次的構造分析が有効である。

（2）やりとり分析
　やりとりのタイプを見ていくことで人間のコミュニケーションのパターンを見るための分析である。やりとりのベクトルが平行しているために延々と続く可能性がある**相補交流**，やりとりのベクトルが交叉するためにコミュニケーションが瞬間的に中断する可能性がある**交叉交流**，言語的メッセージとは異なるメッセージが非言語的に伝えられる**裏面交流**，の3タイプがある。
　自我状態モデルを使ってやりとりを示したのが図14-2である。自我状態は3つの丸を縦につなげて表現する。図ではそれぞれ一例のみ示したが，やりとりのベクトルは本来〈親〉〈成人〉〈子ども〉のいずれからも発せられる。やり

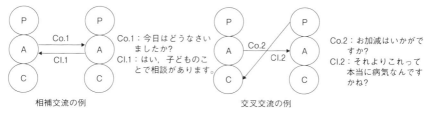

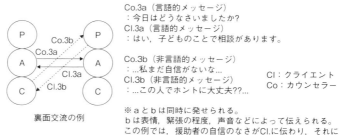

図14-2　自我状態モデルとやりとり

とりを見ていくことで自我状態を識別できるだけでなく，どのようなコミュニケーションのパターンをもっているのかを援助者は知ることができる。

（3）ゲーム分析

ゲームとは，裏面交流が起きているために当事者間の気づかないうちにコミュニケーションが進行し，ある時点でそのコミュニケーションに変化が生じ，当事者双方（もしくは一方）がネガティブな感情（**ラケット感情**と呼ぶ）を経験して終わる一連のやりとりである。ゲームを通して人はネガティブな感情を経験し，人生脚本を構成するネガティブな信念を強化する。ゲームを理解するためにはいくつかの方法があるが，ゲームのなかにあるとき，人は「迫害者」「救助者」「犠牲者」のいずれかの心理的立場にいるとされる。「迫害者」は一段上の立場から相手を攻撃し，「救助者」は相手を一段低い者とみなしてお仕着せの援助を行ない，「犠牲者」は自分が何もできないと訴えるだけで自ら働きかけて変化を生み出そうとはしない。ゲームのなかにいる間はこの3つの立場を行き来し，行き来する瞬間にネガティブな感情を経験する。対人関係上のトラブルはゲームの視点からやりとりを注意深く見ていくことでそのパターン

を把握することができる。

(4) 人生脚本分析

人生脚本とは，「無意識の人生計画」である。初期のTAではとくに幼少期に最初に書かれた脚本とその影響に焦点が置かれており，結末によって「勝者の脚本」「敗者の脚本」「勝てない脚本」の3つに分類された。脚本は自分や他者，そして社会に対するさまざまな信念（TAでは「決断」と呼ぶ）から構成されており，養育者の〈親〉から与えられる**拮抗禁止令**，〈成人〉から与えられる**プログラム**，〈子ども〉から与えられる**禁止令**がある。

拮抗禁止令はしばしば禁止令を覆い隠すために使われる。例えば，拮抗禁止令の一つである「一生懸命努力せよ」と禁止令の一つである「存在するな」が組み合わさると，「一生懸命努力すれば存在してもOKだ」という強い信念を生み，夜遅くまで身を粉にして働く企業戦士を生み出す土壌となる。しかしながら努力には限界があり，いつかは破綻する。拮抗禁止令が破綻したとき，それまで覆い隠されていた「存在するな」という禁止令が働き，より深刻な事態が生じる可能性がずっと高くなる。このようなクライエントは，存在してもOKであること，確実に実行してその日を終えることを学ばなければ根本的な問題解決に至らないだろう。

(5) TAにおける契約

TAは**契約**を重視する。バーンによると，契約とは「よく洗練された行動の経過に対する双方のコミットメント」である（Berne, 1966）。すなわち援助者の一方的な取り決めやクライエントの要望のみではなく，双方がコミットする，しっかりと関わることであり，そのためのさまざまな技法が開発されてきた。

基本的には，契約は3つの側面からなる。まず**管理面の契約**が挙げられる。料金や時間，場所，キャンセル料の扱いなどについての取り決めである。次に**職業面の契約**である。カウンセリングの目的や何に取り組むのかについてのものである。最後に**心理面の契約**である。これはその場に作用する無意識的な力動であり，期待や不安などさまざまな要因が含まれる。もし「心理面の契約」にネガティブなものが含まれていた場合，それはいずれ管理面や職業面に悪影

響を及ぼすことになる。例えば，無理やり親に連れてこられた子どものこころのなかには不信感や拒絶感が存在する可能性が高く，なかなかラポールが形成できなかったりキャンセルが続いたりといった問題が生じることになろう。

このような問題を防ぐために，契約を結ぶプロセスにおいては心理面の契約にどのようなものが潜んでいるかをよく見極める必要がある。自分がいかにうつで困っているかを訴えるクライエントのこころのなかに，職場や上司を恨む気持ちが潜んでいる場合は，気持ちを職場や上司に対するネガティブな感情を扱わなければ効果的な援助をすることが難しい。しかしこうした職場に対するネガティブな感情は，自分の処遇を心配するクライエントであればなおさら隠しておきたいものである。すなわち援助者には，こうしたネガティブな感情でも援助関係のなかで安全に扱うことができるような関係をクライエントと構築する必要がある。

さらには，この心理面の影響はクライエントだけではなく援助者にもあてはまる。例えば初心者にとっては自信のなさや不安が影響するかもしれない。すなわち，契約を見ていくことでその場を規定するさまざまな力動を浮き彫りにし，扱いやすくすることができるのである。

契約は援助者−クライエント間に限定されない。例えばスクールカウンセ

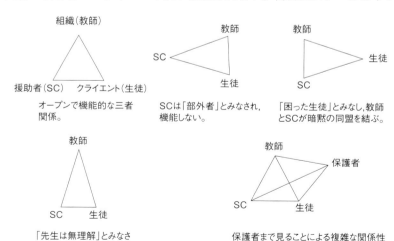

図14-3 「三角の契約」の例

ラー（以下，SC）の場合，「SC-生徒」間，「SC-教師」間，そして「生徒-教師」間に契約が存在する。この複数間に見られる契約をTAでは**三角の契約**（Three Cornered Contract; English, 1975）という（図14-3）。

　効果的な契約を結ぶためには，正三角形でかつとくに心理面においてオープンであることが望ましい。もしとくに心理面での契約のゆがみによってこの三角形がゆがむ場合，いくつか検討すべき問題点を考えることができる。例えば初心者のスクールカウンセラーが「部外者」とみなされてなかなか学校に溶け込めず，活用されない状況の場合，生徒との距離をいかに縮めるかだけでなく教師との関係を良好なものにする工夫をしたり，教師と生徒の関係性に注目したりすることが大切になる。

4．TAの効用と限界

　わが国では長らく「エゴグラム」という心理検査が交流分析として紹介されてきたが，自我状態モデルに関する理論が飛躍的に発展するなか，エゴグラムの理論的基盤であった機能分析モデル自体がこころの内界を説明できない不十分なモデルのためあまり活用されなくなってきている。そうした理論的問題にとどまらず，TAのもつ限界は，少しふれただけで理解できた気持ちになるため，それ以上学ぶことをしなくなるか，他のより複雑で難しい心理療法に関心が移ってしまうことである。また最新のTAに関する情報が英語文献に限られていることもわれわれ日本人にとっては障壁の一つであろう。

　一方で，そのシンプルさや人間理解の土台に「人は誰でもOKである」という哲学をもつTAは，分かりやすくかつさまざまな対人援助場面に即応しえるシステムであるともいえる。分かりやすさの理由は，その平易な言葉遣いだけでなく，TAを学ぶことによって自己理解が進み，援助者としての成長の糧となるためだろうと筆者は考えている。他者の援助のために学ぶだけでなく援助者としての自己理解に役立つTAは，それだけで学ぶ価値があるように筆者には思われる。

　また，わが国の心理臨床家は個人の内界だけでなく，他者との関係性や組織との関係を良好なものとするような援助活動がしばしば求められる。集団精神

療法として始まったTAは，個人の内界だけでなく他者との関係性を描写するための枠組みがたくさん用意されている。TAを学ぶことによって，援助者としての視野を広げ，より効果的な援助活動を展開することが期待される。

5．TAの学びを深めるためには

TAを学ぶ最初の一歩としては，国際TA協会（ITAA）が定めたプログラムによる初級講座「TA101」を受講するのがよいだろう。本章で扱わなかった諸理論の基礎に触れることができる。さらに学びを深めたい場合は，日本にはTAに関する主な団体が3つ（学術団体が1つ，NPO法人が2つ）あるのでそれぞれの団体が提供する研修会に参加するのもよい。ITAAの認定した有資格会員が提供するトレーニングプログラムに参加し研鑽を深めたり，スーパーヴィジョンを受けたりする方法もあるだろう。国際的な視点からつくられたトレーニングに参加することで視野が広がるだけでなく臨床的な力量も大きく向上するだろう。

推薦書籍

◆ Stewart, I., & Joines, V.（1987）. *TA today: A new introduction to transactional analysis*. Nottingham, UK: Lifespace Publishing.（深沢道子（監訳）（1991）. TA today―最新・交流分析入門　実務教育出版）
　TAの諸概念や基本的な考え方を詳細にかつ分かりやすく記述した良書である。原典は2011年に改訂第2版が出版されている。

◆ Widdowson, M.（2009）. *Transactional Analysis: 100 key points & techniques*. New York: Routledge.
　現代のTAの視点からTAを用いた診断や契約的手法，治療計画やスキルについて100項目を取り上げ，簡潔に解説をしている。残念ながら邦訳がないのだが，TAに関心ある方はぜひ挑戦されたい。

引用文献

Berne, E.（1966）. *Principles of group treatment*. New York: Oxford University Press.
English, F.（1975）. The three-cornered contract. *Transactional Analysis Journal, 5*, 383-384.
ITAA（2013）. Section 1. Introduction. *ITAA training & examinations handbook*. ITAA.

Karpman, S. (1971). Options. *Transactional Analysis Journal, 1*, 79-87.
Schmid, B. (2008). The role concept of transactional analysis and other approaches to personality, encounter, and co-creativity for all professional fields. *Transactional Analysis Journal, 38*, 17-30.
篠崎信之 (2013). 交流分析の文献　ティルニー, T. (著) 深澤道子 (監訳) 交流分析事典 (pp.vii-ix) 実務教育出版
Stewart, I. (1996). Developments in transactional analysis. In W. Dryder (Ed.), *Developments in psychotherapy, historical perspectives* (pp. 62-90). London: Sage.
Stewart, I., & Joines, V. (1987). *TA today: A new introduction to transactional analysis*. Nottingham, UK: Lifespace Publishing. (深沢道子 (監訳) (1991). TA today—最新・交流分析入門　実務教育出版)

第15章 ブリーフセラピー（解決志向アプローチ）

1．ブリーフセラピー（解決志向アプローチ）とは

　ブリーフセラピーとは，アメリカの精神科医であったミルトン・H・エリクソン（Milton H. Erickson: 1901-1980）から影響を受けた心理療法や技法群の総称である。この章ではブリーフセラピーのなかでも，日本で多くのセラピストが利用・参考にしている（菊池・北村，2016）解決志向アプローチについて述べていく。解決志向（Solution Focused）は，より解決に焦点をあてたアプローチのことを指す。いかに解決を構築（Solution Bilding）するかという点で，問題志向の心理療法と異なる。

2．ブリーフセラピー（解決志向アプローチ）の歴史

　ブリーフセラピー（解決志向アプローチ）は，スティーブ・ディ・シェイザー（Steve de Shazer）とインスー・キム・バーグ（Insoo Kim Berg）の夫妻を中心とし，アメリカ合衆国ウィスコンシン州ミルウォーキーにあるブリーフファミリーセラピーセンター（Brief Family Therapy Center: BFTC）の同僚たちによって考案された理論・方法論である。
　1970年代後半にBFTCが設立され，その実践をワンウェイミラーから観察して，何がよい結果に繋がっているか，クライエントの役に立っているのかを検討していった。その結果を積み重ねて，BFTCのメンバーが投稿した

「Brief Therapy: Focused Solution Development」という論文が1986年のファミリー・プロセス誌に掲載された。その後，これまでの方法論とは大きく異なる解決志向の考えに多くの臨床家が惹かれ，欧米にとどまらず世界の各地で実践されるようになった。

またその影響は心理療法の領域にとどまらず，会社の人材育成や学校教育実践であるWOWWプログラム（Working On What Works Program）や，いじめに対してのサポートグループの実践，児童虐待が起きている家族への介入として使われているサインズ・オブ・セーフティ・アプローチ（Signs of Safety Approch）などに影響を与えている。

1990年代前半には，ブリーフセラピー（解決志向アプローチ）は日本へも紹介され，学校臨床をはじめとしてさまざまな領域での実践が広がってきている。

3．ブリーフセラピー（解決志向アプローチ）の理論・技法

(1) 解決志向とは何か？

解決志向という言葉からイメージされるのは，何かしらの問題がありそれを解決する，その解決により焦点をあてるということではないだろうか。しかし，この考え方は厳密には問題解決志向であり，解決志向とは異なる。では，解決志向とは何かといえば，大前提として問題と解決は別のところにあり，いかに解決を構築するかということである。初めて解決志向にふれる読者は，頭に「？」が浮かんだ方も多いのではないだろうか。理論的な背景や技法などを理解していくなかで，少しずつ問題と解決は別のところにあることをつかんでほしい。

まずは，解決志向アプローチの初期にどんなことを大切にして対人援助を行なっていたかを紹介する。

中心哲学（森・黒沢，2002）
① もしうまくいっているのなら，変えようとするな。
② もし一度やって，うまくいったのなら，またそれをせよ。
③ もしうまくいっていないのであれば，（なんでもいいから）違うことをせよ。

哲学というと小難しさを連想するが，解決志向アプローチの哲学はとてもシンプルで分かりやすい。しかし，なぜこのような自明のことをわざわざ哲学にする必要があったのかという疑問が浮かんでくる。問題にとらわれている場合，上記の3つに反して行動していることが往々にして起こっているが，意外にも自覚していない。何がうまくいっていて，何がうまくいっていないのかを明確にすることが大切である。

次に4つの前提について述べていく。

> **解決志向アプローチの4つの前提**（森・黒沢，2002）
> ① 変化は絶えず起こっており，そして必然である。
> ② 小さな変化は，大きな変化を生み出す。
> ③ 「解決」について知るほうが，問題と原因を把握することよりも有用である。
> ④ クライエントは，彼らの問題解決のためのリソースをもっている。クライエントが解決のエキスパートである。

1つ目については，自然の法則であり変わらないものはないという当たり前の考え方である。問題についても固定したものとは理解せずに，つねに何らかの変化が起こっていると考える。2つ目については，スモールステップともいうが，小さい変化の積み重ねが大きな変化へと繋がる。小さな変化をいかに起こすかということにエネルギーが注がれると考える。3つ目は，人間同士の間で生じる問題は，どんなに原因を探しても必ずしも解決に繋がらない。それよりも解決について会話していくことがより直接的に解決に繋がると考える。4つ目は，クライエントの力を信じるということである。すでにクライエントは問題解決するリソースをもっており，クライエントが人生の専門家であり，セラピストから何かを与えるとは考えない。

（2）解決志向の重要な概念
1）リソース

前提の4つ目に**リソース**（Resource）という言葉が出てきたが，リソースとはすでにその人に備わっている能力や知識，特性（内的リソース），その人を取り巻く人間関係や環境など（外的リソース）のことを指す。「すでにある

もの」ということがポイントで，あるものをどう活用していくかという点が重視されている。分かりやすいものを挙げれば，例えば「スポーツが得意である」，「勉強熱心」，「優しい」などが内的リソースで，「親身になってくれる友人がいること」や「利用できる社会的な制度のこと」などが外的リソースである。ただし，ブリーフセラピーでは，一見問題とされるようなこと，役に立っていないようなことであってもリソースとみなし，活用しようとするスタンスが求められる。

2）コンプリメント

初めてこの**コンプリメント**（Complement）という言葉を目にした方も多いと思うが，「褒める」「労う」ということである。ねらいとしては，クライエントを元気づけることである。皆さんは，普段どのぐらい家族や友達に対して「褒める」「労う」を行なっているだろうか？ 日本では，直接的に褒めるという習慣があまりないため，直接的に褒められると恥ずかしい感じを受ける場合もあるし，褒めたほうも何となく気恥ずかしい気持ちになって双方がぎこちなさを感じてしまう。そこで一工夫が必要である。コンプリメントとは「すごいですね」「素晴らしいですね」といった表現だけでなく，「不安ななかでも学校に行けたのはどうしてでしょうか？」「あなたのお子さんが，あなたに感謝の手紙を書いてくれるとしたら，そこにはどんなことが書いてあるでしょうか？」などの間接的な表現や驚いたような表情などの非言語的なメッセージで伝えることもできる。

日本人にとって「褒める」「労う」行為は，ややハードルが高い。日常から意識して使っていくことで，対人援助を行なう際にも自然に振る舞うことができるだろう。

（3）**解決志向アプローチの実際**

解決志向アプローチは大きく分けて2つのことを行なうとされている。1つはクライエントの思いを把握・理解し，そのうえでうまく練られた目標をつくりあげること，もう1つは問題に焦点があたっているなかで例外に焦点をあて解決を構築することである。どのように上記のことを行なっているのか紹介する。

1）クライエントの思いを把握・理解し，そのうえでうまく練られた目標をつくりあげる

クライエントの思いを把握・理解することは，多くの心理療法とも共通する部分でもある。したがって，ここで詳細に述べることはしないが，多くのクライエントには自分がどんなに困っているか苦しんでいるか理解してもらいたい思いがある。ここを疎かにしたり，軽んじてしまったりして，解決の話に移行してしまうとうまくいかないことは自明である。

そして，次はゴールを決めることである。ゴールを決めることはセラピーを効果的に進めるためには必要不可欠なことである。十分に練られたゴールのことを**ウェルフォームド・ゴール**（Well-formed Goal）と呼ぶ。ウェルフォームド・ゴールの特徴として，①クライエントにとって重要である，②他者との関係のなかで示される，③状況を限定する，④問題の不在よりも望ましい行動の存在，⑤最終結果ではなく何かの始まり，⑥クライエントが自分の役割を認識する，⑦具体的で，行動的で，測定できる言葉，⑧現実的な言葉，⑨クライエントの課題とされている，という9つが挙げられている（De Jong & Berg, 2012）。

しかし，初学者にとってこれらすべてを満たすものをクライエントと練り上げることはなかなかの至難の業である。そこで森・黒沢（2002）は，良いゴールのための3つの条件として，①大きなものではなく，ちいさなものであること，②抽象的なものではなく，具体的な，できれば行動の形で記述されていること，③否定形ではなく，肯定形で語られていること，を挙げている。

①として考えられるのは，例えば，アルコール依存症の患者が「今日からお酒を断つ」というゴールを立てた場合には，ゴールに届かない可能性が高い。そのため，休肝日を週に3日設けることを目標にしたり，1日の飲酒量を缶ビール1本（500ml）というゴールにしたりしてハードルを下げることが必要である。

また②については，「明るい性格になりたい」という目標は抽象的であり，「明るい性格」が何を指し示しているのか分からなければならない。例えば明るい性格が「気持ちの切り替えがすぐにできる」ということであるとすれば，気持ちの切り替えができている状態について詳細に尋ねていき，実際の行動に繋げ

ていく。

③について，例えば，「ネガティブなことを考えないようになりたい」という目標は，否定形であるため目標としてはふさわしくない。よって，「ネガティブなことを考える代わりにどんなことをしていますか？」と肯定形で表現できるように尋ねることが必要である。

2）問題に焦点があたっているなかで例外に焦点をあて解決を構築する

例外（Exception）とは問題が起こりそうな場面で，問題が起こらなかったことや問題がいつもよりは軽い程度で済んだ経験のことを指す。「ここ最近で，問題が起こらなかったことや少しましだったことは何ですか？」と尋ねたり，「あなたの家族があなたの身に起こったことで少しましだったことを聞かれたら何と答えると思いますか？」と質問することができる。この質問で例外のエピソードがあったとしたら，まずそのエピソードを詳しく聞いていく。そして，その例外がクライエントの意図のもとに起こったことなのか，それとも偶然に起きたことなのかを理解する必要がある。クライエントの意図のもとに起こったことであるとすれば，「どうやってそれをしたの？」とクライエント本人が主体的に対処したこととしてコンプリメントすることができる。また，そのクライエントの行動を続けるように促すことも必要である。偶発的な例外の場合には，もしまた同じようなことが起こったときにそれがどのようにして起こったのかを観察してきてもらうように依頼する。

（4）質問技法

解決志向アプローチでは，質問の仕方に特徴があるといえる。もちろん，質問の意図や使用するタイミングを十分に理解したうえで使用する必要はあるが，まずは理解しやすい代表的な質問について紹介する。

1）ミラクル・クエスチョン

「これから変わった質問をします。今晩あなたが眠り，家中が寝静まっている間に奇跡が起こるとします。それはあなたがここへいらっしゃることになった問題が解決するという奇跡です。でもあなたは眠っているので奇跡が起こったことを知りません。明日の朝，あなたが目覚めるときにどんな違いから，奇跡が起こり，問題が解決したのだと分かるでしょうか？」

ミラクル・クエスチョン（Miracle Question）のねらいは，問題から距離をとり，すでに問題が解決に至っている状態・状況である解決像をイメージしてもらうことである。映像を見ているかのように可能な限り鮮明に解決像を描いてもらい，ゴール設定や実際の行動に繋げていく。この質問は，それまでの問題という文脈から解決という文脈へ大きく転換させる。

　黒沢（2008）はミラクル・クエスチョンと同じような意図でタイムマシン・クエスチョンを考案しており，以下に紹介する。

> 「タイムマシンに乗って，○○年後のある日に飛んで行ったとしたら，あなたは何をしていると思う？　『どうなっているべきか』とか『どうなっていたい』というのではなくて，タイムマシンからビデオを撮っているとしたら，このモニターにどんな光景が映し出されるんだろう？　あなたはどこで何をしているの？　どんな格好をしているの？　周りには何が見える？」
> 「その成功した未来の自分が，タイムマシンに乗って，反対に今の自分を見にきてくれたとしたら，いったいどんな言葉をかけてくれるかしら？」

　この質問もミラクル・クエスチョン同様にすでに解決している未来に飛んでもらい，解決像をイメージしてもらう。今抱えている問題を乗り越えた自分についてのイメージを膨らませていき，解決に繋げていく。

2）コーピング・クエスチョン

　コーピング・クエスチョン（Coping Question）は，問題に圧倒されているクライエントに対して，どのようにこれまで対処してきたかを問う質問である。「(問題の経過を十分に聴いた後で）そんな大変ななかで，どんなことが役立ちましたか？」「そんな状況のなかで，どうしてやり過ごすことができたんでしょうか？」などと尋ね，対処行動と対処できている部分もあることを確認していく。このような質問をすることは，クライエントが自分のリソースに気づくきっかけとなり，間接的なコンプリメントとしても機能する。

3）スケーリング・クエスチョン

　スケーリング・クエスチョン（Scaling Question）は文字通り，0が最悪な状態で10が望ましい状態としたスケールを用いた質問方法である。一般的なスケールを用いた質問は，そのときの状態や状況をアセスメントするために用い

るが，解決志向アプローチは解決を構築するために用いられる。例えば，スケールの数値を「2」と言った場合は，プラス1（つまり3）にするには何が違っていて，何が役立つと考えられるかを続けて尋ねる。プラス1では答えられない場合には，プラス0.5の場合を考えてもらってもよい。これはスモールステップで何ができるのかをクライエントに考えてもらう意図がある。また，すでに「2」と言えるのは何があるからかとリソースを尋ねることもできる。けっして「どうして2しかないのでしょうか？」などと尋ねてはいけない。これは問題志向の考え方である。

（5）関係性のアセスメント

　解決志向の考え方が世に出始めた頃の著書（Berg, 1994）では，クライエントとセラピストの関係性を3つのタイプでアセスメントすることで，円滑に面接を進められるように考えられていた。しかし，近年出版された創始者らの著書（Jong & Berg, 2012）ではこのタイプ別のアセスメントは記載されておらず，問題志向の会話からいかに解決志向の会話へ移行できるかということにさらに焦点があてられるようになっている。

　セラピストとクライエントの関係性をアセスメントすることは，面接を進めるうえでとても大切であるが，初学者にとってはなかなか難しい視点である。そのため，この考え方を頭の片隅に置いておくことはとても有用であると考えられるため以下に詳述する。

　セラピストとクライエントの関係性は3つにタイプ別されている。1つ目は**ビジタータイプ**である。周囲は問題と思っているがクライエントには問題意識がなく，問題について語ろうとしない。強制されてやって来るクライエントとの関係がイメージしやすい。このタイプの場合には，クライエントが来談したこと自体を労いつつ，クライエントの思いを理解していくことが必要である。あるいは「周りの人があなたにもうカウンセリングは行かなくてよいと言ったとき，どんなふうに違っているでしょうか？」と尋ねてみることも選択肢の一つである。2つ目は**コンプレイナントタイプ**で，不満を述べるタイプである。「私は悪くないんです。母親の言い方がよくないんです」と私には原因がなく周りが変わるべきであるとするクライエントである。このタイプの場合には，

クライエントの思いを理解しつつ，日常場面での「続いてほしいこと」「起こってほしいこと」について観察してきてもらうように伝える。3つ目は**カスタマータイプ**である。問題意識が高く「解決するためには自分が（も）変化しなければならない」とか「原因は私にある」などと動機づけの高いクライエントのタイプである。このタイプの場合には，本人のニーズをみたすような形で解決を構築していく。

これらの3つのタイプは，どれが良いか悪いかということではなく，現時点でどのような関係性かを理解するものである。

4．ブリーフセラピー（解決志向アプローチ）の効用と限界

基本的にはブリーフセラピー（解決志向アプローチ）は，クライエントのリソース，エンパワーメントなどさまざまな場面に応用できるモデルであり，理論的・技法的な限界というよりもこのアプローチを使う使い手によって限界が違ってくると考えられる。しかし，いくつか留意しなければいけない事柄がある。

ミラクル・クエスチョンを行なう対象について，自閉症圏の人，重度のうつ状態にある人，躁状態の人については使用を勧めていない（森，2015）。自閉症圏の人は想像することが障害されているため，質問をしたとしても答えが返ってこないことが多く有効ではない。また，重度のうつ状態の人は思考が十分にできないため，考えられないことに自責感が生じ悪化させる可能性がある。躁状態の人に対しては，この質問をすると現実とはかなり乖離した回答が返ってくる可能性があり，有効にならないと考えられる。

虐待や暴力など絶対に見逃してはいけない問題については，解決志向の考え方だけでは対応できないこともあると考えられる。

5．ブリーフセラピー（解決志向アプローチ）の学びを深めるためには

解決志向アプローチを学び，実践に取り入れ始めた初学者が最も注意しなければいけないことは，**ソリューション・フォースド**（Solution Forced）につ

いてである。日本語では解決強制と言われているが，ただ解決に焦点をあてれば良いなどとクライエントが望まない解決を押し付けないようにすることが大切である。解決志向アプローチの理論的背景や哲学などを十分理解し，技法的な面ばかりにとらわれない慎重さが求められる。

そのためには，**一歩後ろから導く**（Leading for One-step Behind）というスタンスが重要であり，**無知の姿勢**（Not-knowing）と呼ばれるクライエントこそが人生の専門家であり，その専門家に教えてもらうという姿勢をつねに意識しておくことが肝要である。

● 推薦書籍

◆森　俊夫・黒沢幸子（2002）．〈森・黒沢のワークショップで学ぶ〉解決志向ブリーフセラピー　ほんの森出版

解決志向ブリーフセラピーを学ぼうとする初学者にとって，最良の著書といえる。解決志向ブリーフセラピーを実践するための基本が網羅されている。森俊夫先生と黒沢幸子先生のワークショップに参加しているような会話形式になっているためとても読みやすい。

◆黒沢幸子（2008）．タイムマシン心理療法──未来・解決志向のブリーフセラピー　日本評論社

解決志向ブリーフセラピーを理論的な背景とした著書で，黒沢幸子先生が担当した事例が豊富に載っている。解決志向ブリーフセラピーの実際をイメージでき，どのように進められていくのか分かりやすい。また，解決志向ブリーフセラピーの理論を事例を通して理解することができる。

◆De Jong, P., & Berg, I. K. （2012）．*Interviewing for solutions*（4th ed.）．Pacific Grove, CA: Brooks/Cole.（桐田弘江・住谷祐子・玉真慎子（訳）（2016）．解決のための面接技法──ソリューション・フォーカストアプローチの手引き　第4版　金剛出版）

上記2冊を読んだうえで，さらに解決志向ブリーフセラピーの学びを深めたいと考えている方にお薦めの一冊である。創始者らが解説している学習用のDVDが付属しており，面接場面を見ながら理解を深めることができる。

引用文献

Berg, I. K. （1994）．*Family based services: Solution focused approach*. New York: W. W. Norton.（磯貝希久子（監訳）（1997）．家族支援ハンドブック──ソリューション・フォーカスト・アプローチ　金剛出版）

de Shazer, S. （1994）．*Words were originally magic*. New York: W. W. Norton.（長谷川啓三（監訳）（2000）．解決志向の言語学──言葉はもともと魔法だった　法政大学出版局）

de Shazer, S., Berg, I. K., Lipchik, E., Nunnally, E., Molnar, A., Gingerich, W., & Weiner-Davis, M. (1986). Brief therapy: Focused solution development. *Family Process, 25*, 207-221.

Franklin, C., Trepper, T. S., MaCollum, E. E., & Gingerich, W. J. (Eds.). (2012). *Solution focused brief therapy: A handbook of evidence-based practice.* New York: Oxford University Press. (長谷川啓三・生田倫子・ブリーフセラピー協会（編訳）(2013). 解決志向ブリーフセラピーハンドブック―エビデンスに基づく研究と実践　金剛出版)

De Jong, P., & Berg, I. K. (2012). *Interviewing for solutions* (4th ed.). Pacific Grove, CA: Brooks/Cole. (桐田弘江・住谷祐子・玉真慎子（訳）(2016). 解決のための面接技法―ソリューション・フォーカストアプローチの手引き　第4版　金剛出版)

菊池安希子・北村文昭（2016）．ブリーフサイコセラピーの特徴とは？：第4回会員動向調査　日本ブリーフサイコセラピー研究, 25, 35-42.

黒沢幸子（2008）．タイムマシン心理療法―未来・解決志向のブリーフセラピー　日本評論社

森　俊夫（2015）．ブリーフセラピーの極意　ほんの森出版

森　俊夫・黒沢幸子（2002）．〈森・黒沢のワークショップで学ぶ〉解決志向ブリーフセラピー　ほんの森出版

坂本真佐哉・黒沢幸子（編）(2016)．不登校・引きこもりに効くブリーフセラピー　日本評論社

遠山　宜（2012）．質問を"介在"させる援助的会話　衣斐哲臣（編）心理臨床を見直す"介在"療法―対人援助の新しい視点（pp.214-225）明石書店

Young, S. (2009). *Solution-focused schools.* London: BT Press. (黒沢幸子（監訳）(2012). 学校で活かすいじめへの解決志向プログラム―個と集団の力を引き出す実践方法　金子書房)

第16章 ナラティブ・セラピー

1．ナラティブ・セラピーとは

　ナラティブ・セラピーは，問題に支配された**ドミナントなストーリー**（Dominant Story）を語りなおすことによって，問題に支配されていないオルタナティブなストーリー（Alternative Story）を紡いでいく心理療法である。オーストラリアのホワイト（White, M.）とニュージーランドのエプストン（Epston, D.）が体系化した。

2．ナラティブ・セラピーの歴史

　日本では広い意味でナラティブ・セラピー（Narrative Therapy）というと，ホワイトとエプストンの実践，コラボレイティブ・アプローチ（Collaborative Approach），リフレクティング・プロセス（Reflecting Process）の3つのポストモダンな心理療法を指す。本章ではホワイトとエプストンの実践である狭義のナラティブ・セラピーについて詳しく述べていく。
　ポストモダンな心理療法が創られていくその発端となったのは，1980年代後半の家族療法の論議まで遡る。家族療法では，問題を維持させている家族メンバー間でのやりとり（相互作用）を観察し，その相互作用を変化させることで問題解決を図ってきた。しかし，家族療法家の間で，目の前にいる家族の相互作用を客観的な事実として対象化してよいのかという疑問が生まれた。観察対

象を観察すると同時に観察者自身が観察対象へ影響を与えており，観察対象と観察者自身の相互作用が生じているため，実際の家族療法の場面では客観的な事実は観察することができないという考えに至った。そして，それぞれの成員同士の相互作用やコミュニケーションによって現象は意味づけられるという**社会構成主義**（Social Constructionism）の考えを採用した。もっと端的にいえば，問題は言葉によってつくられるということである。

　また家族療法家の間で，家族療法家が権威的に振る舞い，患者や家族を操作するようなやり方に疑問が生じ，いかにセラピストとクライエントが対等な関係を築けるかということが重視されるようになってきた。つまり，これまでセラピスト側が「この人の○○が問題である」「この家族の○○が問題である」と専門家として解釈し介入していたが，ナラティブ・セラピーではセラピストが解釈をするのではなく，セラピストはクライエントの共著者という立場を重視している。

　上記のような時代背景のもと，文化人類学者のベイトソン（Bateson, G.）や哲学者のフーコー（Foucault, M.）などから示唆を得て，自らの臨床実践を形づくっていった。

　1980年頃よりホワイトとエプストンは，それぞれ自らの臨床実践のなかで新たな試みに取り組んでいた。ホワイトの名を欧米で一躍有名にした論文が，1984年に書かれた「偽りの遺糞症―崩壊から勝利へ，悪循環から良循環へ（Pseudo-Encopresis: From Avalanche to Victory, From Vicious to Virtuous Cycles）」である。カナダの精神科医トム（Tomm, K.）によって熱心に紹介された。

　1981年に開催された家族療法の学会で，ふたりは初めて出会った。それから，日々の実践活動に対する電話でのやりとりなどによって親交を深めていった。お互いに切磋琢磨しながら，ふたりの実践は『物語としての家族（Narrative Means to Therapeutic Ends）』の出版として結実する。日本でも，この著書が翻訳されたことにより広がっていった。日本では1990年に独自に児島達美が「心理療法における『問題の外在化』および治療関係の『三項構造化』について」という論文のなかでナラティブ・セラピーに類する問題の外在化の考えを表している。日本にナラティブ・セラピーが紹介された頃には，すでに受け入

れる素地はあったと考えられる。

3．ナラティブ・セラピーの理論・技法

(1) ナラティブ・セラピーの基本的な概念

　ナラティブ（Narrative）という言葉が何度も出てきているが，耳慣れない言葉で何を指し示すのかよく分からないという方もいるだろう。ナラティブは「物語」や「語り」と訳されている。もう少し私たちの耳に慣れ親しんだ言葉を挙げるとすれば「ナレーション（Narration）」であり，この言葉を聞くとイメージがしやすいのではないだろうか。ナラティブとは物語そのものを指す場合もあるが，ナラティブは「語り方」あるいはもう少し広い意味でいうと非言語を含めた「表現の仕方」と理解するのがよい。

　ストーリーとは，自らの人生をどのように経験してきたかという一連の筋書きのことである。私たちはこの世に生まれてから，さまざまな経験をしてきている。しかし，それをすべて描き出すことは不可能である。私たちは人生におけるさまざまな出来事を一貫性のある一つのまとまりとして体系づける。つまり，そのような出来事の繋がりが私たちのアイデンティティを象徴するかのようにつくられ「私は○○という傾向がある」「私は○○という性質がある」とストーリーだてられていく。

　優勢な（支配的な）ストーリーとは，私たちが今まさに歩んでいるストーリーのことである。困難を抱えている人は，その優勢なストーリーを生きていくなか，自らにとっての生きられた経験や自分らしさが十分に組み込まれておらず，まさに支配されているような受け身のストーリーを歩んでいると考える。

　オルタナティブなストーリーとは，治療的会話によって優勢なストーリーを揺るがし，ストーリーを語りなおすことによって，これまで光があてられてこなかった経験に光をあて自分の人生を自分の手に取り戻すような新たなストーリーのことである。

　人生を理解しようとする努力のなかで，人々は，彼らと周りの世界に関する首尾一貫した説明が得られるような仕方で，自らの経験を時間軸上に順序よく配列する仕事に直面する。このような説明をつくり上げるためには，過去と現

在の出来事，そして未来に予測される出来事についての特別な経験が直線的前後関係のなかで繋ぎ合わせられなければならない（White & Epston, 1990）。

このような考え方は，テクスト・アナロジー（Text Analogy）からの示唆が影響を与えている。テクスト・アナロジーとは，私たちの行動の意味がどのように付与されるのかと考えたときに，生きられた経験を語ることによって意味づけされるという考え方である。

テクスト・アナロジーの有益性についてホワイトとエプストン（White & Epston, 1990）は，人々のより広い社会政治的文脈を考えることを可能にする枠組みを提供する一方，権力の操作と人々の人生や人間関係におけるその効果について考えることを可能にすると述べている。つまり，これまでの心理学が提供してきた個人に関する用語にとらわれず，より広範で多様な文脈を考慮することを可能にし，新たな意味づけが創り出されることに役立っている。

ナラティブ・セラピーの実践には，ただ一つの真実があるとされてきたこれまでの多くの心理療法に対するアンチテーゼが含まれている。物事には多様な側面があり，それをどのように解釈していくかということについても多様な声（多声性）があると考える。また問題の原因を個人に帰属させるという考え方にも与しない。そのため，個人にラベルを貼るような行為は重要視されておらず，その点においてはロジャーズの来談者中心療法と類似しているように見える。ただし，ナラティブ・セラピーはセラピストから積極的に質問するという点で異なっている。

（2）ディスコース

ディスコース（Discourse）とは，ある特定の文化やある社会的集団においてつくり出された物事に対する意味づけの仕方，価値体系のことである。日本語では言説と訳されている。例えば，日本の一部では「長男は跡を継ぐべきである」というディスコースが支配的であり，それが人々の意思決定や行動に影響を及ぼす。このディスコースの影響が強い場合には，職業の選択肢が限定され，あるいは場合によっては結婚相手をも限定してしまう。当の本人たちは，このディスコースについてそれほど重要視していなかったとしても，そのコミュニティを形成するメンバー，あるいは伝統といったものの影響を考慮する

ことによって，このディスコースが力をもつことがある。

またとくに都市部では「子どもへの早期教育が大切である」というディスコースが優勢であり，幼少期から習い事に行かせるということが当たり前になっている。これはお金の使い方に影響を与え，家族全体のスケジュールにも影響を与える。

例えば，ある職種では残業することが当たり前になっており，残業の量が仕事を評価する基準の一つになっているとしよう。そういったコミュニティでは，残業が少ない人というのは仕事ができない人，熱心ではない人という評価がなされる。一方で，違う職種では残業は仕事ができない人，能力が低い人がするものであるというディスコースがあり，残業が少ない人が評価されるということがある。

このようにさまざまなディスコースが，私たちの意思決定や行動に作用しており，属している職場，家族，地域，サークルなどのコミュニティによって，私たちに影響を与えるディスコースは異なっている。

(3) エイジェンシー

困難を抱えている人はディスコースに支配され，受動的なストーリーを歩んでいるとナラティブ・セラピーでは考える。能動的に自分の人生を選択している，自分の人生が自分のものとして感じられるということが**エイジェンシー**（Agency）と呼ばれるものである。

エイジェンシーの考えを実践に反映させるための取り組みとして，国重（2013）は何か大きな決断ができるようになるというものではなく，発語の節々に，自分の主観的な主張を通じて，主体性が出てくることであると述べている。社会的な常識にとらわれず，クライエントがもっているその人らしい考え方や価値体系を語りなおしていく行為そのもの，あるいはそのような行為をし続ける姿勢によって，主体性を取り戻していくのである。

(4) 外在化する会話

普段，何か問題が起こると私たちは人間のなかに問題があると考えるのが一般的である。例えば，アルコール依存症の場合には，意志が弱いからやめられ

ないのだと考え，意志が弱い患者が悪いと結論づける。遅刻が多い人に対しては，甘えている，怠けていると考え，性格の問題として扱われることがある。あるいは，不登校の子が登校できないのは親の関わり方が良くないからだという考えをする場合もあるだろう。こういった考え方を問題の内在化と呼ぶ。この考え方は，問題に対して誰か責任を取るべき人がおり，その人が原因だと考えることによって問題解決を図ろうとする。しかし，ナラティブ・セラピーではこの考え方を採用しない。この内在化のストーリー自体を優勢なストーリーと考え，このストーリーを語れば語るほど，問題は膠着し，問題とされている当事者はよりいっそう問題のある人間としてのアイデンティティが強化されてしまうと考える。

内在化されたものを外に取り出して問題を扱う方法を**問題の外在化**（Externalizing the Problem）と呼ぶ。問題の外在化とは，人々にとって耐えがたい問題を客観化ないし人格化するよう人々を励ます一つの治療的接近法である（White & Epston, 1990）。人間が問題と考えるのではなく，問題が問題であるというスタンスである。つまり**外在化する会話**（Externalizing Conversation）とは，問題と人間を切り離して考えることによって，クライエントや周囲の人間が免責される構図が生まれ，問題に対しての新たな語りが生じる可能性を広げていく会話の方法である。

日本では昔から，「癇の虫」，「腹の虫がおさまらない」や「痛いの痛いの飛んでいけ」など，人の衝動や感情を別のものに置き換えたり，痛さを体から分離させ対象化したりする習慣がある。このようなイメージで，例えば不登校児に生じた不安を対象化し「ふわん」などと名前をつける。その「ふわん」がどんな時によく出てくるか，あるいは出てこないかなどユーモラスに語ってもらう。対象化したものを絵にしてもらうとよりイメージしやすくなる。

問題の外在化がどのように役立っているのかをホワイトとエプストン（White & Epston, 1990）は次のようにまとめている。

> ① 誰が問題に対して責任があるのかという論争も含め，人々の間の非生産的な葛藤を減らす。
> ② 問題解決の試みにもかかわらず存続する問題のために，多くの人々がもつに至った挫折感を帳消しにする。
> ③ 人々が互いに協力し，問題に対して一致団結して立ち向かい，そして人生や人間関係に対する問題の影響から身を引く方法を築く。
> ④ 人々が問題やその影響から彼らの人生と人間関係を取り戻す新しい可能性を開く。
> ⑤ 「恐ろしくシリアスな」問題に対する軽やかでより有効な，さほど緊張しなくて済むアプローチの自由を与える。
> ⑥ 問題についてのモノローグ（独り語り）よりもダイアローグ（対話）を提供する。

　問題の外在化をする際に，何を問題とし定義するかが重要である。問題の定義は専門的な言葉を避け，クライエントが身近に感じる一般的な言葉を使うのがよい。また，先にも挙げた1984年に書かれた「偽りの遺糞症―崩壊から勝利へ，悪循環から良循環へ」では，遺糞症に対して「スニーキー・プー」と名付けて外在化を行なっている。このように，問題を擬人化して，その問題と問題がクライエントに与えている影響を語ってもらうことも多い。

　問題の外在化から新たなストーリーを紡いでいく実践のなかに，**影響相対化質問**（Relative Influence Questioning）という質問法がある。影響相対化質問とは，外在化した問題がクライエントにどのような影響を与えているかなどを細かく描いてもらうために行なう質問である。「〇〇はあなたにどんなことを考えさせますか？」「〇〇はあなたの人生にどのように入り込んできたのですか？」「〇〇はあなたにどのような影響を与えていますか？」などと質問することができる。

　その反対の方向からの質問も影響相対化質問である。つまり，クライエントがその問題に影響を与えている部分を描いてもらうために使われる。「〇〇からどうやって自分の人生を取り戻したの？」「〇〇にどのように抵抗したの？」「〇〇とどうやって距離を取ることができたの？」などと質問することができる。

　ホワイトとエプストン（White & Epston, 1990）は，影響相対化質問は二つの質問群から成り立っている。一つは，人々の人生と人間関係に対する問題の

影響をマッピングするよう彼らを励ますものであり，もう一つは，「問題の人生」に対する彼ら自身の影響をマッピングするよう援助すると述べている。

（5）ユニークな結果

問題の外在化などによって掘り起こされたドミナント・ストーリーのなかでは語られてこなかった生きられた経験やドミナント・ストーリーの外に置かれた経験のことをユニークな結果（Unique Outcomes）と呼ぶ。これまでのドミナントなストーリーとは相容れない矛盾するような出来事を語ってもらうことが重要である。このユニークな結果が見出されることによって，ストーリーのプロットとして位置づけられ，オルタナティブなストーリーが語られるための端緒となる。

（6）再著述する会話

優勢なストーリーによって，見えにくくなっている，隠されている領域に光をあて，未だ語られていない，新たなストーリーを紡いでいく会話を**再著述する会話**（Re-authoring Conversation）と呼ぶ。

セラピストは，人々の人生のストーリーラインにある裂け目（これは，たいていが，人々の人生の「従属的」ストーリーラインと呼ばれるものである）に注意を促し，人々が知性を広げ，想像力を駆使し，生きられた経験を召集することによってこうした裂け目を埋めるように励ます（White, 2007）。

「起こったことに対してどのような理解が可能でしょうか？」「このことは，あなたにとって何を表していると言えるでしょうか？」と質問することによって，クライエントに固定化された語りにとどまることを許さず，新たな語りの可能性を広げていく。このような質問をすることで，個人の内的な状態に言及するのではなく，その人の価値体系や信念といった志向を語ってもらい，クライエントがよりエイジェンシーを経験する可能性を高めていく。

（7）リ・メンバリングする会話

リ・メンバリングする会話（Re-membering Conversation）とは，ホワイトが遅発性悲嘆反応と呼ばれる経験をしている人に対して援助していくなかで考

案された会話のあり方である（White, 2007）。それまでの遅発性悲嘆反応，病的な悲嘆反応に対する心理的な援助では，大切な人との死別をいかに受け入れていくか，死をどのように受け止めていくかというやり方であった。ホワイト（White, 2007）はこれを「さようならを言う」メタファーと呼んだ。しかし，この方法ではかえって，状況を複雑化させる可能性があり，絶望感を深めてしまうと考えた。

　このような実践に対して，大切な人との喪失した関係を新たな形で取り込んでいく「こんにちはを言う」メタファーとして，リ・メンバリングする会話を創りあげた。紙面の都合上，詳細に述べることはできないが，ナラティブ・セラピーを理解するうえで，リ・メンバリングする会話がどういったものかを知っておくことは役立つ。リ・メンバリングする会話は，その人にとって過去・現在・未来にわたる重要な人物，影響を与えると考えられる人物を一つのコミュニティと考えて会話を広げていく。

　ホワイト（White, 2007）は，リ・メンバリングする会話の目的は，受動的な回想ではなく，重要な人物との関係の歴史や，現在および予測される未来の重要人物と目的をもって関わりなおすことであると述べている。このリ・メンバリングをする会話は，必ずしも存在した人である必要はなく，影響を受けた本の言葉でもよいし，親しみのある飼い犬などでもよい。つまり，さまざまな声を集めその人のアイデンティティを再構成する試みである。

　ホワイト（White, 2007）は，リ・メンバリングする会話として2部構成の質問によって始められると述べている。1つ目に，セラピストは，クライエントの人生に対して重要な人物がどのような貢献をしたか詳しく描いてもらうように質問をする。そして，クライエント自身がその貢献を眺め自分自身のアイデンティティにどのように影響しているかなど描いてもらう。2つ目に，今度はクライエントがその重要人物に対してどのように貢献したのかを描いてもらう質問をする。そして，その自分自身の貢献が重要人物のアイデンティティの形成にどのように影響を与えたかを描いてもらう。

　このように，それぞれの人生におけるそれぞれの貢献やアイデンティティ形成への影響を記述し，新たな関係性を取り込んでもらう実践である。

4. ナラティブ・セラピーの効用と限界

　ナラティブ・セラピーは，その対象を必ずしも限定するものではない。セラピストに求められるのは，これまでの既知の知識・理解を覆すような姿勢を保つことである。しかし，この姿勢に馴染んでいなければ，容易に何らかの真実が存在するという認識の仕方に誘惑され，ドミナントなストーリーの構成に加担してしまう可能性がある。

　また問題の外在化において問題と戦うというような敵対的なメタファーを用いることで，問題が再発した場合には，その再発の原因をその人個人に帰属させてしまう可能性が生じる。どのようなメタファーを使用するかは慎重に検討されるべきである。

5. ナラティブ・セラピーの学びを深めるためには

　ナラティブ・セラピーを学ぶ際に，先に理論的な背景を学ぼうとすると行き詰まってしまうことが少なくない。ナラティブ・セラピーに影響を与えているさまざまな考え方は難解であり，理解にたどりつくまでに時間がかかる。そのため，まずはナラティブ・セラピーの事例を読むことをお勧めする。ナラティブ・セラピーの実践は，ユーモラスでユニークであるため読者の興味関心が掘り起こされる。その体験が学びのモチベーションへと繋がる。

● **推薦書籍**

◆国重浩一（2013）．ナラティヴ・セラピーの会話術―ディスコースとエイジェンシーという視点　金子書房
　著者である国重はナラティブ・セラピーの本場，ニュージーランドのワイカト大学でナラティブ・セラピーを学んだ。一度読んだだけではなかなか理解しがたい多くのナラティブ・セラピーに関する本とは異なり，とても平易な文章で丁寧に説明されているため，初学者にとってもとても読みやすい本になっている。

◆ Madigan, S.（2010）. *Narrative therapy*. Washington, DC: American Psychological Association.（児島達美・国重浩一・バーナード紫・坂本真佐哉（監訳）（2015）．ナラティヴ・セラピストになる―人生の物語を語る権利を持つのは誰か？　北大路書房）

アメリカ心理学会から出版されている心理療法理論シリーズの一つ，「narative therapy」の全訳である。ナラティブ・セラピーの歴史，理論などが概観されており，入門書の一つとして最適である。

◆ 高橋規子・八巻　秀（2011）．ナラティヴ，あるいはコラボレイティヴな臨床実践をめざすセラピストのために　遠見書房

日本でのポストモダンなアプローチの第一人者であった高橋規子氏の模擬面接の逐語録とその解説で構成されている。セッションの流れやどのように進めていくのかといったことをイメージしやすい。また対話形式になっているため，とても読みやすい。

引用文献

児島達美（2008）．可能性としての心理療法　金剛出版
国重浩一（2013）．ナラティヴ・セラピーの会話術―ディスコースとエイジェンシーという視点　金子書房
Madigan, S.（2010）. *Narrative therapy*. Washington, DC: American Psychological Association.（児島達美・国重浩一・バーナード紫・坂本真佐哉（監訳）（2015）．ナラティヴ・セラピストになる―人生の物語を語る権利を持つのは誰か？　北大路書房）
Malinen, T., Cooper, S. J., & Thomas, F. N.（2012）．*Masters of narrative and collaborative therapies-The voices of Andersen, Anderson, and White*. New York: Routledge.（小森康永・奥野　光・矢原隆行（訳）（2015）．会話・協働・ナラティヴ―アンデルセン・アンダーソン・ホワイトのワークショップ　金剛出版）
Monk, G., Winslade, J., Crocket, K., & Epston, D.（Eds.）.（1997）．*Narrative therapy in practice the archaeology of hope*. San Francisco, CA: Jossey-Bass.（国重浩一・バーナード紫（訳）　2008）．ナラティヴ・アプローチの理論から実践まで―希望を掘りあてる考古学　北大路書房）
高橋規子・八巻　秀（2011）．ナラティヴ，あるいはコラボレイティヴな臨床実践をめざすセラピストのために　遠見書房
White, M.（2007）. *Map of narrative practice*. New York: W. W. Norton.（小森康永・奥野　光（訳）（2009）．ナラティヴ実践地図　金剛出版）
White, M.（2011）. *Narrative practice-Continuing conversation*. New York: W. W. Norton.（小森康永・奥野　光（訳）（2012）．ナラティヴ・プラクティス―会話を続けよう　金剛出版）
White, M., & Epston, D.（1990）．*Narrative means to therapeutic ends*. New York: W. W. Norton.（小森康永（訳）（2016）．物語としての家族［新装版］　金剛出版）

第17章　家族療法

1. 家族療法とは

　家族療法とは，家族という一つのまとまりをシステムとみなし，その家族システムを治療対象とする心理療法である。従来の個人療法では問題を抱える個人を対象として心理的介入が行なわれることが多い。対照的に，家族療法では個人の問題を家族システムの機能不全に由来するものとしてとらえる。つまり，個人の問題は家族システムの機能不全を反映したものと考えるのである。そのため，家族療法では個人を治療対象とするのではなく，その個人を含む家族システム全体を治療対象として心理的介入が行なわれる。

2. 家族療法の歴史

（1）家族療法の黎明期

　心理療法に家族が初めて取り入れられたケースとして知られているのは，1909年に発表されたフロイト（Freud, S.）のハンスの症例である。フロイトは神経症やヒステリーの原因として，患者の記憶に内在化された両親像と患者との無意識的葛藤関係を見出した。しかし，精神分析治療では，あくまでも症状の原因は患者の精神内界の問題であり，患者の家族に会うことは治療を混乱させるとして，積極的に治療対象として家族を扱うことはなされなかった。
　1930年代より，児童精神医学や教育相談の分野で，子どもの問題に対して母

子関係の調整が求められるようになり，母子並行面接が行なわれるようになってきた。しかし，この時期の研究は，子どもの問題に対する母親の影響を検討した研究が主であり，母親を子どもの問題の原因・加害者とみなすものが中心であった。

（2）家族研究の展開

1950年代に入り，家族療法の理論的背景となるような重要な概念や仮説が次々と発表された。社会人類学者のベイトソンら（Bateson et al., 1956）は，統合失調症患者とその家族には特徴的なコミュニケーションが見られることから，**二重拘束仮説**（Double-bind Theory）を提唱した。二重拘束とは，ある二者関係において，一方がもう一方に，言語的なメッセージとそれに相反するような非言語的なメッセージを同時に与えることである。その矛盾したメッセージを受け止った相手は混乱し，葛藤状態に置かれる。例えば，母親が子どもに対して，「あなたのことがとても大切だよ」と言語的なメッセージを送るが，子どもが母親に近づくと，母親が拒否的な態度を見せるといったようなコミュニケーションである。ベイトソンは，統合失調症患者とその母親との間には，このような矛盾したメッセージが繰り返し生じていると指摘した。現在，この二重拘束が統合失調症の直接的な原因になるとは考えられてはいないが，二重拘束仮説は，患者の症状に関連する家族の相互作用の問題を指摘したものであり，その後の家族療法の発展に大きな影響を与えるものとなった。

また，ジャクソン（Jackson, 1957）は，統合失調症患者の家族の観察から，患者の症状が改善すると，他の家族構成員がうつや心身症などの症状を呈するケースが多く見られることに気づいた。このことからジャクソンは，家族内で何らかの変化が起きようとすると，もとの状態に戻そうとする傾向があるとして，これを**家族ホメオスタシス**（Family Homeostasis）と名付けた。例えば，統合失調症患者が入院によって症状が改善して退院しても，家族のもとに戻ると症状が再発するという傾向もこの家族ホメオスタシスから説明が可能である。家族ホメオスタシスは，患者個人を対象として介入するだけでは問題が繰り返されてしまうという指摘から，患者個人の問題を家族システムの問題としてとらえ，家族全体を治療対象として介入するといった家族療法の基本的な考え方

に示唆を与えるものとなった。

　臨床実践としては，アッカーマン（Ackerman, 1958）によって，子どもの問題行動に対して，家族の関係性に介入するという試みがなされている。アッカーマンによる家族への介入は，その後高く評価され，アッカーマンは「家族療法の創始者」と呼ばれている。

　このような1950年代の家族研究におけるさまざまな理論的発展から，次第に家族をシステムととらえる見方が取り入れられるようになり，その後の家族療法の礎が築かれた。

（3）家族療法の誕生とその後の発展

　1960年代以降には，システム理論に着目した治療技法が発展し，さまざまな家族療法のアプローチが誕生した。代表的なものとしては，ボーエン（Bowen, M.）の多世代家族療法，ミニューチン（Minuchin, S.）の構造的家族療法，ジャクソン（Jackson, D. D.）とその同僚らによるMRI家族療法，ヘイリー（Haley, J.）の戦略的家族療法，パラツォーリ（Selvini-Palazzoli, M.）のシステミック家族療法などである。これらのアプローチは現在の家族療法においても基本的な枠組みとなっており，1960〜1970年代は家族療法の基盤が形成されていった時代となった。

　現在，家族療法は，ソリューション・フォーカスト・アプローチ，社会構成主義，家族心理教育，ナラティブ・アプローチ，メディカル・ファミリーセラピーなど，新しい理論と治療技法を取り入れながら発展を続けている。

3．家族療法の理論・技法

（1）家族システム理論

　家族療法の基本的な枠組みである，家族をシステムとしてみなす考え方は，ベルタランフィ（Bertalanffy, 1968）の**一般システム理論**に端を発する。システムとは，あるまとまりをもった全体のことをいう。したがって，機械も人も会社も国家も，単純なものから複雑なものまですべてシステムとしてとらえることができる。一般システム理論によれば，システムは無生物体システムと生

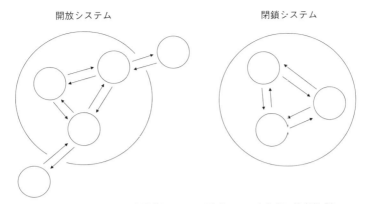

図17-1　開放システムと閉鎖システム（中釜，2001を参考に筆者作成）

物体システムの2種類がある。家族はある時点で誕生し，発達して，死に至る性質をもつため，生物体システムとみなされる。そして，ミラー（Miller, 1978）は，この生物体システムについて，精神医学の分野でも適用可能な「一般生物体システム理論」を提唱した。これらの理論を参考にし，家族をシステムとみなす**家族システム理論**が生まれた。

　システムは環境との間で情報や物資のやりとりがある開放システムと，それらがない閉鎖システムに分類される。機械などはそれ自体で完結しているので閉鎖システムであり，社会・人間などは環境との間で情報や物資のやりとりがあるため，基本的には開放システムである。家族も周囲から情報を得たり提供したり，物資の獲得や排出をしているため，開放システムである。

　また，生物体システムは，あるシステムを中心に考えた場合，そのシステムを構成するいくつかのシステムに分けることができる。その分けられたシステムを「サブシステム（下位システム）」と呼ぶ。例えば，図17-2の高橋家という集団システム（家族システム）を基準に考えた場合，夫，娘，花子は高橋家という集団システムのサブシステムである。言い換えれば，高橋家という集団システムは，夫，娘，花子といったサブシステムによって構成されているということができる。もちろん花子という生体システム（集団システムのサブシステム）も消化器システムや神経系システムなどといった生体システムのサブシステムから構成されている。一方，高橋家という集団システムは，社会という

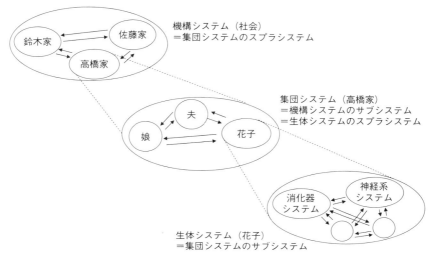

図17-2　システムの階層性（中釜，2001；遊佐，1984を参考に筆者作成）

機構システムを構成するシステムである。この場合，高橋家という集団システムから見た社会という機構システムは「スプラシステム（上位システム）」と呼ばれる。逆に社会という機構システムを中心に考えた場合，高橋家という集団システムは機構システムのサブシステムとなる。このように複数の次元のシステムが階層的に連なる様子を「システムの階層性」という。そして，これらの階層性をもつシステムは常に相互作用し，影響を与え合っているのである。

（2）円環的因果律

　原因Aから結果Bが導かれるといった，一方向性の原因と結果の繋がりを「直線的因果律」という。一方，ある出来事が多方向に影響を与えている場合や，出来事同士が相互に影響し合って，どちらも原因であり，結果でもあるといったような場合の因果関係の流れを**円環的因果律**と呼ぶ。

　家族システムは相互作用する個人で構成されている集団システムである。したがって，家族システム内では関わり合うすべての事象が互いに影響を与えつつ機能しており，家族システム内で生じている事象を直線的因果律でとらえることは難しい。家族システム内では因果関係が曖昧あるいは複雑であるため，

円環的因果律でとらえる見方が妥当である。例えば，「母親が厳しいので，子どもがひきこもるようになった」などというように，直線的因果律で家族の問題を理解しがちであるが，実際には，子どものひきこもりが母親の厳しさを増しているかもしれないし，そもそも母親の厳しさは，子どもの状態をよく思わない父親から子どものしつけについて母親が強く意見をされているから生じているのかもしれない。このように家族療法では円環的因果律で問題を理解し，家族の円環的なパターンや相互作用といった「関係性」を取り上げることが特徴である。

(3) IP

家族システム理論では，円環的因果律からの理解によって，個人や家族の問題をシステムの相互作用（関係性）の問題としてとらえている。つまり，個人や家族の問題は家族システムの機能不全が原因で生じており，家族システムの機能が改善されれば，結果として問題が解決すると考える。そのため，家族療法では，個人ではなく家族そのものを治療対象とし，家族システムに変化を起こすように積極的・能動的に介入する。なお，家族システム理論に基づくアプローチであれば，面接形態がどのようなものであっても家族療法であるといえる。家族合同面接のように複数の家族構成員が面接に参加する形態が家族療法であると考えがちであるが，面接への参加が家族構成員の1人だけであっても，家族システム理論に基づく理解からのアプローチであれば，家族療法といえる。

このような理論的背景から，家族療法では症状や問題を呈する者をクライエ

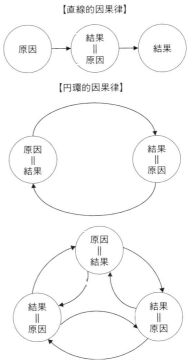

図17-3　直線的因果律と円環的因果律（中釜，2001；遊佐，1984を参考に筆者作成）

ントや患者とは呼ばずに,「ＩＰ（Identified Patient, Index Patient）」と呼んでいる。ＩＰとは「患者の役割を担う者」,「指標となる患者」という意味であり,家族システムのなかで,たまたま問題や症状を呈した人,家族システムやそれをとりまくさまざまなシステムの機能不全を示している人ととらえられている。これは,問題の焦点を個人ではなく家族システムの問題ととらえる家族療法の考え方に則ったものである。

家族療法にはさまざまな学派が存在するが,この家族をシステムとしてとらえる考え方は,あらゆる家族療法の背景となる考え方であり,学派を超えて共通する理論的枠組みである。家族システム理論を応用したアプローチは「**システムズ・アプローチ**（Systems Approach）」と呼ばれ,多種多様な家族療法として発展していく。

（4）家族療法の代表的なモデル
1）多世代家族療法

多世代家族療法とは,ボーエン（Bowen, 1978）によって創始された,個人や家族の問題を家族の歴史から理解しようとする家族療法である。多世代家族療法では,家族の問題は現在の家族内での相互作用の悪循環やライフサイクル上の問題だけでなく,多世代にわたって発展してきたものとしてとらえられる。また,多世代家族療法の基盤となるボーエンの理論では「自己分化」の概念が提唱されている。自己分化とは,個人内および対人間の心理状態・心理活動を示す概念であり,知性システムと情緒システムが分化した状態を指す。そのため,多世代家族療法では,個人内および対人間の自己分化を高め,家族関係を変化させることが求められる。

多世代家族療法における代表的な技法としては,**ジェノグラム**が挙げられる。ジェノグラムとは家系図のことで,歴史的な観点を踏まえながら家族関係を理解するために描かれる図のことである。3世代以上の家族構成員を盛り込むことが通例である。アセスメントの技法でもあるが,家族や個人が世代間に共通するパターンや家族の問題を理解するための助けともなり,治療の技法としても使われる。

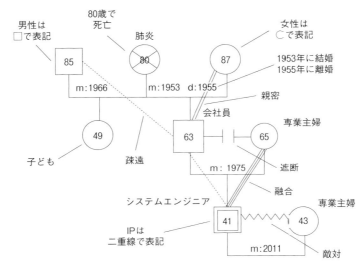

図17-4　ジェノグラムの例（筆者作成）

2）構造的家族療法

構造的家族療法は，ミニューチン（Minuchin, 1974）によって提唱された，家族システムの構造に重点を置くアプローチである。ミニューチンによれば，家族は夫婦，兄弟，親子などのいくつかのサブシステムから構成されており，サブシステム間の境界が適度に明確であることが望ましく，とくに父母と子どもの世代間境界が重要であるとされている。したがって，家族の構造，つまり世代間境界が曖昧だったり，過度に融合していたり，もしくはばらばらになっている場合に問題が生じるとされる。そこで，構造的家族療法では家族のサブシステムの境界に介入し，家族の再構造化を促すことによって，個人あるいは家族の問題解決が目指される。

構造的家族療法では**ジョイニング**が代表的な技法として挙げられる。ジョイニングとは家族システムに参入するための技法であり，家族構成員が複数人同席した家族療法における関係性づくりの方法である。セラピストが，面接室に訪れた家族特有の習慣や言葉遣い，あるいは考え方に自分を合わせることや，家族が用いる言葉や動作を実際に真似ること，時にはユーモアや冗談で雰囲気を和らげることなどがジョイニングの例である。なお，多世代家族療法家であ

るナージ（Boszormenyi-Nagy, I.）は，このジョイニングの具体的な態度・技法を「多方向への肩入れ」として紹介した。多方向への肩入れとは，セラピストが家族構成員一人ひとりの味方になって，各人の思いを受け止めることで，各人の立場と言い分を明確にしていく技法である。多方向への肩入れによって，面接の場面に安心感が生まれ，家族の話し合い進めるための基盤づくりが進む。

3）MRI家族療法

MRI家族療法は，1959年にジャクソン（Jackson, D. D.）が，Mental Research Institute（MRI）を創設し，そこで行なわれたアプローチのことである。MRI家族療法では，家族のコミュニケーションに焦点があてられ，個人や家族の問題を，それを持続させる不適応的なコミュニケーション・パターンの問題として取り上げることが特徴である。そのため，MRI家族療法では家族内におけるコミュニケーションに何らかの変化を与えることによって，家族システムの改善が目指される。

代表的な技法は**逆説的指示**（パラドックス処方）である。これは悪循環の維持に関わる問題行動を維持・強化するように指示する方法である。例えば，夫婦間での衝突が毎日のように繰り返されるという問題を訴えるクライエントに，セラピストは「毎日30分喧嘩をしなさい」というような指示を与える。クライエントが毎日喧嘩をすることができなかった場合は，問題の改善を意味することになり，一方，毎日喧嘩をすることになったとしても，セラピストの指示通りにできたということで，夫婦間の衝突についてコントロールできたということになる。つまり，夫婦間の衝突はクライエントのコントロールできるものに変化することになり，それもまた問題解決に繋がる。MRI家族療法では，このような逆説的なアプローチが積極的に用いられる。

4）戦略的家族療法

戦略的家族療法は，ヘイリー（Haley, 1963）が中心となって築き上げられたアプローチであり，MRI家族療法の延長線上に位置する。個人や家族の問題を維持させているような不適応的な行動の連鎖を変化させ，実用的で現実的な問題解決を目指した介入が中心となる。また，家族の変化に対して，いかにセラピストが効果的に介入できるかということに焦点をあてていることも特徴的である。

戦略的家族療法における代表的な技法は**リフレーミング**である。家族内での出来事，ある家族構成員の行動，あるいは家族の関係性などの事実を，これまでと異なる視点や文脈から再定義するという技法である。例えば，「夫はいつも優柔不断で，自分の意見を言わない」と述べる妻に対し，セラピストが「家族の言い分をきちんと聴き，さまざまな角度から物事を真剣に考えて，結論を出そうとして悩んでいるのかもしれない」といったように，従来とは異なった視点から新しい意味づけをすることである。このように，硬直したものの見方をリフレーミングによって柔軟にすることで，新しい意味づけが加わり，家族の考え方や行動が変化したり，家族の肯定的な面に視点が向くようになったりする。

4．家族療法の効用と限界

家族療法では，すべての症状や問題は家族システムの機能不全によるものと考えるため，理論的にはすべての症状や問題に適用可能であると考えられる。実際に，家族に関連するあらゆる問題に適用されており，その有効性を示す知見が数多く報告されている。例えば，家族関係の不和，浮気，家庭内暴力，セックスレス，不登校や非行など，さまざまな家族の問題に対して効果をあげている。

近年では，精神疾患に対しても家族療法が積極的に用いられるようになってきている。具体的には，うつ病，神経性やせ症や神経性過食症といった摂食障害，統合失調症，双極性障害，アルコール使用障害において，エビデンスが示されている。しかしながら，その他の精神疾患に関しては十分なエビデンスが示されておらず，精神疾患に対する家族療法は未だ発展途上の段階である。今後の展開が期待される。

5．家族療法の学びを深めるためには

現在，家族療法に関しては，多くの書籍が発刊されており，誰でも家族療法を学ぶことができる。家族療法の学びを深める際には，まずは初学者向けの家

族療法あるいは家族心理学のテキストを一冊通読するのがいいだろう。その後，さまざまな家族療法の専門書に進んでほしい。最近では，家族療法を行なっている面接場面を収録した DVD なども多数出版されている。家族療法の実践について深く理解できるだろう。また，学会や民間の相談機関が主催する家族療法の研修会も頻繁に開催されている。それらの研修会に参加し，家族療法の実践的なスキルを学ぶこともできる。

● 推薦書籍

◆遊佐安一郎（1984）．家族療法入門―システムズ・アプローチの理論と実際― 星和書店
家族療法について包括的に紹介されている解説書である。家族療法の基礎理論となる一般システム理論の基本的な考え方から，種々の家族療法の理論が分かりやすく紹介されている。

◆中釜洋子・野末武義・布柴靖枝・無藤清子（2008）．家族心理学―家族システムの発達と臨床的援助― 有斐閣
家族心理学と家族療法の基礎を学ぶことができる。平易な言葉で，簡潔な記述でありながらも，情報量が多く，初学者にも分かりやすいテキストとなっている。

引用文献

Ackerman, N. W. (1958). *Psychodynamics of family life*. New York: Basic Books.
Bateson, G., Jackson, D., Haley, J., & Weakland, J. (1956). Toward a theory of schizophrenia. *Systems Research and Behavioral Science, 1*, 251-264.
von Bertalanffy, L. (1968). *General systems theory: Foundations, development, applications*. New York: George Braziller.
Bowen, M. (1978). *Family therapy in clinical practice*. New York: Jason Aronson.
Haley, J. (1963). *Strategies of psychotherapy*. Philadelphia, PA: Grune & Stratton.
Jackson, D. D. (1957). The question of family homeostasis. *Psychiatric Quaterly Supplement, 31*, 79-90.
Miller, J. G. (1978). *Living systems*. New York: McGraw-Hill.
Minuchin, S. (1974). *Families and family therapy*. Boston, MA: Harvard University Press.
中釜洋子（2001）．いま家族援助が求められるとき 垣内出版
遊佐安一郎（1984）．家族療法入門―システムズ・アプローチの理論と実際― 星和書店

第18章 遊戯療法

1. 遊戯療法とは

　人形遊びをしたり，絵を描いたり，粘土を捏ねたりと，「遊び」は誰もが皆，幼少期に経験しており，非常に身近なものである。その身近さゆえであろう，遊びには，気質や性格などの個人的要素だけでなく，感情や対人関係などの心理社会的要素，教育・文化的要素などが反映される，多義的な性質が備わっている。このような遊びを素材として用いる**遊戯療法**は，村瀬（2010）によると，言葉によってでは十分に自分の気持ちや考えを表現するに至らないクライエントを対象に，遊ぶことや遊具を通して行なわれる心理療法であり，クライエントの人格の成長と変容を目指す創造的な活動と定義されている。

2. 遊戯療法の歴史

　遊戯療法の理論的立場は，精神分析的遊戯療法，関係療法，非指示的療法，その他の4つに大別される（駿地，2007）。子どもの心理療法において遊びを扱うことの重要性について認識を広めた臨床家としては，精神分析学派に分類されるフロイト（Freud, A.）とクライン（Klein, M.）が有名である（駿地，2007）。その後，遊びそのものの治療的意義は，エリクソン（Erikson, E. H.）やウィニコット（Winnicott, D. W.）を始め，諸家によって認められ，詳述されている。ロジャーズ（Rogers, C. R.）の非指示的心理療法を遊戯療法に適用

し，子どもの主体性と自己治癒力に強い信頼を置いたのが，アクスライン（Axline, 1947）の非指示的遊戯療法である（駿地，2007）。

3．遊戯療法の理論・技法

(1) 遊戯療法の8原則

アクスラインの提唱した以下の8原則は，種々の理論的立場を超え，とくにわが国において治療者の姿勢の基本的原理となっている（駿地，2007）。

① よいラポール（親和感）を成立させる
② あるがままの受容を行なう
③ 許容的な雰囲気をつくる
④ 適切な感情の映し返し（反射）を行なう
⑤ クライエントの自己治癒力を信じ，クライエントに変化する責任をもたせる
⑥ 非指示的態度をとり，カウンセラーはクライエントに従う
⑦ 治療が緩徐な過程であることを理解する
⑧ 必要な制限を設ける

(2) 治療構造と制限

一般的な遊戯療法の治療構造は，45分-1時間のセッションを同じプレイルームで，決まったカウンセラーと週1回行なうものである。加えて，成人の面接と同様に，治療契約，秘密保持，制限という内的構造がある。遊戯療法の行なわれる機関によって異なるが，親も子どもと同じ時間に別のカウンセラーと面接を行なうなど，親との面接を並行して行なうことが一般的である。

遊戯療法では，「遊び」が非常に身近であるがゆえに，日常の遊びとは異なる場所で行なう治療であるという枠づけ，つまり制限が重要になる。制限とは，①カウンセラーへの身体的攻撃，②備品への物理的攻撃，③喫煙や自慰などの社会的に許されないこと，④安全と健康に関するもの（泥水を飲む，高い窓枠に登るなど）を制限することである。制限には，治療場面と現実場面との繋がりをもたせるため，子どもに治療場面である程度責任をもたせるため，子どもの身体的安全を保証するため，子どもにむやみに罪障感を引き起こさせないた

めといった意味があるとされる（高田，1996）。この制限というルールがあることにより，相談室が守られた場所となり，カウンセラーとの関係が深まることと相まって，子どもは安心して自分の内的世界を表現できるようになる。

（3）遊戯療法の対象と用いられる遊具

遊戯療法は，個人あるいは集団を対象とし，基本的には2，3歳から12歳が適用年齢とされており，子どもの知的水準や遊びの工夫で対象年齢は拡大される（東山，1999）。成年のクライエントに対しても，言語的表現と非言語的表現を組み合わせることでより洞察を深めうることもある。クライエントの年齢や特徴，問題の背景などに合わせて，柔軟にさまざまな方法が用いられる。

部屋は，水場（洗面台），砂場，畳，小さい家（Room in Room）などを備え，人数に合わせて適度に動ける広さであることが望ましい。用意する遊具は，対

図18-1　プレイルーム例
左上：箱庭の砂箱およびミニチュア玩具，右上：ドールハウスなどの玩具，下：プレイルーム概観

決の色合いが濃い玩具（刀・ピストル・キャラクターの変身用アイテムなど）・対人コミュニケーションを促進する玩具（家具・台所用品・赤ちゃん人形・家族人形・ミニチュア玩具など）・可塑性に富み，創作ができる用具（描画用具，粘土など）・知的遊びができる遊具（将棋，トランプ，その他のゲーム盤（テレビゲームは含まない））・哺乳瓶（クライエントの問題に合わせて使用を検討する）などである。基本的なものをそろえれば，遊具の絶対数は少なくても構わない。遊具はクライエントが心を反映，投影させるための道具であり，重要なのは，クライエントとカウンセラーの関係性である（Axline, 1947）。

（4）遊戯療法の目標と治療過程

　他の心理療法と同様であるが，初回面接後，クライエントの症状や特性，状態について，包括的に**アセスメント（見立て）**を行なう。治療目標は，クライエントの年齢，器質的・身体的問題の有無，知的・情緒的発達の状態，クライエントを取り巻く心理社会的状況，カウンセラーの力量などによって異なる。情緒的問題だけでなく，知的な遅れや能力の凹凸など発達的に課題をもった子どもも多いため，主訴の本質を見極め，子どもの人生全体を長期的にとらえ，子どもの問題の本質的側面を捉える視点が重要である（田中，2011）。

　治療過程は，クライエントの問題に応じて，3-5回といった短期で終結する場合もあるが，一般的には，数ヶ月から数年といった長期にわたって実施されることが多い。村瀬（1990）は，治療の経過を以下のようにまとめている。

①**導入期**：治療関係の構築。保護者と離れてプレイルームへの導入。治療構造，制限を共有し，カウンセラーとラポールを築く時期。

②**中間期**：関係の確立後，子どもの欲求が**行動化**されてくる。周囲の人間に向けられていた感情が，カウンセラーに直接的，間接的，象徴的に向けられる。その後，自己否定の気持ちが薄れ，自分や周りの人間を受け入れる気持ちが芽生え，やがて行動は建設的な方向へ向かう。

③**終結を視野に入れる時期**：自己に対する肯定的感情が優位になり，行動にまとまりが出てくると，外の世界への志向が強くなってくる。カウンセラーは現実へつなぐ心持ちで現実適応への一般化が進むよう配慮する。

（5）遊戯療法の技法

　遊戯療法の技法は，いずれの理論的立場においても基本的に大きな差はなく，こういう言い方にはこういう応答をするというようなマニュアルは存在しない（東山，1999；田中，2011）。アクスラインの8原則にある，許容的な雰囲気をどのようにつくり，あるがままの受容，適切な感情の映し返し，非指示的態度をどのように示すかということが，そのまま遊戯療法の技法ということになるのであろう。それでは，われわれにとって身近で日常的な遊びがどのようにして治療的に働くのだろうか。クライエントとカウンセラーの関係性は多岐にわたる要素から構成されており，一口に述べられるものではないが，ここでは遊戯療法の一側面を紹介するため，カウンセラーの基本的な関わりの例として，感情の映し返しと遊びにおいての声かけの例を挙げる（〈　〉内はカウンセラーの言葉）。

　感情の映し返し（反射） はカウンセリングに共通して重要とされており，クライエントに対して，クライエントの表した言語および非言語的メッセージ（表情・しぐさ・口調など）全般に表現されている感情を反映させることが行なわれる（e.g., Axline, 1947; 田中，2011）。例えば，一緒に遊んでいる子どもが「楽しいね」と言ったとする。にこにこと心から楽しそうな抑揚を伴って言った場合，大人も〈楽しいね！〉と受けるだろう。しかし，下を向いて平板な小声で言った場合，〈楽しいね…けど，どこか楽しくなさそう〉と返したくなるだろう。言葉も重要であるが，字面だけではなく，そこにどのような感情が現れているかということに着目する。

　実際の遊びにおける声かけの例として，遊びに表れている **象徴的表現** や対人関係の性質などについて着目する場面が挙げられる。例えば家族人形を用いた母親と子ども二人のごっこ遊びで，母親が一人の子どものおやつを多くし，もう一人のおやつは少なくと，量に差をつけたとする。おやつの少なかった子どもになりきって〈○ちゃんのおやつだけ多い！〉と不満をもらすこともあるだろうし，〈あれ，○ちゃんのおやつだけ，なんだか多いみたい〉と役割から少し距離を置いて返すこともあるだろう[1]。それまでの遊びのなかで，おやつの

1）　役割になりきるなど遊びに参加するか否かは，基盤とする理論によって異なる（田中，2011）。

多かった子どもが母親の言うことをよく聞く「いい子」だった場合,〈お母さんの言うことをよく聞いてると,おやつをたくさんもらえるのかな?〉と聞きたくなるかもしれない。クライエントが実生活でこのような偏愛を体験しているのか,そうであればこの子ども人形は,あるいはクライエント自身はどう感じているのかと思い巡らせながら,何を言葉で返すかタイミングを見計らう,ということもあるだろう。このようにカウンセラーは,治療目標を念頭に置きつつ,クライエントの背景や問題,言語理解の発達の程度などを踏まえ,表現に現れた内容や感情をクライエントに反映させるか,あるいは反映させないほうが治療的に働くのかの判断を瞬時に行ないながら関わる(田中,2011)。

(6)遊びの機能

　前項で遊戯療法での関わりの一例を示したが,このような相互作用が治療的に働くためには,その力動を支える,多層的な遊び自体の機能を理解しておくことが必要である。弘中(2000)は,遊びが子どもの心理治療のなかで果たす機能の一つとして表現・体験の機能を挙げ,さらに以下の4つに分類している。①自由に遊ぶことですっきりした楽しい気持ち(**カタルシス**;浄化)を感じられること,②言語表現に制限のあるクライエントにとって,遊びは言葉に替わる,あるいは言葉以上の,深くて複雑な思いを象徴的に表す自己表現の手段となることである。また,③こころの傷を癒す目的としても,健全な発達の一過程としても,重要な心の作業を行うための場・手段である。遊びは,現実世界における非現実的世界であり,子どもは遊びによって,自身の内的世界を表現し,さまざまなことを体験し,癒されたり成長を促されたりしていく。さらに遊びは,④言語化・意識化以前の体験をもたらす。遊びのなかで内的世界を表現するのに伴って,子どもは生き生きと「何か」を体験しており,その体験こそが心理的治癒をもたらすのではないかといわれている。以下に例として,家族との死別経験,保護者から窒息させられかけた被害体験をもち,頻繁な夜尿を主訴に来談した小学生女児Aさんとの一セッションを挙げる。

　箱庭の砂箱のなかに城のフィギュアを据え,その屋根を外して砂をどんどん入れ,なかにいる人が埋まってしまうということが表現された。小さな人形が救助のため砂

山を掘るのだが，人形の小さな手によるので，本当に少しずつしか掘れない。カウンセラーはもどかしさを感じて〈大変だ！　人が埋まってるのに，こんなちょっとずつしか掘れないのか！〉と人形になって言葉を返す。やっとの思いで全員掘り出すも死体の山で，生存者を病院へ連れていくが，救助者も病院も一緒に砂のうねりに飲み込まれ，埋まってしまう。カウンセラーは，助けもなく，砂に埋まる，このうえない閉塞感，鬱積した何かに，Aさんの経験が重なり，言葉にできない苦しみと悲しみがビシビシ伝わる感覚を受ける。〈助けも来ないし，砂にはどんどん埋まるし，息もできないし，どんなに苦しいだろうなぁ…〉死んだ人はお墓に入るが，墓も砂に埋まって，もう一人いた生存者もみんな死んでしまう。砂の魔物（ペンギン人形）が現れ，砂で埋めて全員を食べてしまったと，遊びを終えた。

　このセッションで，砂（大地を構成するもの）に象徴される母性的な対象は，世界すべてを飲み込んで死をもたらす破壊的なものとして現れる。Aさんにとって，保護者からの被害は，それまで信頼していた母性的な対象・イメージを崩し，世界が崩壊してしまうような体験であったと推測される。人形の小さな手で健気に行なう救助，ケアを提供する病院，墓をつくっての弔いといったAさんの健全なケアへの動きは，無残にも砂に飲み込まれ，悪い母性の象徴として現れた砂の魔物に食べられてしまった。破壊的な消失・死には，新しいものが生み出される再生のテーマが伴うことが多いが，その表現は現れなかった。家族を亡くし，大変な被害体験をしたAさんにとっては，死そのものを表現することが必要であったのだろう。すべてを飲み込む恐ろしい母性は，恐ろしい名前をつけられたままではあったが，無害なペンギンの形を取ることで収められた。このセッションの後，Aさんの夜尿は見られなくなった。

　このような表現は，体験に伴う感情を言語的に表現するよりもはるかに，鮮烈で激しい衝撃を感じさせる（②の機能）と同時に，問題の中核である外傷的な出来事を再現し，その折りに感じた否定的感情を整理する重要なこころの作業とそれに伴う感情を再体験させる（③，④の機能）[2]。

---

2)　本項では療法の実際についてイメージしやすいように，通常の事例の記述法でなく一セッションの一部のみ取り上げたが，このセッションに至るまでに築かれたカウンセラーとの関係性とAさんの心の修行なくしては，この表現やカウンセラーの言葉はなく，この体験をどのように人生に受け入れていくかという，セッション後のこころの作業も同様に重要であったことを申し添えておく。

4．遊戯療法の効用と限界

　遊戯療法の効用として，3節（5）（6）でふれたように，自己肯定感が高められ，カタルシスを得られ，自己理解を深めることができるとされている。さらに3節（4）でも述べたように，クライエントの背景や問題の性質によっては，心理療法の本来の役割である主訴を取り除くことにとどまらず，クライエントの「人間として生きやすい方向へ人格や特性を扱う」スキルを発達させることが遊戯療法の目的となり，効用として期待される（田中，2011）。

　また遊戯療法の限界は先行研究においてほとんどふれられていないが，あえて挙げるならば，弘中（2000）の指摘する，表現しすぎることの危険性であろう。困難な事例ほど，過度に破壊的な表現や，子どもの感情表出が凄まじく収拾がつかなくなる危険性が察知される場面が出てくることがある。問題の深い子どもほど制限を試すことが見られ，治療が深まるにつれてその表現も深くなり制限を揺るがすことがある。あえて制限を破ることが治療的に働く場合もあり，その見極めは非常に高度なスキルと経験を要する（弘中，2000；田中，2011）。

5．遊戯療法の学びを深めるためには

　遊戯療法を学ぶ人には，健康な成人の友人と，ぜひ「自由に遊んで」みてもらいたい。対人相互作用が喚起されるような，単純なスポーツゲーム，ボードゲーム，絵遊びや言葉遊びなどを勧めたい。その遊びのなかで，自分の振る舞いや感情，他者との関わり方，他者の感情の感じとり方について体験してほしい。必要以上に勝負にこだわる，自分のやり方を通したくなる，言いたいことが言えなくなる，皮肉を言いたくなるなど，自己の感情の動きや対人関係様式を再認識する，あるいは未解決の問題に新たに気づくかもしれない。とくに大人は，言葉・頭で物事を考えるのに慣れており，非言語的なコミュニケーションに現れる自分の特徴や癖，生の感情に鈍感で，それを見なおす機会に乏しいことがある。自分の人となりを見つめなおすのによい機会となりうるだろう。

子どもは遊びによって，生活そのもの，対人関係そのものを学びとる。遊びは人生そのもの，遊びを楽しむことは人生を楽しむことに繋がるといっても過言ではないだろう。東山（1999）が遊戯療法を行なうカウンセラーに必要な資質の一つとして，遊びを楽しめることを挙げていることからも，ロジャーズのいう自己一致と純粋性は，人生を楽しむ余裕と一体を成すものなのかもしれない。

謝辞
　プレイルームの画像掲載について，社会福祉法人東光学園　総括主任　下笠幸信氏にご協力いただきましたこと，御礼申し上げます。

推薦書籍

◆東山紘久・伊藤良子（編）（2005）．京大心理臨床シリーズ3　遊戯療法と子どもの今　創元社
　日本の臨床現場の第一線で活躍中の心理臨床家が，さまざまな症状や問題において遊戯療法を活用した事例や論考が収録されている。

◆田中千穂子（2011）．プレイセラピーへの手びき―関係の綾をどう読みとるか　日本評論社
　遊戯療法における言語的・非言語的相互作用の機微が柔らかい言葉で，丁寧に解説されている。クライエントの，その後の人生の生きやすさを丸ごと考える姿勢，洞察の深さは，後続の臨床家の目指す姿勢を示すものであろう。

引用文献

Axline, V. M. (1947). *Play therapy*. Boston, MA: Houghton Mifflin. (小林治夫（訳）(1972). 遊戯療法　岩崎学術出版社)
東山紘久 (1999). 遊戯療法　氏原　寛・成田善弘（編）　カウンセリングと心理療法―心理治療 (pp. 124-133)　培風館
弘中正美 (2000). 遊びの治療的機能について　日本遊戯療法研究会（編）　遊戯療法の研究 (pp. 17-31)　誠信書房
村瀬嘉代子 (1990). 遊戯療法　氏原　寛・小川捷之・東山紘久・村瀬孝雄・山中康裕（編）　心理臨床大事典 (pp. 370-372)　培風館
村瀬嘉代子 (2010). 序文　Giordano, M. A., Landreth, G. L., & Jones, L. D. (2005). *A practical handbook for building play therapy relationship*. Lanham, MD: Jason Aronson. (葛生　聡（訳）プレイセラピー実践の手引き―治療関係を形成する基礎的技法 (pp. iii-iv)　誠信書房)
駿地眞由美 (2007). 心理的援助の方法としての遊戯療法　追手門学院大学クリニック紀要, 4, 11-19.
髙田夏子 (1996). 遊戯療法　森谷寛之・竹松志乃（編）　はじめての臨床心理学 (pp. 156-163)　北樹出版
田中千穂子 (2011). プレイセラピーへの手びき―関係の綾をどう読みとるか　日本評論社

第19章 芸術療法

1．芸術療法とは

　芸術療法とは，心の内奥にあるものを何らかの形で表現したいという，人間が生来的にもつ欲望を基礎とした心理療法の一つで，ある人の心的内容が，その人が生み出した描画や物語，音楽といった創作物に投影され表現される過程で**カタルシス**が生じ，癒しに繋がるという考え方から発展したものである。中でも箱庭療法は，砂箱に自由に人形や乗り物，植物などのアイテムを置くことで内界を表現するものである。

2．芸術療法の歴史

（1）芸術の起源

　芸術は古来，人類の営みとともにある。1879年に発掘されたアルタミラの洞窟壁画は旧石器時代のものであるし，それ以前から，例えば雨ごいの舞踏や歌なども，人類発祥・人類の祈りとともに始まっていたと考えられる。

　金田（1975）は，芸術の起源に関して以下の理論を紹介している。①アリストテレス（Aristotle）の「芸術は模倣性から始まる」，②ハリソン（Harrison, J. E.）の「情緒の表現こそが，芸術の成立する根源である」，③ヴォリンガー（Worringer, W.）の「人間の抽象衝動が芸術の起源である」，④シラー（Schiller, J. C. F.）の「人間は遊戯するときに初めて真の人間たりうる」。そのうえで金

田は，芸術は人間の本性のなかから，人間の生活のなかから，人間の根源的な衝動から生まれると述べている。このように芸術は人間のこころの深い部分，根源的なものと深く関わりがあるといえる。

（2）芸術療法の出現

ギリシャの哲学者ソクラテス（Socrates），プラトン（Plato），アリストテレスらは，音楽は人の心の奥底まで浸潤し，心中のさまざまな葛藤を発散させ，後に爽快な気分となり，あたかも下剤の役割を果たすと述べた，と伝えられている（Ammann, 1998）。また，それ以前の呪術社会においては，詩の言葉には治癒的な力が備わっていると信じられ，シャーマンは多くの詩の言葉を知っていたという（伊藤，1992）。

このように芸術は人類とともにあり，そのこころに癒しを与えることは古くから知られていたが，芸術創造や芸術体験が病理学的・心理学的に論じられるようになったのは，この100年ほどである。ロンブローソ（Lombroso, C.）『天才論』，ヤスパース（Jaspers, K.）『ストリンドベリとファン・ゴッホ』，プリンツホルン（Prinzhorn, H.）『精神病者の描画』において，芸術的創造と，統合失調症やてんかんといった精神障害との関係が論じられ，モルゲンターラー（Morgenthaler, W.）『芸術家としての精神病者』において統合失調症者の作品が分析された。これらの動きは，表現病理学的な成果には繋がったが，造形活動を治療に用いることには直接繋がらなかった（伊藤，1992；山中，1990）。

造形活動を治療に導入したのはユング（Jung, C. G.）の功績である（Ellenberger, 1970）。ユングはフロイト（Freud, S.）との1913年の訣別後1919年まで内的不確実感に襲われていたが，その間，自ら描画を含む造形活動を行なうなかで精神的な癒しを得，描画の治療的意味を悟るに至った。ユングは描画，彫刻，詩歌，ダンス等のさまざまな表現活動が治療的に有効であることを見出し，とくに描画の治療的側面を強調して活用したという。

1929年，ローウェンフェルト（Lowenfeld, M.）は，ウェルズ（Wells, H. G.）の小説『Floor Games』（1911）にヒントを得，砂箱とミニチュアで子どもたちが自分の世界を生き生きと表現し癒しを得る**世界技法**を創始した。1956年になり，カルフ（Kalff, D. M.）はローウェンフェルトのもとで世界技法を学んだ。

カルフはセラピストとクライエントの人間関係を強調し，それを基盤としてなされた表現に対しユング心理学の理論を用いて理解を深め，砂遊び（Sandspiel）として発展させた。その技法は河合隼雄により箱庭療法として日本に紹介された。

「芸術療法」という言葉が初めて用いられたのは，1951年，ヒル（Hill, A.）によってである。その後，1960年代になって，ナウムブルク（Naumburg, M.），カルフらにより，心理療法の一つとして芸術療法が確立されていった（村上，1992）。

現代では，多くの医療や学校領域，カウンセリングルームにおいて，画用紙と鉛筆，クレパス・色鉛筆といった描画セットは，用具の準備や実施が容易であることから面接室に常備してある。また，箱庭療法に用いられる砂箱やアイテムを備えている機関も多い。このように，芸術療法は心理臨床場面に広く浸透している。

3．芸術療法の理論・技法

（1）芸術療法の理論

岡田（2004）は，芸術療法について，河合隼雄の「心理臨床家はイメージの世界を取り扱うもの」という言葉を引用し，ここでのイメージとは，言葉による表現はもちろん，夢や描画，箱庭表現や各種の造形作品，身体活動を用いたパフォーマンスなどの表現活動によって生み出されるクライエントの「内的世界の表現」全般を指す，としている。

ユング（1922）は，芸術の創作は一つの心理的活動であるとし，とくに心理学の対象となるのは，完成後の作品ではなく，その作品を創造するプロセスであると強調している。エレンベルガー（Ellenberger, 1970）は，描画によって，心のより深い部分，無意識領域へと近づくことができると述べている。そして，クライエントがとらわれている特定の観念を描画により表現することで，それにより引き起こされる不安を徐々に少なくし，できればそれを完全にコントロールできるようにした，ユングによる描画を用いた治療にも言及している。

また，カルフ（1966）は，自己の顕現化は人格が発展していく際の最も重要

な瞬間であり，自我は，夢や箱庭によって自己が十分に躓わになることに基づいてのみ健全に発達しうる，と述べており，ノイマン（Neumann, 1954）は，芸術をきわめて重要なこころの現象の一つとしてとらえ，その出発点は「無意識の創造的機能」であると述べている。このように，芸術療法を紹介するにあたり，分析心理学的観点は切っても切り離せない。

芸術の心理的な治療有効性について論ずる際，対象となるのは創造のプロセスであることはすでに述べたが，「芸術療法」という言葉からは審美的観点，完成作品の巧拙に重きを置く印象を含む。また，山中（1990）は，芸術家が創作する際は，そのプロセスがこころの癒しに資するばかりでなく苦悩のなか「たましい」を擦り減らすような，苦い生みの苦しみを経験することも多いことを指摘し，「芸術」療法と呼ぶよりも「表現」療法と呼ぶことを提案している。筆者としても，**表現療法**と呼ぶほうが，そのプロセスにおける体験や時間の流れが治療的な働きをするということが連想されやすいと考えるが，ここでは慣例的に芸術療法の呼び名で進めていくことにする。

（2）さまざまな芸術療法

一言で芸術療法といっても，先述の通り，描画や箱庭，コラージュ，なぐり描き，音楽，詩歌，身体活動等多種多様な対象が存在する。紙幅の都合もあり，そのなかの2つを詳しく紹介し，その他については概要を述べる。

1）箱庭療法

理　　論　箱庭療法に関してカルフ（1966）の主張した考えを，河合（1969）のまとめも参考にしながら整理する。カルフの考えは，箱庭療法に限らず，芸術療法ひいては心理療法にも通ずる。

カルフは，自己の顕現化は人格発展の最も重要な瞬間であると考えていた。自我の発達が脆弱である場合にこの自己の顕現化が起こらない理由は，母性の保護が乏しいことだけでなく，早期の成長の時期に戦争や疾病，家庭環境といった外的な影響により決定的に障害されたからでもあると考えた。そこでカルフは，「**自由であると同時に保護された**1つのある**空間**」をセラピスト－クライエント関係のなかに作り出すことを重要視した。カルフの言う自由な空間は，セラピストがクライエントを十分に受容できた時に初めて生じ，そうなる

とセラピストは，クライエントの目の前に起こってくるあらゆる出来事に，そのクライエント自身のように誠実に積極的に関与することになる。クライエントがあらゆる悩みのなかにあるときにも幸福のなかにあるときにもけっして孤独ではないと感じとるとき，その空間で自分を表現するのに自由さを感じ，しかも保護されていると感じる。それにより母子一体性の状況が再現され，その過程でクライエントの内にある自己治癒力，人格発展へのあらゆる力がつくり出される。

筆者がこれまでに面接したクライエントのなかにも，セラピストである筆者との面接において「この部屋はとても落ち着く」，「陽だまりで，裸で毛布にくるまってる」といった，母親の胎内にいることを連想させるような表現をする人もおり，心理療法において自由であると同時に保護された空間をセラピストが提供することの大切さを実感している。

セラピストはクライエントの自己治癒力を知り，成長していくその力を保護する必要がある。その際のセラピストの働きは，クライエントにとって活動しうる空間や自由を意味するし，同時に制限をも意味する。変容は，限界があるものの内部において初めて効果的に生じるものだとカルフは述べている。

箱庭を作成することで，クライエントの無意識の問題は内的世界から外的世界へ移され，可視化される。カルフは，ユングの「意識と無意識の…結合を可能にしているものは…普遍的表象なのである」，「対立は…象徴を通してのみ統一されうる」との考えを引用し，象徴体験の重要性を述べている。

ここで言う象徴とは，ユングによれば，未知のものを，それ以上にない最良の形で表現したもので，しかも超越的なものである。箱庭作品をこの「象徴」とみなし，意識がより深い意味に開かれるとき，それは**象徴体験**となる。

セラピストは，箱庭作品に浮かび上がった象徴を，作品のあらゆる流れのなかで解釈する。そうして得られた理解はまた，セラピストとクライエントの間の信頼の雰囲気，つまり**母子一体性**をつくり出す。セラピストの洞察が言語化され伝えられる必要はなく，保護された空間においての象徴体験が重要である。象徴体験により，こころはより高次の段階へと進んでいき，やがて，ノイマンのいう動物的・植物的段階，闘争の段階を経て集団への適応の段階へと至る。動物的・植物的段階では，自我はまず動物や植物が際立って現れるような作品

に表現される。次の闘争の段階は，とりわけ思春期に繰り返し現れる戦闘行為をもたらす。その時点で外的な影響との戦いを引き受け，それと対決するだけの強さが備わってくる。最後に，集団への適応の段階において，外界に人格として受け入れられ，組み入れられる。箱庭により治療が進むことは，意識の発達のテーマが展開するということでもある（岡田，1998）。

技　　法　　上記の考えを踏まえ，実際の技法を次に述べる（河合，1969；村上，1992）。

道　　具

・砂箱
　　内法57×72×7cmの箱に砂を6，7分目まで入れる。この寸法は，「箱を腰のあたりに置いた時，大体視界の中にはいる程度」（河合，1969）である。箱の内側は青色に塗ってあるが，これは，砂を掘った時に水が出てくる感じを出すためである。
　　湿った砂と乾いた砂，色の異なる砂など2箱以上準備するとクライエントが選択できる。乾いた砂に，コップ1杯程度の水を準備しておいてもよい。
・アイテム
　　できるだけ多くの種類，大きさのものを用意し，多彩な表現の可能性を引き出すようにする。人物，動物，植物，乗物，建築物，橋，柵，石など。人物も，老若男女，さまざまな職業，さまざまな仕草のものがあるとよい。他に，怪獣，マリア像・仏像・十字架・墓石・鳥居など宗教的なもの，タイル，ビーズ・ビー玉などの石，といったものも用意する。場合によっては，クライエント自身が，箱庭に置く物を持参したり製作したりすることもある。そのような場合は，そのこと自体が意味をもつ。

設　　定

アイテムを壁面の棚に並べ，立ったときの腰の高さあたりに砂箱がくるように設置する。

導　　入

とくに説明がなくとも自発的に関心が示され作り始められることが多い。教示する場合は〈この砂とアイテムで何でもいいので作ってみませんか〉というように簡単に声をかける。クライエントが「砂を触ってもよいですか？」「動物ばかりでよいですか？」など質問をしてくる場合も〈お好きなようにしてください〉と許容的に応じる。もちろん，アイテムを置かず砂だけで作られるものもある。制限時間も特に定められないが，面接終了間際に開始することは避

図19-1　アイテムの棚（左上），砂箱（右上），作成例（下）

け，20〜25分程度の余裕をみておくとよい。

記録と質問

　箱庭を作りながら語られたことや，アイテムが置かれた順序も記録する。完成したものは写真に収めるとよい。その際，クライエントの視点すなわち正面斜め上から撮影し，必要に応じて細部を拡大したり，隠れたものが見えるよう視点を変えて撮影したりする。スケッチや略図により記録する場合もあれば，セラピストがのちに再現して撮影することもある。クライエントによっては完成した作品をそのままにせず，アイテムを片づけて帰ることもある。また，最終的なものだけでなく，作成過程に意味があることも多いので，それも記録する。

　作成途中や完成時にセラピストが質問をするとクライエントは説明をしてくれるだろうが，質問により治療的な流れに水を差すことになる恐れもあり，原則として，セラピストは鑑賞する姿勢で臨む。

セラピストの態度

心理療法としては，創造のプロセスが重視されることは先に述べた。箱庭が作成されるその場にセラピストがいること，その過程・流れのなかにセラピストがいるということが重要である。セラピストは終始許容的な態度で，作品ができあがっていくのを共に味わい楽しむような気持ちで接することが望ましい。

2）風景構成法

風景構成法は，臨床場面ではアセスメントとしても多用されるが，ここでは描画療法の一つとして紹介する。

理　　論　1969年，中井久夫は，第1回日本芸術療法研究会での箱庭療法についての河合隼雄の講演のなかで，統合失調症者の箱庭ではしばしば柵が周囲にめぐらされると指摘されたことをきっかけに**枠づけ法**を開発した。中井はさまざまな対象に「枠あり」，「枠なし」の描画を試み，「枠あり」では集中して描きやすくなる反面，逃げ場がなく，描かないわけにはいかない感じを起こさせ，一つのものを描かねばならない感じがすること，「枠なし」では無限に広がる感じで雑多なものを描けるがまとまりにくくなること，つまり枠は「表出を保護すると同時に強いるという二重性がある」ことを見出した（中井，1985b）。これは，カルフの考えとも通ずる。

角野（2004）は，風景構成法は描くこと自体が治療的に働く「真の治療法」であると述べている。風景構成法では，告げられる順に従ってアイテムを描いていく。その際描き手は，全体を構成することをつねに意識しなければならない。また，その過程において描き手は，アイテムに自身の無意識内容を乗せ，それらをどこにどのように描くのか選択することを求められる。この作業は，ユングのいう意識と無意識の関係を繋ぎ，その相互作用を強めることに繋がる。意識と無意識がよりよい関係を結ぶことができたことにより，こころに余裕をもち，言葉を蘇らせることができた統合失調症患者の例を角野（2004）は紹介し，風景構成法の治療面での有効性を強調している。

技　法
道　具

- A4 判の画用紙
- 黒色サインペン
- 24色程度のクレヨンまたはクレパス

　サインペンを使用する利点は，彩色により見えなくなった素描線を確認しやすいこと，消しゴムが使えず，修正してももとの描線が残ることである。

導　入

　まず，必ず描き手の眼前で，サインペンを用いて画用紙に1本の線で枠づけをする。〈これから風景を描いてもらいます。上手下手を見るのではありませんから，好きなように描いてください。ただし，私の言う順番通りに描き込んで，全体として一つの風景になるようにしてください〉（山中（1984）による一例）と伝え，画用紙とサインペンを渡す。描き手からの質問に対しては，〈自由にどうぞ〉と自由裁量を支持する。もちろん，全部および一部アイテムの描画拒否も認める。

　一つのアイテムが描き終るのを待ち，次のアイテムを伝える。提示順は①川，②山，③田，④道，⑤家，⑥木，⑦人，⑧花，⑨動物，⑩石の10のアイテム。川を最初に描くことが，構成上きわめて重要な意味をもつ。最後に，足りないものや描きたいものがある場合や未完成な部分を描き加えて風景を完成させるよう伝え，素描段階を終える。

　素描を終えると，少しの間2人で絵を眺め，彩色段階へ入る。準備していたクレヨンを取り出し，〈これに色を塗ってください〉と伝える。彩色の順番は自由であり，塗り残しがあってもよい。

　彩色が終わり完成すれば，その時点での存在証明を意味するものとして，裏面に日付と名前を記してもらう。そして，風景の季節や時刻，各アイテムの様子などについて語ってもらうこともある。

事　例

　風景構成法の事例を1例示す。筆者が面接していた，「自分がない」まま，「何となく」留年を繰り返していた男子大学生の風景構成法である。図19-2a

図19-2　風景構成法の事例

は面接開始4ヶ月後，図19-2bは7ヶ月後，卒業時のものである。川には橋がかかり，人には手足が生え，自立できるようになっている。また，道は，本人も期せずして，図19-2aから図19-2bにつながるようになっており，次なる世界への連続性も感じられる。このように，描画により，クライエントの変化を目の当たりにすることもある。

3）MSSM（Mutual Scribble Story Making）法

　山中康裕がナウムブルクのスクリブル法，ウィニコット（Winnicott, D. W.）のスクィッグル・ゲーム，中井の枠づけ法を発展させ創始した。サインペンとクレパスまたは色鉛筆を使用する。1枚の画用紙にセラピストが枠づけし，ク

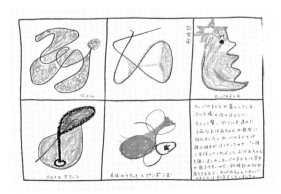

図19-3　MSSMの一例

ライエントが6～8コマにコマどりする。じゃんけんで順番を決め，一方がサインペンでなぐり描きをし，他方がこれに投影して色を塗り，それが何であるかを記入することを交互に行なう。最後の1コマを空けておき，すべての絵を使った物語をそのコマに書きこむ。「何を話せばいいか分からない」と言うクライエント，言語での表現に抵抗のあるクライエントとの心理面接においても，セラピスト自身の投影も表現しつつクライエントと非言語的なやりとりをする点，両者が投影したものすべてが登場する物語を創ることで，無意識から取り出されたものを言葉という意識の糸で紡いでいくことができる点で有効である。

4）音楽療法

音楽が，人間が自ら意識できる気分・感情に働きかけ，好影響を与えたり治療的効果を発揮したりすることを前提に行なわれる。シュワーベ（Schwabe, C. H.）によれば，**音楽療法は受容的音楽療法と能動的音楽療法**に分類される。受容的音楽療法は，音楽を聴覚刺激として用いる刺激療法，音楽鑑賞を治療契機とし，音楽の感動を治療に利用する鑑賞療法に分類される。一方，能動的音楽療法は，個人や集団の演奏訓練の全過程を治療的に組み立てて治療に役立てる合奏療法，リズム楽器を用いて自由に自己の表現をすることで感情の発散を促す即興的音楽療法に分類される。ノードフ・ロビンズ音楽療法は主に自閉症児と即興的な音のやりとりによりセッションを進めるものである。

この他に音楽を媒体とした心理療法として，ボニー（Bonny, H. L.）によるGIM（Guided Imagery Music）すなわち音楽によるイメージ誘導法が確立されている。これは，クラシック音楽の聴取によって変成意識状態体験を得，その状態で耳から入った音楽がイメージを呼び起こし，無意識の世界を引き出し，その人の抱えている問題点を解決したり心の傷を癒したりすることを目指すものである。日本国内には実践家は3名しかおらず，今後の普及が期待される。

（3）導入のタイミング

ここで，芸術療法を導入するタイミングについて述べておく。面接初回には，アセスメントとして描画を用いることが多い。心理療法として用いる際は，面接を重ね，信頼関係を築くなかで，クライエントによる言語化・意識化，言語でのやりとりが難しいときや，クライエントが話すこととは違う次元のことに

意識を向けるきっかけが必要なときに提案する。箱庭のアイテムや砂箱は室内で目につきやすく，クライエントが興味を示したときに紹介し勧めることもある。セラピストが芸術療法を提案すると，知られたくないことも見抜かれると思って抵抗する人もあれば，自分も気づいていない面に気づくことができるかもしれないと興味津々の人もある。完成したものを解釈することがすべてではなく，プロセスや味わうことが大切であり，それ自体が治療的なのだと伝えるのに苦労する時もあるが，クライエントが強い抵抗を示さなければ，決して強制もしないが，〈とりあえず体験してみますか〉という形で導入することもある。

4．芸術療法の効用と限界

芸術療法の特殊性として，非言語的であるということが挙げられる。詩歌療法や俳句・連句療法など言語を用いた芸術療法も存在するが，これらの療法は，言語を用いるとはいっても，日常的なレベルでの言語表現やコミュニケーションとは異なる次元での用いられ方となる。効用としては，理論のなかでも述べたように，まず，自由にして保護された空間のなかで，セラピストとの間で信頼関係を築き，母子一体性を再現することでクライエントの自己治癒力を引き出すことであるが，これは芸術療法に限らず，言語面接にも通ずるものである。

芸術療法では，サリヴァン（Sullivan, H. S.）による**関与しながらの観察**に開かれた場を提供する（中井，1985a）。セラピストが受容的に見守るなか，非言語的な表現・創造の過程において，クライエントの，普段は抑圧していて気づきにくい意識下の不安や葛藤が自ずと表現されることがある。そのことによってクライエントは自らの内界に意識の光をあて，洞察を得るきっかけとなり，心の変容につながる。また，表現行為そのものがカタルシス効果をもつという特徴もある。さらに，セラピストの見守りのなかで創造することは，セラピスト‐クライエント関係，相互の感情交流をも促進する。

芸術療法は心の内奥にふれうる技法であるが，それは治療的に機能する一方で，自我の弱いクライエントには破壊的に働く恐れもある。とくに，3次元という，現実と同じ次元で表現がなされる箱庭療法では，破壊的な表現が続いて

セラピストが危険を感じたり，これ以上は受け止められないと思ったりするときには中止することもある。表出することが自我の再統合力を越えると症状が増悪する。とくに境界例，統合失調症などのクライエントへの導入は慎重になるべきであるし，急性期の統合失調症者には禁忌である。先に紹介した風景構成法は，箱庭療法への導入の可否を考える指標として考案されたものである。

5. 芸術療法の学びを深めるためには

本章で紹介した芸術療法は多種多様にあるものの一部にすぎないが，非言語的な交流によるセラピスト－クライエント関係が基盤となっている。クライエントの作品を解釈するよりは，創造のプロセスも含め，共に味わうことが治療的意義をもつ。クライエントが安心できる治療空間を提供できるよう，セラピスト自身も自分の感性に敏感になり，自由に感じたり表現したりできるようになりたい。

推薦書籍

◆山中康裕（2003）．山中康裕著作集 5　たましいの形　芸術・表現療法①　岩崎学術出版社
　芸術・表現を心理療法的に用いる際の理論的背景の説明と，本章で紹介している風景構成法や箱庭療法の事例がまとめられている。非言語的なイメージをどうとらえるか，事例を読むことで体験できる内容となっている。
◆河合隼雄（1969）．箱庭療法入門　誠信書房
　河合が箱庭療法を初めて日本に紹介したもので，箱庭療法の概要および事例が分かりやすく紹介されている。
◆皆藤　章（1994）．風景構成法―その基礎と実践　誠信書房
　風景構成法をより体系的にとらえる際に参考になる。
◆細川佳博・山中康裕（編）（2017）．MSSM への招待―描画法による臨床実践　創元社
　MSSM の技法および臨床事例についてまとめられている。

引用文献

Ammann, P. (1998). Music and melancholy: Marsilio Ficino's archetypal music therapy. *Journal of Analytical Psychology, 43*, 571-588.

Ellenberger, H. F.（1970）. *The discovery of the unconscious.* New York: Basic Books.（木村　敏・中井久夫（監訳）（1980）. 無意識の発見　下巻　弘文堂）
伊藤俊樹（1992）. 芸術療法　氏原　寛・小川捷之・東山紘久・村瀬孝雄・山中康裕（編）　心理臨床大事典（pp.379-384）　培風館
Jung, C. G.（1922）. Über die Beziehungen der analytischen Psychologie zum dichterischen Kunstwerk. *Wissen und Leben, XV,* Heft19-20.（松代洋一（訳）（1996）. 分析心理学と文芸作品の関係　平凡社ライブラリー140　創造する無意識―ユングの文芸論（pp.7-48）　平凡社）
角野善宏（2004）. イメージを描く技法　皆藤　章（編）　大塚義孝・岡堂哲雄・東山紘久・下山晴彦（監修）　臨床心理学全書　第7巻　臨床心理査定技法（pp.181-205）　誠信書房
Kalff, D. M.（1966）. *Sandspiel: Seine therapeutische Wirkung auf die Psyche.* Zürich und Stuttgart: Rascher Verlag.（大原　貢・山中康裕（共訳）　河合隼雄（監修）（1972）. カルフ箱庭療法　誠信書房）
河合隼雄（1969）. 箱庭療法入門　誠信書房
金田民夫（1975）. 藝術の起源　美と藝術への序章（pp.47-56）　法律文化社
村上慶子（1992）. 箱庭療法　氏原　寛・小川捷之・東山紘久・村瀬孝雄・山中康裕（編）心理臨床大事典（pp.375-379）　培風館
中井久夫（1984）. 風景構成法と私　山中康裕（編）　中井久夫著作集　別巻　風景構成法（pp.261-271）　岩崎学術出版社
中井久夫（1985a）. "芸術療法"の有益性と要注意点　中井久夫著作集　精神医学の経験　第2巻　治療（pp.176-191）　岩崎学術出版社
中井久夫（1985b）. 枠づけ法と枠づけ二枚法―原題：枠づけ法覚え書 The Discovery of the Fence Technique―　中井久夫著作集　精神医学の経験　第2巻　治療（pp.192-203）　岩崎学術出版社
中村良之助・浪花　博・大谷不二雄・西村洲衞男・高橋史郎・三木アヤ　河合隼雄（編）（1969）. 箱庭療法入門　誠信書房
Neumann, E.（1954）. *Kunst und schöpferisches Unbewusstes.* Zürich: Rascher Verlag.（氏原　寛・野村美紀子（訳）（1984）. ユング心理学選書⑥　芸術と創造的無意識　創元社）
岡田　敦（2004）. 表現療法　成田善弘（編）　心理療法の実践―臨床心理学の実践1（pp.164-180）　北樹出版
岡田康伸（1998）. 箱庭療法の理論と展開　徳田良仁・大森健一・飯森眞喜雄・中井久夫・山中康裕（監修）　芸術療法1　理論編（pp.184-192）　岩崎学術出版社
山中康裕（1984）.「風景構成法」事始め　山中康裕（編）　中井久夫著作集　別巻　風景構成法（pp.1-36）　岩崎学術出版社
山中康裕（1990）. 芸術・表現療法　上里一郎・鑪　幹八郎・前田重治（編）　臨床心理学大系　第8巻　心理療法②（pp.111-134）　金子書房

第20章 心理劇

1. 心理劇とは

　心理劇（Psychodrama）とは精神科医モレノ（Moreno, J. L.: 1889-1974）によって創始された即興劇を用いる集団心理療法である。即興劇を通して心理的な葛藤や不安を解消し，人格の発達や統合をはかり，そのことによって社会的な適応を促すことを目的とする。心理劇においては日常の役割とは異なる役割を演じることによって，その人の自発性や創造性が発揮され，新しい自分の可能性に気づくことが可能となる。

2. 心理劇の歴史

（1）創始者モレノと心理劇の誕生

　心理劇はモレノがウィーンで行なった**自発性劇場**（The Theater of Spontaneity）における即興劇の治療的効果の発見をもとに，その後モレノが移住したアメリカで発展し世界に広まった。

　モレノは，個人的な精神療法の実践に満足せずに社会活動に積極的に参加し，上記の「自発性劇場」に取り組むようになった。その自発性劇場で遭遇した「ジョルジュとバルバラ」という夫婦との関わりから即興劇を通したこころの真実への接近やカタルシスに気づき，即興劇がもつ心理療法としての可能性を考えた[1]。

（2）日本への紹介

　日本には1950年代に紹介された。日本においてのサイコドラマは心理劇と訳され，医療，教育，矯正，福祉などの領域で展開した。

　日本における心理劇の歴史のなかで，1981年にモレノショックと呼ばれる出来事が起こった。モレノの妻であるザーカ・モレノ（Moreno, T. Z.）が来日し，日本人の心理劇を観た彼女が「これはサイコドラマではなくソシオドラマ（社会劇）」と評した。モレノが創始し，妻のザーカが展開したサイコドラマは主役個人の内界に焦点化し，主役に現在起こっている葛藤状況を演じたあとで主役のこころのなかに潜在している過去の出来事が想起されるように展開される。つまり，劇は過去にさかのぼり主役は過去の未解決の問題を演じるのである。さらに現在の劇を再体験したあとで，未来に向ってのリハーサルとなるような劇が展開される。これは**古典的心理劇**（Classical Psychodrama）と呼ばれている。

　アメリカ集団精神療法・心理劇学会（American Society of Group Psychotherapy and Psychodrama）では個人に焦点をあてて分析的・心理治療的に介入する**サイコドラマ**と集団の課題に焦点をあてて心理教育的に介入する**ソシオドラマ**を明確に区別している。

　一方で，日本心理劇学会では，「心理劇とは，サイコドラマ，ロールプレイング，ソシオドラマ，プレイバックシアター等即興劇的技法やアクションメソッドを用いて行う治療的，教育的集団技法の総称」と心理劇を定義している。つまり，日本の心理劇の臨床実践においては，個人の体験を即興劇として再現し，そのときに感じた葛藤や感情を劇化のプロセスのなかで「今，ここで」整理しなおすというサイコドラマとそのグループが共有する社会的課題や役割関係に焦点をあてるソシオドラマが援助の目的に応じて使い分けられている。

1） 高良（2013）には，モレノ心理劇の開発に繋がるような数々のエピソードや，心理劇の日本への紹介，発展について詳しく述べられているので参照してほしい。

3. 心理劇の理論・技法

(1) 心理劇を理解するための重要な概念
心理劇に関するモレノの概念は複雑で難解なものが多い。ここでは筆者の理解に基づいて例を示しながら解説を行なう。

1) 自発性
モレノは**自発性**こそが人の精神活動の源であり、自発性が発揮されることによって人はある状況に遭遇したその瞬間に創造的で適応的な対応が可能になると考えた。心理劇の即興的なドラマ場面で、参加者は予期せぬ出来事に遭遇するが、この「危機」を自発性が発揮されることによって乗り越えることが可能となる。言い換えれば、自発性とは危機的場面や新規場面に遭遇したときに、その人がもっている行動様式のなかで適切と思われるやり方で対処する能力である。

2) 役割
人は日常的な社会生活や他者との関係において、さまざまな側面や属性を使い分けながら生きている。それを**役割**（Role）と呼ぶ。筆者は、現在は大学教員として学生の指導を行なっているが、恩師に出会うときには弟子として振る舞う。家庭に戻れば夫として父親として妻や息子に接するが、実家に帰省すれば中年となった筆者であっても両親は私を息子として扱う。一人の人間はいくつもの役割を場面や相手に応じて使い分けている。しかし、社会規範によって期待される役割を過剰に意識することによって、あるいは、しがらみのなかで本意ではない役割を取り続けることによって、ステレオタイプの役割行動しかできなくなってしまうことがある。この状況は**役割取得**（Role-taking）の段階と呼ばれ、この状況が続くと心理的な自由さを失い、不適応の状態に陥る。心理劇では、日常的に固定化された役割とは異なる役割を演じ、常識やしがらみにとらわれることなく自由に振る舞うことが可能な**役割演技**（Role-playing）が展開される。心理劇で思わず発した自分の振る舞いや言葉に驚くことがある。自発性が発揮され、その場に応じた柔軟で創造的な行動をとる**役割創造**（Role-creative）の段階に達することが心理劇の目的である。モレノは、

人間の役割の発展について，役割取得→役割演技→役割創造という3段階を考え，その役割の発展を可能にする最も大きな要素を自発性であると考えた。つまり，心理劇は，自発性を拠り所にしながら創造的役割の獲得を目指す方法であるといえるだろう。

3) 余剰現実

心理劇において表現される創造的架空世界のことを**余剰現実**（Surplus Reality）と呼ぶ。ケラーマン（Kellermann, 1922）は，この現象を「as if」と呼び，心理劇において創造的，かつ自発的な役割演技が展開するための条件と論じた。心理劇では日常では起こりえないような非現実的な世界が展開することも受け入れられる。一方で，たとえ誰もが経験するような現実的な人間関係における葛藤が演じられたとしても，その劇は架空のものである。過去の状況があたかも今の出来事のように再演されているのである。針塚（1997）は，心理劇の場面構造は複雑な様相を呈しており，心理劇場面が非現実的であると意識しながらも，一度「舞台（場面）」に上がると，自らがその場で自らを表現するという現実的な体験をする場になりうると論じている。つまり，その劇は自分が生活する現実とは異なる架空で非現実な場面であると理解していながらも，役割演技を行なうプロセスのなかで，現実的な情動体験があったり，日常生活での自分のあり方にあらためて気づいたり，これまでとは違った新たな「今，ここで」の現実的な体験をもつことができるのである。心理劇の場面は架空の場面であるという認知は，セラピーとしての安全性を保証するが，役割演技を通じたリアルな情動体験の深まりはセラピューティックな意味をもつのである。

（2）心理劇の構造

1) 主　役

主役（Protagonist）とは，劇の主たる登場人物であり話題提供者である。ウォームアップによって意識化された自分の過去の思い出や現在の出来事をグループの主題として提供する。監督と話し合いながら，共演者と一緒に劇を演じる。

2) 監　督

監督（Director）の役割は，主役が提起したテーマについて演劇的手法を用

いて外在化し，心理劇の技法を用いて主役の洞察や葛藤の理解に導くことである．臨床実践においてはセラピストや援助者が監督となる．

3）補助自我

主役の相手役や主役の身代わりを演じて主役を援助するのが**補助自我**（Auxiliary Ego）である．補助自我は監督のセラピーとしての意図を汲み取りながら監督を補佐し，主役が劇を演じることを助ける．基本的にはセラピストが補助自我の役割をとることになる．

4）観　客

劇は観客（Audience）から見守られることによって，現実社会との繋がりや安全性が保たれる．心理劇における観客は傍観者ではなく，劇の合間で観劇を通した気づきが発言され，時には観客から舞台に上り演者となったり，観客が劇を構成する風景物を演じることがある．

5）舞　台

劇が演じられる舞台（Stage）も心理劇の重要な構造の一つである．舞台に立つことによって，現実的世界から解放され余剰現実的世界のなかで自発的で創造的な演技が可能となる．モレノは円形の三段舞台を使用したが，日本の臨床実践においては三段舞台のような特別な舞台を用いずに心理劇が行なわれることも多い．観客が座る場所に対してドラマが行なわれる場所を舞台と監督が示し，参加者がその空間を舞台と認識できればよい．

（3）心理劇のすすめ方

心理劇のすすめ方を図20-1に示した．心理劇は，第1相　ウォームアップ，第2相　ドラマ，第3相　シェアリングによって展開される．

1）第1相　ウォームアップ

心理劇のセッションが始まろうとするとき，各人には強い緊張がつきまとう．そこで，監督はグループが有する緊張を解きほぐす必要がある．この緊張緩和がウォームアップ（Warm Up）の大きな目的となる．声を発し身体を動かしながら他者と交流し集団の親和性を高めていく．ウォームアップでは，さまざまなワークが行なわれるが，メンバーを傷つける言動ではない限り自由な振る舞いが許容される．そのことが日常の現実世界と心理劇という特殊な空間との

第20章 心理劇　247

| 第1相：ウォームアップ |

写真1　自己紹介　　写真2　ゲーム

| 第2相：ドラマ |

ロールリバーサル・ダブル・ミラー等の技法を用いて展開

写真3　ロールプレイング

写真4　運動会の思い出（綱引き）

| 第3相：シェアリング |

写真5　シェアリング

写真6　役割解除

図20-1　**心理劇のすすめ方**（心理劇の3相）

橋渡しの機能を果たすことになる。ウォームアップには，自己紹介や決められたテーマについて話し合うなどの言語的な活動から，歩き回ったり体操するなどの身体的な活動，ゲームを通して初めて出会った人と自然に交流できるよう

2）第2相　ドラマ・劇化

　グループの緊張が緩和しグループに対する親和性が高まったと判断されると，ドラマ（Drama）の段階へと移行される。この第2相のことを「劇化」，「アクション」と呼ぶ場合もある。ドラマは監督から提案されたテーマや主役が望んだテーマに基づいて，後で述べるいくつかの心理劇の技法が用いられながら展開する。

3）第3相　シェアリング

　ドラマが終了すると，メンバー全員で感想やドラマを通して喚起した感情や想起されたことについて話し合う。これをシェアリング（Sharing）という。監督は主役以外の共演者や観客に対してドラマを通して湧き起こった感情について尋ねるが，評論的，批判的な内容にならないように配慮する必要がある。つまり，それぞれが想起した感情や自分の経験に基づいて，主役に対して共感的に語るように促す必要がある。このシェアリングの段階を通してドラマのまとめが行なわれる。心理劇は行為表現や非言語表現を重視する心理療法であるが，シェアリングの段階では，自分の経験を言葉にすることも重要である。主役中心の心理劇においては主役がドラマのなかで経験したことが語られることも重要であるが，統合失調症者や発達障害者を対象とした心理劇では，共演者や観客が感じたことを尋ねておくことも重要である。彼らが劇をどのように理解して，日常生活に戻っていくのかを把握しておくことは重要であり，役割の解除も丁寧に行なう必要がある。

（4）心理劇の基本技法

　心理劇の基本的な3技法について紹介する。監督はこれらの技法を用いて，主役の自己理解や役割創造を援助する。

1）ロールリバーサル（役割交換法）

　ロールリバーサル（Role Reversal）は心理劇の諸技法のなかで最も用いられる技法である。主役が相手役を演じ補助自我が主役を演じることになる。役割を交換し相手の立場を経験し，相手の立場から自分の姿と対面する機会となる。相手役を演じた後に，もう一度自分自身に戻って再度演じる。役割交換を

通して得られた相対的な自己理解を語らせることも重要であるが，相手役を演じた後に，もう一度自分自身に戻ったときに即興的にどのように振る舞えるかが重要である。心理劇では観念的な自己理解よりも，その場の状況に応じた創造的で自発的な自己活動を支援することに重きを置くからである。

2）ミラー（鏡映法）

ミラー（Mirror）とは，主役は舞台から離れて観客になり，補助自我が主役の振る舞いを鏡のように模倣して演じる技法である。他のメンバーによって演じられる自分の姿を，主役は舞台から離れて観察することになる。つまり，この技法を通して客観的な自己理解が深まることが期待される。

過去の自分と他者との会話場面を思い出してほしい。その過去経験をイメージするときに，目の前の相手の顔が画面いっぱいに映し出されるようなイメージの場合と自分と相手のやりとりを映し出す映像のようなイメージの場合があるだろう。前者のまさにその場にいて臨場感あふれるイメージに対して，後者はいくらか冷静であり，心理的に距離を置いて振り返ることができるのではないだろうか。ミラーはこのように少し距離を置いて冷静に自分と相手との関係を検討したり，集団における自分の位置づけを見つけなおす機会となる。

緊張が強く演じることが難しい人や，演じることに抵抗を示す人に対して演技を無理強いせず，補助自我が主役の語りをもとにそのエピソードを再現していく展開もある。筆者は防衛的態度が強く役割演技が難しいアルコール依存症入院患者にミラーのみを用いて，入院中の家族との面会場面を再現し，そのセッションがきっかけとなって大きな変化が生じた事例を報告している（古賀，2015）。

3）ダブル（二重自我法）

主役の人格を補助自我が演じることを**ダブル**（Double）という。主役の傍に寄り添いその人の分身として主役が表現できなかったことを代弁し明確化する効果が期待される。あるいは主役が意識化していない感情を推測し表現化することで，主役の新たな自己感情への気づきや自分の置かれた状況について振り返る援助を行なう。また，発達障害児者の場合は，主役や共演者として即興的な演技を続行することが困難な場合があり，演者がセリフに詰まった時に後ろからさりげなく教えるなど，いわゆる「黒子」的援助を行なうこともある。

4．心理劇の効用と限界

（1）心理劇の対象

　心理劇は医療，教育，矯正，福祉のさまざまな領域で用いられている。対象の年齢も幼児から高齢者まで幅広い。筆者の臨床実践をもとに対象例を紹介すると，精神科領域においては，統合失調者やアルコール依存症者，認知症者に対して，それぞれのグループを形成し臨床実践を行なった（北野・古賀，2013；古賀，2011；古賀，2013；古賀，2015）。また，発達障害者が抱える社会適応や対人関係の問題の支援については，言語的カウンセリングのみでは限界があり，具体性の高い支援として心理劇的方法を用いた援助の可能性が示唆されている（古賀，2014）。

（2）心理劇の限界や実践上の留意点

　日本の心理劇の発展に貢献した台（1982）は著書のなかで以下のように述べている。議論を引き起こす可能性がある記述ではあるが示唆に富むコメントであるので引用する。

> 「アメリカ人のサイコドラマにおける反応は（交流分析やゲシュタルトセラピー，エンカウンターグループの場でも同じようだが）はなはだ情緒的である。演者はすぐに役割にのって，憑かれたように自己表出（むしろ露出）する。観客も演者に同一視して場面にひきこまれて興奮する。監督は危機場面をつぎつぎに設けて演者を追い込み，泣いたり，笑ったり，喚いたりが集団全体で起こる。時には演者だけでなく訓練された補助自我までがそんな状態になる。しかも場面が終わればケロリとしてふつうに会話している。
> 　このような状況は日本人では特別な場合を除いて見られないし，とくに後述するように，患者によっては，むしろひき起こさない方がよい」

　アメリカの心理劇の実践家のすべてが，台（1982）が感じたような展開を行

なっている訳ではない。しかし，この指摘は海外で開発されその文化や精神性や価値観に影響を受けながら発展してきた心理療法を日本に導入する際に生じる戸惑いであり，私たち日本の心理療法実践家が深く考えなければならないことだろう。感情表現の様式はその文化で大きく異なる。心理劇はその目的が心理治療であれ，教育であれ，自己啓発であれ，参加者の文化や価値観に配慮した展開が必要だと考えられる。

　筆者はかつて「叙情詩のような心理劇」よりも「俳句のような心理劇」を実践したいと述べた（古賀，2015）。誇張化された感情表現よりも何気ない日常の一場面を俳句や写真のように切り取り，劇として外在化し，できるだけ客観的に，かつ詳細に再現していくドラマの方が安全に効果的に心理劇を実施することができると考えている。特に，統合失調症などの強い情緒刺激に対する動揺が生じる可能性がある人に対する心理劇の実践においては，参加者が侵襲的感覚を抱かず安心して心理劇に参加できるような配慮が必要だろう。

5．心理劇の学びを深めるためには

　心理劇を体験するためには，日本心理劇学会や西日本心理劇学会が主催するワークショップに参加することを推薦する。心理劇の専門書や論文を読んで心理劇の理論や方法論を学ぶことは可能であるが，体験的理解を重視する心理劇を深く学ぶためには，まずは自身が心理劇に参加することが重要だろう。とくに監督として心理劇を実践するための技術を身につけるためには，主役体験もふくめた豊富な心理劇の参加体験が必要になる。何気なくグループを動かし，ドラマを進行している監督の振る舞いの一つひとつに意味があることを心理劇経験が積み重なることによって理解されるだろう。

推薦書籍

◆増野　肇（1990）．サイコドラマのすすめ方　金剛出版
　著者は日本の心理劇の発展に貢献した精神科医である。著者の長年の豊富な経験から得られた実践例を使って，具体的なすすめ方や留意点を分かりやすく解説されている。

◆高良　聖（2013）．サイコドラマの技法──基礎・理論・実践　岩崎学術出版社
日本への導入を含む心理劇の歴史にはじまり，心理劇の理論や諸技法について学ぶことができる。トラウマを抱える人への心理劇を用いた臨床実践例からはきわめて独創的な心理療法としての心理劇のもつ可能性を学ぶことができる。

引用文献

Kellermann, P. F. (1992). *Focus on psychodrama: Therapeutic aspects of psychodrama*. London: Jessica Kingsley.（増野　肇・増野信子（訳）(1998)．精神療法としてのサイコドラマ　金剛出版）
北野祥子・古賀　聡（2013）．認知障害を抱える女性高齢患者への心理劇の適用　心理臨床学研究, 31, 257-267.
古賀　聡（2011）．心理劇によるアルコール依存症者の対人関係再構築と将来展望への援助　心理臨床学研究, 29, 129-140.
古賀　聡（2013）．アルコール依存症者に対するソシオドラマとサイコドラマの意義　心理劇, 18, 47-59.
古賀　聡（2014）．〈特集〉自閉症スペクトラムの人の「自己理解」を育てる　心理劇からのアプローチ　Asp heart, 13, 58-63.
古賀　聡（2015）．生涯発達と臨床心理劇──孤立・停滞・絶望とどう向かい合うのか──　心理劇, 20, 39-45.
針塚　進（1997）．心理劇の構造的現実性と体験的現実性：初心者の体験的報告を通して　教育学部紀要（教育心理学部門）, 41, 71-80.
台　利夫（1982）．臨床心理劇入門　ブレーン出版

コラム8　集団精神療法

　集団精神療法（Group Psychotherapy）とは，集団を対象とした精神療法の総称である。人数に決まりはないが，一般的には3人から10人程度の参加者で実施されることが多い。セラピストは通常2名以上が入り，治療的な介入を含めたセッションの運営を担う。ただし，治療的な関与はセラピストから参加者に一方的になされるものではなく，ある参加者の言動が他の参加者に治療的に働くこともあるし，集団の場やあり方が個人に治療的な影響を与えうる。集団精神療法の治療的要因には，凝集性，対人学習，自己理解，ソーシャルスキルの発達などが挙げられる（Yalom & Leszcz, 2005）。

　設定する目的によって集団精神療法の枠組みや方法は異なってくる。特定の疾患や症状への対処法の習得が目的の場合は，テキストを用いた心理教育，スキル訓練，ホームワークといった内容が中心となる。セラピストはグループの進行について主導権をもち，参加者は課題への取り組みと参加者同士の体験の共有によって自身の問題に対する理解や自己受容を深め，対処法を身につけていく。他方で　自身のパーソナリティ，対人関係のあり方，生き方など特定の症状等に限定しない課題について洞察を得ることが目的であれば，参加者間の相互作用をより促進させる設定と方法が選択される。例えば，セラピストは何かを教えたり指示したりすることを最小限に控え，主導権を参加者らに委ね，テーマを設けずに自由に対話をしてもらうやり方をとる。そのなかで体験されるさまざまな情動と思考の言語化を通して，参加者は自己洞察を得ていく。どのような目的を設定するにせよ，セラピストは参加者個々人だけでなく，集団そのものの動きにも目を配り，形成から終結まで集団が健全な発達を遂げるように導くことが求められる。

　集団精神療法の実践にあたっては，十分な事前準備が必要である。プログラムの回数や時間，内容，ルールづくりなどの枠組づくりはもちろんのこと，所属機関の理解と協力を得ること，会場の安定的な確保，参加者向けの案内資料の作成，参加者のリクルートと事前アセスメント，参加同意・契約の手続き，欠席や体調悪化時の対応の準備といったことが挙げられる。また，セラピストは訓練として自身が集団精神療法を受けることが推奨される。

●推薦書籍
アメリカ集団精神療法学会著　西村　馨・藤　信子訳（2014）．AGPA集団精神療法実践ガイドライン　創元社

●引用文献
Yalom, I., & Leszcz, M.（2005）. *The theory and practice of group psychotherapy*（5th ed.）. New York: Basic Books.

第21章 エンカウンター・グループ

1．エンカウンター・グループとは

　エンカウンター・グループとは，人間性心理学の立場で個人の成長や人間関係の体験そのものを目的として行なわれる各種のグループ体験の総称である。エクササイズやワークを用いる構造度の高いグループは，日本では構成的エンカウンター・グループもしくはグループ・エンカウンターと呼ばれる。ロジャーズ（Rogers, C. R.）がベーシック・エンカウンター・グループと名付けた構造度の低いグループは非構成的エンカウンター・グループと呼ばれることがある。

2．エンカウンター・グループの歴史

（1）人間性回復運動に至るまで

　ここでは人間性心理学におけるグループの歴史について述べていこう。人間性心理学の範疇に入るグループの起源は，モレノ（Moreno, J. L.）の心理劇（第20章）に始まるといってよいだろう。ちなみにエンカウンター（出会い，直面）という用語が，心理学の領域で用いられるようになったのは，1912年頃にモレノがドイツ語のBegegnung（出会い）という言葉を用いたことに端を発している。この時代の多くの心理学者たちがモレノのトレーニングを受けており，グループダイナミクス，場の理論（Field Theory）などの研究で著名な

レヴィン（Lewin, K.）も，その一人であった。

レヴィンが行なった**感受性訓練**（Sensitivity Training）は，通常8名から15名程度のメンバーから構成される。個人が自己理解，他者理解，グループ自体についての洞察を得るために，共に問題に取り組むワーク，ロールプレイングなどが用いられる。その際，自己洞察をするだけでなく，他のメンバーからフィードバック（Feedback）を受ける。しかし，明確に構造化された方法があるわけではなく，また何らかの結論を導くような目標設定も行なわれない。感受性訓練は，メンバー間の感情の交流を重視するのである。

その名称は，1947年にレヴィンがマサチューセッツ工科大学から，同じくアメリカ東海岸に位置するメイン州のナショナル・トレーニング・ラボラトリー（NTL）に移った後に変わり，**Ｔグループ**（Training Groups）として引き継がれた。そのため，感受性訓練とＴグループは実質的に同じものであると考えることができる。Ｔグループそれ自体が，感受性訓練という別称のみならず，人間関係訓練やエンカウンター・グループ（Encounter Group: EG）と呼ばれることもある。

人間性心理学におけるグループ，特に構造度の低いグループの起源は，キリスト友会またはクエーカー（Quaker）の礼拝形式にあるという説がある。そこでは，一般に行なわれている礼拝の形式とは異なり，牧師ではない者にもお話の恵み（Gift）が与えられるとされ，誰かが話し始めるまで沈黙が続く。その礼拝は「プログラムなしの集会」（沈黙集会）と呼ばれている（Hamm, 2003）。クエーカーは人間関係における対等性を重視し，そのことを表す二人称として「汝」という言葉を用いることで知られている。このことは，ブーバー（Buber, M.）が，真に対等な関係を「我－汝」（I-Thou）と表現し，ロジャーズをはじめ多くの人間性心理学者たちに影響を与えたことを想起させる。

（2）人間性回復運動

1960年代後半にアメリカ西海岸，とくにビッグサーに位置するエサレン研究所を中心に沸き起こった**人間性回復運動**（Human Potential Movement）は，EGの隆盛と密接に結びついている。EGという用語が，この運動そのものを指す意味で使われることもあったほどである（村山，1977）。そこでは，人間

がその可能性や創造性を発揮すること，社会のさまざまな偏見や役割から自由になり，人間らしい感情を表現することを重視する各種のグループ活動が盛んに行なわれた。

　EGは，この運動とともに広く世に知られるようになった。第9章でもふれたように，エサレン研究所ではゲシュタルト療法，ボディ・ワーク，そしてエンカウンターが人気のワークショップであった。とくにエサレンでは，シュッツ（Schutz, W.）による身体を使ったエクササイズ，非言語コミュニケーションなどのエクササイズを取り入れたエンカウンターが行なわれた。この時期に開発されたゲシュタルト療法や感受性訓練，エンカウンターのエクササイズが，今日の日本の構成的EGで用いられているものの原型といえよう。この運動の立役者には，人間性心理学の領域の研究者の中心的役割を果たしたマズロー（Maslow, A. H.）が挙げられることも多い。

（3）ベーシック・エンカウンター・グループ

　ロジャーズも人間性回復運動の流れに大きく関わったうちの一人である。1940年代後半（シカゴ大学時代）に，ロジャーズは，セラピストの養成のためには集中的なグループでのワークショップが有用であることを見出していた。それはちょうど，レヴィンが感受性訓練を発展させた後，Tグループとして引き継がれた頃である。ロジャーズのグループは，個々人のコミュニケーション，対人関係の発展，自己理解による成長を重視した点ではTグループと同じである。しかしフィードバックを重視したTグループよりも，グループの自然な発展のプロセスを大切にした。ロジャーズは，他のエンカウンターを称するグループと区別し，自らの方法をベーシックEGと名付けた。現在の日本では，このロジャーズの方法が特によく認知され，実施されている。ロジャーズは1968年に人間研究センターを設立し，小グループ体験，コミュニティ・ミーティング（大グループ）などで構成されるラホイヤ・プログラムのなかで，ファシリテーター（Facilitator）のトレーニングも実践した。ちなみに**ファシリテーター**とは，他の立場ではグループ・リーダーなどと呼ばれるスタッフのことであり，必ずしもグループをリードするわけではないことから，グループのプロセスを「促進する人」という意味で用いられている言葉である。

（4）日本におけるエンカウンター・グループ

　NTL の流れを組む団体により，感受性訓練が1958年に東京で行なわれて以来，T グループは各地で実践されてきた。ロジャーズのベーシック EG がわが国で行なわれるようになったのは，1970年に入ってからであった。ラホイヤでグループを体験してきた畠瀬稔らが行なった EG ワークショップが日本におけるベーシック EG もしくは非構成的 EG の最初の試みである。その後は日本各地で実践され，今日に至るまで多くのグループが継続されている。

　一方，ファシリテーターがリードしてメンバーに課題を提示したり，エクササイズを行なったりするグループは，構成的 EG もしくはグループ・エンカウンターとして國分（1980）がその考え方や方法をまとめてきた。この実践も今日まで続けられており，主に学校教育，対人援助職教育，産業などの領域で発展している。

3．エンカウンター・グループの理論・技法

（1）EG に共通する考え方や構造
1）体験重視の態度，今－ここ

　人間性心理学の他の心理療法（第2部第1章，第9章，第10章など参照）と同じく，EG では知的な理解や解釈よりも，体験することを重視する。つまり人間関係の体験をすることがエンカウンターの目的である。人間性回復運動の頃から，体験重視の態度は，「**今－ここ**」（Here and Now）というキーワードで表現されてきた。「今－ここ」という用語は学術的な用語としては定義が非常に困難であるが，今なお，しばしば用いられる言葉である。例えば「あのとき－あそこ」の話，自分ではない第三者の話，また頭で理解した話は，個人の心理的もしくは感情的な体験から遠い話である。EG のメンバーやファシリテーターは，そのような話よりも，メンバー各人の個人的な体験を話し合うこと，共有することを求めていることが多い。そうした個々人の体験が話し合われると，またそれ自体が，メンバーにとっての人間関係の体験となるというようにしてプロセスが進んでいくのである。

2）真の自分自身であること

　非構成的 EG では，自由な表現が促進される。安全な心理的雰囲気を発展させること，防衛が弱まっていくことを重視する。そこでは，個人の否定的感情も肯定的感情も自由に表現され，感情や思考，身体という全体としての自己を体験することとなる。構成的 EG においても，紋切り型の挨拶や仮面（役割など）をもったままの表現を避け，本音を表現できるように促す。それぞれ表現は異なるものの，真の自分自身であることを促しているといえよう。言い換えるとゴールドシュタインのいう自己実現（Self-actualization），パールズのいう真実性（Authenticity）や，ロジャーズのいう**自己一致**（Congruence）などが EG をはじめとする人間性心理学の領域のグループに共通する基盤といえる。このことはメンバーに対して求められることもあるが，ファシリテーターには当然求められる。

　真の自分自身であるとき，また真の自分を取り戻すプロセスにおいて，他のメンバーとの衝突が起こることがある。そのため，対決（Confrontation）や直面（Encounter）という言葉が EG では用いられることがある。それが衝突であれ，深く親密な関係であれ，真の自己同士が出会うことが EG なのである。

3）フィードバック

　感受性訓練や T グループのなかで用いられるようになった用語である。EG のなかではしばしば，観察者やメンバーが，観察したことや気づいたことを他のメンバーに伝え返すことを意味する言葉として用いられる。ここでは**ジョハリの窓**（図21-1）を，**フィードバック**の説明として援用したい。未知の窓，つまり自分も他人も分かっていない自分の一側面を知るためには，①盲点の窓から開放の窓に移し，②秘密の窓から開放の窓に移すことが必要である。その際，①を行なうためには，他者の気づきをフィードバックしてもらうことが手段となりうる。そして②を行なうためには自己開示がその手段となりうる。フィードバックは，グループにおいて，メンバーそれぞれが自己理解を進めていくために重要な機能を果たしている。

	自分は分かっている Known by self	自分は分かっていない Unknown by self
他人は 分かっている Known by others	開放の窓 Open	盲点の窓 Blind
他人は 分かっていない Unknown by others	秘密の窓 Hidden	未知の窓 Unknown

図21-1　ジョハリの窓（Luft & Ingham, 1955）

4）グループの構造，メンバーの構成

　グループの構造ないし枠組み（時間や場所の設定，小グループの人数設定，ルールなど）は，グループの種類によって異なるものの，おおむねEGには共通する構造がある。その一つは，日常の生活場面から離れた文化的孤島においてグループを行なうということである。現在行なわれているEGも，山や海の近くの宿泊施設などが用いられることが多い。当然，例外として，大学や街中の研修所，会議室などで行なわれる場合もある。

　期間は，2泊3日が多く，近年は長くても3泊4日である。宿泊を伴わない通い形式で行なわれる場合もある。一回のセッションは，1時間半から2時間半で行なわれることが多い。また，共通するルールとしてメンバーにもスタッフにも守秘義務を課すことがある。グループのなかで話されたことや様子については，グループ外の人に伝えないことを約束するのである。

　グループのメンバー構成に関しても，共通する視点がある。それは異質性の原理と呼ばれるものである。一般的には治療のためのグループや短期間のグループにおいて凝集性を重視する場合はメンバーの同質性がそれに寄与するが，EGのように人間関係の体験を目的としたグループでは，メンバーが異質性をもっていたほうがよいと考える。そこには，グループを「社会の縮図」とする考えが背景にある。

　また学校や職場などで日常的な関係ももつメンバー構成を既知集団と呼び，

グループでのみ出会うメンバー構成を未知集団と呼ぶ。EG では後者の方が「今‐ここ」の挑戦的・冒険的な体験をしやすいと考えることが多い。

(2) 構成的 EG（グループ・エンカウンター）

構成的 EG の実施方法はさまざまであるが，日本において典型的に行なわれてきた方法を概説したい。以下に説明する構造化の方法やプログラム（エクササイズ内容）などについての詳細は，國分（1980）の書籍を参照してほしい。

1）グループ構造

グループサイズは，ファシリテーターによって数十名，数百名でも対応可能である。ファシリテーターがメンバーの一人ひとりに対して関わっていくのではなく，個々のメンバーは，構成する小グループでの体験やエクササイズを通して，気づきや洞察を得ていくためである。グループは，大人数で行なうエクササイズと，ペアや数名の小グループを構成して行なうエクササイズなどから構成される。

2）プログラム

非構成的 EG と異なり，ファシリテーターは小グループなどを構成し，エクササイズを提案する。つまりグループで何を行なうかをリードする役割を取るのである。表21-1 にプログラムの一例を示す。

自己理解・他者理解のセッションでは，上記のフィードバックの項目で述べ

表21-1　プログラムの一例

セッション	内容・エクササイズ
導入	守秘義務の説明，ファシリテーターの自己紹介，役割の説明 他己紹介（ペアとなったメンバーを他のメンバーに紹介する），マッサージ，ブラインドウォークなど
自己主張・自己表現	"No"（断ること），お願いすることなどのエクササイズ，視線や表情，声，ジェスチャーを用いた自己表現のエクササイズ
傾聴訓練	シンプルな受容，繰り返し，明確化，支持，質問の段階的な練習
自己理解・他者理解	金魚鉢方式（メンバー同士の観察とフィードバック），話し合いや，ゲームにおける選択，イメージ・フィードバックなど
自己開示	深く真実に迫る個人的な話，人生，価値観，家族などにまつわる話
信頼	ブラインドウォーク，後傾を支えるなど

たように，小グループの話し合いの様子を周りで別のメンバーが観察し，観察したことや気づいたことを伝え返すことによって，自己理解を深めるエクササイズが行なわれる。この方法は，グループの中にいる者とそれを眺める者を喩えて，**金魚鉢方式**（Fish Bowl）と呼ばれる。他にも自己理解を促すさまざまなエクササイズがある。一例を挙げると，メンバー間でお互いの印象を伝え合う（それがあたっている必要はない）エクササイズなどがある。自己開示のセッションでは，さらに自己の感情に触れ，表現するエクササイズ，メンバー間の交流を促す挑戦的なエクササイズなどが行なわれる。いずれの場合も，体験したことをメンバー間で共有し，意識化するシェアリングと呼ばれる時間をエクササイズの後に取ることが多い。シェアリングは，感じたことの自己開示も，他のメンバーに対するフィードバックも含んだ「分かち合い」のことである。

（3）非構成的 EG，ベーシック EG
1）グループ**構造**

　グループの構造度は低く，EG 全体の日程（2 泊 3 日程度）やセッションの時間（1 時間半〜2 時間半程度），場所（会場やセッションの部屋）が決まっている他は，エクササイズなどの細かな構造は設定されない。グループサイズは，6 名から12名程度であることが多い。ラージグループ，コミュニティ・ミーティングと呼ばれる大集団で行なわれる**ベーシック EG** もあるが，実践としては珍しい。ファシリテーターの役割も構成的 EG とは異なり，安心感の醸成に配慮することを第一とし，活動内容やテーマについてリードすることはない。

2）プロセス

　非構成的 EG ならではのプロセスが，これまでに研究されてきている。ロジャーズは，ベーシック EG のプロセスを次のように記述している（Rogers, 1970 畠瀬・畠瀬訳 1982）。

> a）模索
> b）個人的表現または探求に対する抵抗

c）過去感情の述懐
d）否定的感情の表明
e）個人的に意味のある事柄の表明と探求
f）グループ内におけるその場で生じた対人感情表現
g）グループ内の治癒力の発展
h）自己受容と変化の芽生え
i）仮面の剥奪
j）フィードバック
k）対決
l）グループセッション外での援助的関係の出現
m）基本的出会い
n）肯定的感情と親密さの表現
o）グループ内での行動の変化

また，日本では村山・野島（1977）の発展段階仮説が有名である。それは，次の六段階である。

Ⅰ．当惑・模索
Ⅱ．グループの目的・同一性の模索
Ⅲ．否定的感情の表明
Ⅳ．相互信頼の発展
Ⅴ．親密度の確立
Ⅵ．深い相互関係と自己直面

すべてのグループが一定のレベルまで展開するとは限らず，日程などの構造，メンバーの参加動機・意欲，ファシリテーターの意欲や能力，相性などが関わることが指摘されている。

3）ファシリテーション

ここでは，野島（2000）の**ファシリテーション**の目的の5項目を紹介しながら，解説したい。先に述べてきたように，ファシリテーターは，①グループの安全・信頼の雰囲気形成に配慮する。とくに非構成的EGでは，この点が重視されるように思われる。また，②相互作用を活性化し，自他理解や関係づくりを行なう。グループのもつ機能の一つは，相互に触発を受けることである。さらに，③ファシリテーションシップの共有化，つまりファシリテーターだけが

グループを促進するのではないという認識をもつことも必要である。そして、④個人の自己理解の援助を行ない、かつ⑤グループからの脱落・心理的損傷の防止に留意することが求められる。

4．エンカウンター・グループの効用と限界

　EGはその他の集団精神療法とは異なり、基本的には健康度の高い人を対象にした洞察や気づき、成長促進のためのグループである。そのためその効果を症状の強さや精神的健康度を測定する尺度によって測ることは、妥当性の面で疑問が残る。構成的EGの効果測定は、自己イメージ、自己概念、自尊感情、各種性格検査の得点の変化としてとらえられてきた。一方、非構成的EGの効果は、そうした尺度に加え、自己実現（e.g., 村山ら，1982；坂中，2003）やロジャーズの中核三条件（第2部第1章参照）の関係認知（e.g., Truax & Carkhuff, 1967; 坂中，2012）の効果が確かめられてきた。いずれの研究においても一定の効果は確認されているものの、EGの特徴上、効果測定の決定的指標を作成することが困難であることに起因し、結論といえるような包括的な研究はなされていない。

　EGの参加者には、時折心理的損傷を受けるメンバーがいると指摘される。ヤーロムの研究によると、EGに参加した一般大学生の9％が、6ヶ月後までに心理的な問題を生じたという（Yalom & Lieberman, 1971）。こうした指摘に対し、それがグループに参加したことによるものか否かが検討されていないこと、また、ごく一部のファシリテーターのもとで心理的損傷を経験するメンバーが多いが、大部分はそうではないという反論もなされている。ロジャーズも心理的損傷の噂に関しては否定的である（Rogers, 1970）が、グループ・プロセスのなかであるメンバーが他のメンバーから攻撃されること（スケープ・ゴート現象）が確認された事例研究も複数あることから、EGにおいてメンバーの傷つきや混乱などが起こらないとはいえないであろう。したがって、近年のファシリテーターは、グループの安全感を重視することが多い。またメンバーの傷つき体験に気づくために、とくに初心の頃はベテランのファシリテーターと組むこと、セッションごとにスーパーヴィジョンなどの振り返りの時間

を十分にとることが大切である。

5．エンカウンター・グループの学びを深めるためには

　EGという名称は，現在アメリカではほとんど用いられていない。イギリスにおいても主に専門家のトレーニングとして用いられているのみである。幸い日本においては人間関係研究会などが企画・紹介する多くのグループが実施されている。EGについての学びを深めるためには，こうしたグループに参加することを勧めたい。大学においてもグループ体験が行なわれていることもあるため，調べてみてほしい。

　ロジャーズは晩年，ベーシックEGを国際紛争の解決に用いるようになった。そうした活動の一つである北アイルランド紛争を扱ったEGの様子は『鋼鉄のシャッター』という資料映像として残されている。そのほかにも2日間（16時間）で行なわれたベーシックEGは，『出会いへの道』という映像として残されている。グループの雰囲気を体験するためには，こうした映像視聴も役に立つであろう。

推薦書籍

◆國分康孝（1980）．エンカウンター：心とこころのふれあい　誠信書房
　感受性訓練やTグループ，ゲシュタルト療法などのワークから影響を受け，日本で発展した構成的エンカウンター・グループを学ぶための基本的かつ最適な書である。

◆野島一彦（2000）．エンカウンター・グループのファシリテーション　ナカニシヤ出版
　ベーシックEGのファシリテーター論をまとめたものであり，ファシリテーター必携の本である。さまざまな展開を見せたグループ事例が掲載され，個人の視点から，グループの視点から，そのプロセスが幅広く考察されている。

◆Rogers, C. R.（1970）．*Encounter groups*. New York: Harper & Row.（畠瀬　稔・畠瀬直子（訳）（1982）．エンカウンター・グループ：人間信頼の原点を求めて　創元社）
　ロジャーズが行なったベーシックEGの基本的理論と，その応用がまとめられた著作である。グループのプロセスや機能，研究やファシリテーター養成まで包括的にまとめられている。

引用文献

Hamm, T. D. (2003). *The Quakers in America*. NewYork: Columbia University Press.
鎌田道彦・本山智敬・村山正治 (2004). 学校現場における PCA Group 基本的視点の提案―非構成法・構成法にとらわれないアプローチ― 心理臨床学研究, 22, 429-440.
國分康孝 (1980). エンカウンター：心とこころのふれあい 誠信書房
Luft, J., & Ingham, H. (1955). The Johari window: A graphic model of interpersonal awareness. In *Proceedings of the Western Training Laboratory in Group Development*. Los Angeles, CA: UCLA.
森園絵里奈・野島一彦 (2006). 「半構成方式」による研修型エンカウンター・グループの試み 心理臨床学研究, 24, 257-268.
村山正治 (1977). エンカウンター・グループ 福村出版
村山正治・野島一彦 (1977). エンカウンターグループ・プロセスの発展段階 九州大学教育学紀要 (教育心理学部門), 21, 77-84.
村山正治・山田裕章・峰松 修・冷川昭子・二藤部里美・深尾 誠 (1982). 自己実現尺度で測る精神的健康（1） 健康科学, 4, 177-184.
野島一彦 (2000). エンカウンター・グループのファシリテーション ナカニシヤ出版
Rogers, C. R. (1970). *Encounter groups*. New York: Harper & Row. (畠瀬 稔・畠瀬直子 (訳) (1982). エンカウンター・グループ：人間信頼の原点を求めて 創元社)
坂中正義 (2003). 改訂版自己実現スケール (SEAS2000) 作成の試み 福岡教育大学紀要, 52, 181-188.
坂中正義 (2012). ベーシック・エンカウンター・グループにおけるロジャーズの中核三条件の検討：関係認知の視点から 風間書房
Schutz, W. (1989). *Joy: 20 years later*. Berkeley, CA: Ten Speed Press. (斎藤彰悟・到津守男 (訳) (1991). 生きがいの探求：ほんとうの自分を知り, 活かす喜び ダイヤモンド社)
Truax, C. B., & Carkhuff, R. R. (1967). *Toward effective counseling and psychotherapy*. Chicago, IL: Aldine.
Yalom, I. D., & Lieberman, M. A. (1971). A study of encounter group casualties. *Archives of General Psychiatry, 25*, 16-30.

コラム9　　　　　　　　　　オープンダイアローグ

　オープンダイアローグ（Open Dialogue）は，1980年代にフィンランドの西ラップランド地方の病院で始まった治療アプローチである。それまでの精神医療の常識を覆す方法が注目を浴びた。多職種のチームは家族療法の訓練を受けており，基本的には家族療法の系譜に位置づけられると考えられる。代表的な人物は，大学教授で臨床心理士のセイックラ（Seikkula, J.）である。日本では2015年に精神科医の斎藤環がこの方法を紹介し，注目を集めた。

　セイックラによると，この方法は「治療」というよりも「哲学」である。「何事も患者本人抜きに決定しない」，「複数の視点を引き出す」，「不確実性に耐える」などのあり方が，この方法では重視される。こうした考え方自体は，精神医療や心理療法のなかでは珍しくはないが，それを次のような方法を用いて行なうことが革新的である。オープンダイアローグでは，さまざまな人の声に対等に耳を傾け，結論づけようとせず，対話を生成させていく。このことはバフチン（Bakhtin, M.）の概念を借りてポリフォニー（多声性）と表現されている。そこでは対話自体が目的であり，治療は対話の傍らで生まれる副産物（廃棄物）と考える。他にも，患者の妄想などの経験を詳しく聞くこと，スタッフ同士のミーティングを患者や家族の前で行なうこと（リフレクティング）も特徴的な点である。

　一般的な方法（手順）は，次の通りである。患者や家族からの電話を受けたスタッフが治療チームを招集し，24時間以内に患者の自宅などで最初のミーティングを行なう。ミーティングの参加者は，患者本人と家族，スタッフ（精神科主治医，看護師，心理士，その他）の他，親戚や，重要な関係者によって柔軟に構成される。対象は急性期の統合失調症のみならず，危機にある患者やその家族である。ミーティングは危機（急性期）を脱するまで，毎日でも同じスタッフがミーティングを続ける。

　この方法によって，統合失調症患者の服薬量や入院期間が大幅に少なくなり，比較群で71%であった再発率が24%であったというエビデンスが示されている。わが国では北海道の「べてるの家」と比較されることも多い。映像資料としてはYouTube®でも視聴できるマックラー（Mackler, D.）のドキュメンタリー映画がよく知られている。

●推薦書籍
斎藤　環（2015）．オープンダイアローグとは何か　医学書院

事項索引

あ
- IP（Identified Patient, Index Patient） 214
- アクセプタンス 100
  - ――＆コミットメントセラピー 101,104
- アジェンダ 97
- アセスメント（見立て） 222
- 遊びの機能 224
- アニマ 61
- アニムス 61
- あるがまま 150,152
- 暗在的な意味感覚 140
- 暗示 105
- EXPスケールの段階 141
- 一緒にいる 145
- 一般システム理論 210
- 一歩後ろから導く 195
- 意図－努力－身体運動 163
- 今－ここ 128,257
- インテーク面接 10
- インパス 132
- インフォームド・コンセント 10
- ウェルフォームド・ゴール 190
- 裏面交流 179
- 影響相対化質問 203
- エイジェンシー 201
- ABC理論 96
- エス 45
- S－R結合主義 83
- MRI家族療法 216
- MSSM法 237
- エンカウンター・グループ 254
  - 構成的―― 260
  - 非―― 261
  - ベーシック―― 256,261
- 円環的因果律 212

- エンプティ・チェア 133
- 応用行動分析 85
- オープンダイアローグ 266
- オペラント（道具的）条件づけ 81
- オペラント行動 83
- オルタナティブなストーリー 197
- 音楽療法 238

か
- 快感原則 46
- 外向 57
- 外在化する会話 202
- 解釈 50
- ガイド 139
- カウンセラー 4
- カウンセリング 3
  - ――心理学 4
- 学習 80
- カスタマータイプ 194
- カセクシス派 176
- 家族システム理論 211,213
- 家族ホメオスタシス 209
- 家族療法 208
  - 構造的―― 215
  - 戦略的―― 216
  - 多世代―― 214
- 課題分析 90
- カタルシス 224,228
- 過敏性 152
- 眼球運動を用いる眼球運動脱感作療法（EMDR） 120
- 関係 36
- 観察学習 86
- 感受性訓練 255
- 感情の映し返し（反射） 223
- 関与しながらの観察 239
- 管理面の契約 181
- 気づき 129

- 拮抗禁止令 181
- 機能分析 85
- 技法折衷アプローチ 8
- 逆制止 89
- 逆説的指示 216
- 強化 82,84
  - ――子 83
  - 正の―― 84
  - 負の―― 84
- 共感的理解 34
- 共通因子アプローチ 8
- 共同体感覚 69
- 協同の経験主義 97
- 共鳴 145
- 局所論 45
- 許容的な雰囲気 220
- 金魚鉢方式 261
- 筋弛緩法 89
  - 漸進的―― 164
- 禁止令 181
- クライエント中心療法 29
- 芸術療法 4
- 傾聴 137
- 契約 181
- ゲーム 180
- ゲシュタルト 127
  - ――療法 125
- 嫌悪刺激 84
- 元型 60
- 嫌子 → 嫌悪刺激
- 現実エクスポージャー 117
- 現実原則 46
- 現実脱感作法 89
- 現象学 128
- 効果の法則 83
- 交叉交流 179
- 行動化 222
- 行動活性化療法 101
- 行動分析 85
- 公認心理師 14

コーピング・クエスチョン　192
個人的無意識　56
個性化　63
古典的心理劇　243
古典派　176
好子　→　報酬刺激　84
コンタクト　129
コンパッション・フォーカスト・セラピー　149
コンプリメント　189
コンプレイナントタイプ　193
コンプレックス　57

さ
再決断派　176
サイコセラピー　3
サイコドラマ　243
再著述する会話　204
催眠誘導　107
催眠療法　4, 43, 105
作業同盟　9
錯誤行為　46
三角の契約　183
三項随伴性　84
地　129
GIM　238
シェイピング　90
ジェノグラム　214
ジェンドリン哲学　147
自我　46, 56
　──強化法　109
自覚的不安尺度　89
自我状態　179
自己暗示　110
自己一致　34, 258
試行カウンセリング　22
試行錯誤学習　83
自己概念　37
自己元型　62
自己肯定感　160
自己実現　128
自己受容　161
自己治癒力　220
自己洞察　160

自己否定　160
支持的精神療法　41
システムズ・アプローチ　214
自然アプローチ　112
持続エクスポージャー（PE）療法　116
実現傾向　38
私的理論　72
自動思考　95
自発性　244
　──劇場　242
社会構成主義　198
社会的学習理論　86
社会認知理論　119
シャドウ　60
終結を視野に入れる時期　222
集団精神療法　253
集中内観　159
自由であると同時に保護された空間　231
十分に機能する人間　38
自由連想法　49
守秘義務　10
受容　220
　──的音楽療法　238
受理面接　→　インテーク面接
ジョイニング　215
消去　82, 86
条件刺激　82
条件反応　82
症状除去法　109
象徴体験　232
象徴的表現　223
情動処理理論　117
初回面接　→　インテーク面接
職業面の契約　181
職業倫理　18
　──の7原則　18
ジョハリの窓　258, 259
自律訓練法　110, 164
神経症　49, 151
　──の五層　132
　──のメカニズム　130
人生脚本　181
心的外傷後ストレス障害　114

心的構造論　45
心理教育　117
心理面の契約　181
心理療法　3
　──契約　→　面接契約
図　129
推進　140
随伴緊張　166
スクィッグル・ゲーム　237
スクリブル法　237
スケーリング・クエスチョン　192
制限　220
精神分析　42
精神療法　3
生の欲望　150, 152
世界技法　229
セラピスト　5
セルフ・コンパッション　149
前概念的　147
先行条件　84
早期回想　75
想像エクスポージャー　117
相補交流　179
相補性　59
ソシオドラマ　243
ソリューション・フォーカスド　194

た
体験過程　35, 140
　──スケール　141
体験原理　165
体験治療論　165
体験様式　165
タイプ　58
代理受傷　122
多重関係　10
ダブル（二重自我法）　249
注意集中　105
中核的信念　95
中間期　222
中性刺激　81
超自我　46
直接照合　140

治療過程　222
治療構造　220
治療的パーソナリティ変容の必要十分条件　32-33
治療同盟　10
対提示　81
Tグループ　255
定位反応　81
抵抗　50
ディスコース　200
適応的情報処理モデル　120
徹底的行動主義　80
転移　50
動作課題　163
導入期　222
ドミナントなストーリー　197
トラウマ　114
　──インフォームドケア　124
とらわれ　150, 152

な
内観3項目（「してもらったこと」「して返したこと」「迷惑をかけたこと」）　158
内向　57
二次的外傷性ストレス　122
二次被害　122
二重拘束仮説　209
日常内観　159
人間性回復運動　255
認知再構成法　98
認知処理療法（CPT）　119
認知療法　94
年齢退行法　113
能動的音楽療法　238

は
パーソナリティ　3, 37
パーソンセンタード・アプローチ　32, 137
曝露反応妨害法　89
箱庭療法　231
罰　84
　正の──　84
　負の──　84
般化　83, 86
ピア・カウンセリング　22
被暗示性　105
非機能的思考記録表　99
非機能的認知の修正　117
被催眠性　105
非指示的アプローチ　30
非指示的遊戯療法　220
ビジタータイプ　193
ヒステリー　43, 49
ヒポコンドリー性基調　152
評価の所在　35
表現療法　231
ファシリテーション　262
ファシリテーター　256
フィードバック　258
風景構成法　235
フェイディング　90
フェルトセンス　139
フォーカサー　139
フォーカシング的態度　140
普遍的無意識　57
ブリーフセラピー　162
プログラム　181
プロンプト　90
分化　83
　──強化　83
ペルソナ　60
弁証の行動療法　101
弁別　83, 86
　──刺激　84
防衛機制　48
報酬刺激　84
方法論的行動主義　79
母子一体性　232
補償作用　59
補助自我　246
ホット・シート　133
ボディ・スキャン　104

ま
マインドフルネス　100, 104
　──・ストレス軽減法　101, 104
──認知療法　101
慢性緊張　164
未完結の経験　133
身調べ　157
認める　144
ミラー（鏡映法）　249
ミラクル・クエスチョン　192
無意識　45
無条件刺激　81
無条件の積極的関心　34
無条件反応　81
無知の姿勢　195
名称独占資格　14
メタ認知療法　101
メタ分析　7
面接契約　10
目的本位　150, 152
目的論　72
モデリング　86
問題の外在化　202

や
役割　244
　──演技　244
　──取得　244
　──創造　244
優越コンプレックス　73
優越性の追求　73
勇気づけ　74
遊戯療法　219
　──の8原則　220
ユニークな結果　204
夢分析　63
余剰現実　245

ら
ライフスタイル　74
ライフタスク　75
ラケット感情　180
ラポール（rapport）　9, 220
リスナー　139
リソース　188
リフレーミング　217
リフレクティング　266
リ・メンバリングする会話

　　　　　204
利用　112
リラクセーション課題　164
理論統合アプローチ　8
臨床心理学　4
臨床心理査定　15
臨床心理士　4, 14
臨床心理的地域援助　15
臨床心理面接　15

臨床動作法　163
例外　191
レーズン・エクササイズ　104
レスポンデント（古典的）条件
　　　づけ　81
劣等感　69, 73
劣等コンプレックス　72
ロールプレイ　22
ロールリバーサル（役割交換

　　法）　248
ロールレタリング　136
論駁　96
論理情動行動療法　94

わ

枠組み　10
枠づけ法　235
我-汝　36

人名索引

A

Abraham, K.　43-75
Ackerman, N. W.　210
Adler, Alfred　44, 68-75, 77, 78
Adler, Alexandra　70
Adler, Kurt　70
Amada, G.　5, 20
Ammann, P.　229
Ansbacher, H.　70
荒井崇史　136
Aristotle　228, 229
浅井健史　73
Axline, V. M.　31, 220, 223

B

Bakhtin, M.　266
Bandura, A.　86
Bateson, G　198, 209
Beall, S. K.　136
Beck, A. T.　94-96, 100
Beitman, B. D.　8
Bellack, A. S.　88
Berg, I. K.　186, 193
Bergin, A. E.　7
Berne, E.　175-177, 181
Bernheim, H.　4, 106
Bertalanffy, L.　210
Beutler, F.　134
Beutler, L. E.　8
Bonny, H. L.　238
Boszormenyi-Nagy, I.　216
Bowen, M.　210, 214
Braid, J.　106
Brammer, L. M.　3, 6
Breuer, J.　43, 44
Buber, M.　36, 255

C

Carkhuff, R. R.　263

Chamisso, A. v.　60
Charcot, J. M　43, 44, 106, 115
Clarke, J. I.　177
Clarkson, P.　177
Cooper, M.　39
Corey, G.　18, 21
Corey, M. S.　18, 21
Cornell, A. W.　143
Coué, E.　106, 109
Crits-Christoph, P.　7

D

Dante, A.　61
Delworth, U.　18
de Shazer, S.　186
Dewald, P. A.　41
Diltyhey, W. C. L.　140
Drago, P.　177
Dreikurs, R.　70
Dusey, J.　176

E

Ellenberger, H. F.　71, 229, 230
Elliot, R.　134
Ellis, A.　94, 96
English, F.　177, 183
Epston, D.　197, 198, 200, 202, 203
Erickson, M. H.　44, 112, 186
Erikson, E. H.　176, 219
Erskine, R.　177
Eysenck, H. J.　7, 80

F

Fairbairn, W.　44, 45
Federn, P.　43, 44, 176
Ferenczi, S.　43-45
Foa, E. B.　116, 117

Foucault, M.　198
Freud, A.　43, 44, 48, 219
Freud, S.　4, 30, 42-51, 54, 69, 106, 115, 126, 208, 229
藤川浩　8, 9

G

Gandhi, M. K.　61
Gassner, J. J.　105
Gendlin, E. T.　31, 32, 35, 137-140, 147
Gilbert, P.　149
Glass, G. V.　7
Goethe, J W. v.　61
Gold, L.　75
Goldstein, K　125, 128, 258
Goodman, P.　126
Gordon, T.　31
Goulding, M.　176
Goulding, R.　176
Greenberg, L. S.　8, 135
Guntrip, H.　44, 45

H

萩原公世　6
Haley, J.　210, 216
濱野清志　57
Hamm, T. D.　255
原井宏明　25
Hargaden, H.　178
針塚　進　245
Harrison, J. E.　228
Hartland, J.　109
Hartmann, M.　43, 44
春口徳雄　136
橋口英俊　96
畠瀬　稔　257, 261
畠瀬直子　261
林　道義　56
Hemingway, E. M.　61

H

Hersen, M. 88
東山紘久 221, 223, 227
Hill, A. 230
平出彦仁 88
弘中正美 224, 226
Hoffman, E. 69
Hopper, E. K. 124
Horney, K. 44, 126
保坂 亨 5, 31, 37

I

井合真海子 101
一丸藤太郎 21
飯森眞喜雄 3
池見 陽 35, 141-143
Ingham, H. 259
乾 吉佑 5, 20
伊藤俊樹 229
岩井 寛 153
岩井俊憲 70
岩壁 茂 7-9

J

Jackson, D. D. 209, 210, 216
Jacobson, N. S. 100
James, M. 176
Janet, P. 4, 106, 115
Jaspers, K. 229
Joines, V. 176, 177
Jong, P. D. 193
Jung, C. G. 4, 44, 54-60,
  62-64, 66, 229, 230, 232
Jung, Emma 58, 61

K

Kabat-Zinn, J. 101, 104
角野善宏 235
Kalff, D. M. 229-232, 235
金沢吉展 18, 19
金田民夫 228
Karpman, S. 176
河合隼雄 55, 58, 62, 230,
  231, 233, 235
河合俊雄 4
Kellermann, P. F. 245

Kierkegaard, S. 36
菊池安希子 186
King, M. 38
吉良安之 137
岸見一郎 70, 71
北村文昭 186
北西憲二 151
北野祥子 250
Klein, M H. 44, 45, 141, 219
小林重雄 87, 90
小林 茂 164
Koffka, K. 129
古賀 聡 249-251
児島達美 198
國分康孝 3, 257, 260
近田輝行 137, 146
久保田恵美 142, 143
熊野宏昭 94, 100, 101
国重浩一 201
倉戸ヨシヤ 128-130, 134
黒沢幸子 187, 188, 192

L

Lambert, M. J. 7
Lazarus, A. A. 8
Leszcz, M. 253
Lewin, K. 255, 256
Lieberman, M. A. 263
Lindsley, O. R. 80
Linehan, M. 101
Lombroso, C. 229
Lowenfeld, M. 229
Luft, J. 259
Luthe, W. 110

M

町沢静夫 97
Mackler, D. 266
前田泰宏 8
Maslow, A. H. 128, 256
Masterson, J. M. 51
May, R. 32
Mearns, D. 39
Mesmer, F. A. 105, 106
Miller, J. G. 211

Miller, S. D. 8
Miller, W. R. 25
Mintz, J. 7
Minuchin, S. 210, 215
宮川香織 3
Moiso, C. 177
Moreno, J. L 126, 242-244,
  246, 254
Moreno, T. Z. 244
Morgenthaler, W. 229
森田正馬 150-152
森 俊夫 187, 188
毛利伊吹 94
村上慶子 230, 233
村本詔司 63
村瀬嘉代子 5, 17, 219, 222
村瀬孝雄 146
村山正治 137, 255, 262, 263
武藤 崇 100

N

中釜洋子 8, 9, 211-213
中井久夫 235, 239
中島健一 172
中田行重 137
中山 元 43
Napper, R. 178
成田善弘 4
成瀬悟策 163-165, 167, 172,
  173
根建金男 149
Naumburg, M. 230, 237
Neumann, E. 231
野田俊作 71
野島一彦 262
野口普子 115
乗谷茂弘 57

O

Oberst, U. E. 73
岡田 敦 230
岡田康伸 233
岡村達也 5
小此木啓吾 43
小野昌彦 87

大野博之　172
Orlinsky, D. E.　18

P
Pavlov, I. P.　81
Pennebaker, J. W.　136
Perls, Laura　125, 126
Perls, F. S.　125-130, 177, 258
Plato　229
Pope, K. S.　19
Printzhorn, H.　229

R
Rank, O.　30
Redlich, F.　19
Reich, W.　43, 44, 126
Resick, P. A.　119
Reyner, R.　82
Rogers, C. R.　29-37, 39, 138, 200, 219, 227, 254-256, 258, 261, 263, 264
Rollnick, S.　25
Rønnestad, M. H.　19

S
佐治守夫　5, 21
坂中正義　263
坂野雄二　98
Samuels, A.　57, 64
佐々木和義　79
Schiff, J.　176
Schiller, J. C. F.　228
Schmid, B.　178
Schnicke, M. K.　119
Schultz, J. H.　110, 111
Schutz, W.　127, 256
Schwabe, C. H.　238
Schweitzer, A.　61

Segal, Z. V.　100, 101
Seikkula, J.　266
Selvini-Palazzoli, M.　210
Shapiro, F.　120, 121
下山晴彦　4, 5, 95, 96, 98
神村栄一　98
篠崎信之　178
Shostrom, E. L.　3, 6
Sills, S.　178
Skinner, B. F.　80, 83
Skovholt, T. M.　19
Smith, M. L.　7
Socrates　229
園田順一　151
Steiner, C.　176
Stevenson, R. L. B.　60
Stewart, A. E.　73
Stewart, I.　176, 178
Stoltenberg, C. D.　18
Strümpfel, U.　134
Sullivan, H. S.　44, 239
Summers, G.　178
駿地眞由美　219, 220
鈴木伸一　98

T
Taft, J.　30
髙田夏子　221
髙橋恵理子　149
髙良　聖　5, 243
竹下可奈子　172
玉瀬耕治　3, 6
田中千穂子　222-224, 226
Teasdale, J. D.　101
Thorndike, E. L.　29, 83
Thorne, B.　39
冨永良喜　172
Tomm, K.　198
Truax, C. B.　263

鶴　光代　164, 165, 172
Tudor, K.　178

U
内山喜久雄　80
台　利夫　250

V
Vogt, O.　110

W
Wachtel, P. L.　8
和田英隆　136
Ware, P.　177
Watson, J. B.　79, 82
Weishaar, M.　95
Wells, H. G.　229
White, M.　197, 198, 200, 202-205
Williams, J. M. G.　101
Wills, F.　95, 96
Winnicott, D. W.　44, 45, 219, 237
Winston, A.　41
Wolberg, L. R.　5
Wolman, B. B.　3
Wolpe, J.　80, 81, 89
Worringer, W.　228
Wright, J. H.　97, 99

Y
Yalom, I.　253, 263
山上敏子　80, 88
山口麻美　74
八巻　秀　74
山中康裕　229, 231, 237
吉本伊信　157, 158
湯川進太郎　136
遊佐安一郎　212, 213

【著者一覧】（五十音順，＊は編者）

足立匡基（あだち　まさき）
明治学院大学心理学部心理学科准教授
公認心理師，臨床心理士
担当：第13章

井合真海子（いごう　まみこ）
早稲田大学人間科学学術院准教授
公認心理師，臨床心理士
担当：第6章

遠藤　香（えんどう　かおり）
武蔵野大学通信教育部非常勤講師
公認心理師，臨床心理士
担当：第2部第2章

大江悠樹（おおえ　ゆうき）
杏林大学医学部精神神経科学教室助教
国立研究開発法人国立精神・神経医療研究センター
認知行動療法センター科研費研究員
公認心理師，臨床心理士
担当：コラム3

小川邦治（おがわ　くにはる）
西南学院大学人間科学部准教授
公認心理師，臨床心理士，国際TA協会CTA（心理療法分野）
担当：第14章

金子周平（かねこ　しゅうへい）
九州大学大学院人間環境学研究院准教授
公認心理師，臨床心理士
担当：第2部第1章，第9章，第21章，コラム9

金築智美（かねつき　ともみ）
東京電機大学工学部教授
公認心理師，臨床心理士
担当：コラム6

金築　優（かねつき　まさる）
法政大学現代福祉学部教授
公認心理師，臨床心理士，精神保健福祉士
担当：コラム2

古賀　聡（こが　さとし）
九州大学大学院人間環境学研究院准教授
公認心理師，臨床心理士
担当：第20章

榊原佐和子（さかきばら　さわこ）
北海道大学学生相談総合センター准教授
公認心理師，臨床心理士，精神保健福祉士
担当：第10章

鈴木敬生（すずき　たかお）
国立研究開発法人国立精神・神経医療研究センター病院主任心理療法士
公認心理師，臨床心理士
担当：コラム8

鈴木常元（すずき　つねもと）
駒澤大学文学部教授
公認心理師，臨床心理士
担当：第7章

高橋恵理子（たかはし　えりこ）
武蔵野大学通信教育部非常勤講師
早稲田大学人間科学学術院非常勤講師
日本学術振興会特別研究員RPD
電気通信大学保健管理センターカウンセラー
公認心理師，臨床心理士
担当：コラム7

出野美那子（での　みなこ）
武蔵野大学人間科学部准教授
公認心理師，臨床心理士
担当：第18章

野口普子（のぐち　ひろこ）
武蔵野大学通信教育部人間科学部准教授
公認心理師，臨床心理士，看護師
担当：第8章，コラム5

速見佳子（はやみ　よしこ）
仁明会病院臨床心理室
公認心理師，臨床心理士
担当：第19章

松浦素子（まつうら　もとこ）
お茶の水女子大学人間発達教育研究所研究協力員
臨床心理士
担当：第11章，第12章

松野航大（まつの　こうだい）
武蔵野大学通信教育部人間科学部講師
公認心理師，臨床心理士，産業カウンセラー
担当：第17章，コラム4

村瀬華子（むらせ　はなこ）
北里大学医療衛生学部教授
公認心理師，米国臨床心理士，米国認定・登録アートセラピスト
担当：コラム1

森　文彦（もり　ふみひこ）
カウンセリングオフィス神戸同人社スタッフ
公認心理師，臨床心理士
担当：第3章

矢澤美香子（やざわ　みかこ）＊
武蔵野大学人間科学部教授
公認心理師，臨床心理士，産業カウンセラー
担当：第1部第1章，第1部第2章，第5章

山口麻美（やまぐち　まみ）
東京都公立学校スクールカウンセラー
公認心理師，臨床心理士
担当：第4章

吉田卓矢（よしだ　たくや）
国立病院機構災害医療センター精神科
公認心理師，臨床心理士
担当：第15章，第16章

基礎から学ぶ心理療法

2018年3月20日	初版第1刷発行
2024年3月20日	初版第7刷発行

定価はカヴァーに表示してあります

編　者　矢澤美香子
発行者　中西　　良
発行所　株式会社ナカニシヤ出版
〒606-8161　京都市左京区一乗寺木ノ本町15番地
　　　　　　　　　Telephone　075-723-0111
　　　　　　　　　Facsimile　075-723-0095
　　Website　http://www.nakanishiya.co.jp/
　　Email　iihon-ippai@nakanishiya.co.jp
　　　　　　　　郵便振替　01030-0-13128

装幀＝白沢　正／イラスト＝渡邊摩子／印刷・製本＝亜細亜印刷株式会社
Printed in Japan.
Copyright © 2018 by M. Yazawa
ISBN978-4-7795-1252-0

◎本書のコピー，スキャン，デジタル化等の無断複製は著作権法上での例外を除き禁じられています。本書を代行業者等の第三者に依頼してスキャンやデジタル化することはたとえ個人や家庭内の利用であっても著作権法上認められておりません。